Schwäbische populäre Irrtümer

Christoph Sonntag

Schwäbische populäre Irrtümer

Ein Lexikon

Unter Mitarbeit von Gerhard Drexel

edition q

Editorische Notiz

Zwar hat der Autor uns (das ist der Verlag) immer wieder versichert, es gäbe keine verbindliche Orthografie des Schwäbischen. Dennoch »häbe« er sich bei der schriftlichen Umsetzung des Dialekts um Exaktheit und Einheitlichkeit bemüht. »Wo dem nicht so ist«, sich etwa schwäbische Eigenarten im Ausdruck ins Schriftdeutsche eingeschlichen haben, bitten wir die Leserin und den Leser dies mit süd- oder auch nordländischer Gelassenheit.

Im Übrigen freut sich der Verlag über Rückmeldungen, Kritik, Lob, Ergänzungen und Mundartgedichte, die an die unten genannte Adresse zu schicken wären.

Bibliografische Information der Deutschen Bibliothek
Die Deutsche Bibliothek verzeichnet diese Publikation in der Deutschen Nationalbibliografie; detaillierte bibliografische Daten sind im Internet über http://dnb.ddb.de abrufbar.

© edition q im be.bra verlag GmbH
Berlin-Brandenburg, 2006
KulturBrauerei Haus S
Schönhauser Allee 37, 10435 Berlin
post@bebraverlag.de
Umschlag: Bauer & Möhring, Berlin
Satz: Greiner & Reichel, Köln
Schrift: DTL Documenta 10/15°
Druck und Bindung: GGP Media GmbH, Pößneck

ISBN 3-86124-603-1
ISBN 978-3-86124-603-9

www.bebraverlag.de

Schwäbische Irrtümer?
So was gibt's nicht.
Sorry, da hat man Ihnen was angedreht.
Schönen Tag noch!
Der Autor

... so, habe ich dem Verleger am Telefon gesagt, würde das Buch aussehen müssen, das er mit mir vorhatte und ich wünsche ihm noch einen schönen Tag. Er war hartnäckig und rief wieder an. Und hat sich extra die Mühe gemacht, von Berlin nach Stuttgart zu fahren, um mit mir über sein Projekt zu reden und eine Flasche Wein hatte er auch dabei und in Württemberg sei er geboren. Dann war mir schlagartig klar, dass dieser erst irrtümlich für einen gemeinen Berliner gehaltene Mensch so falsch nicht sein konnte, und wir trafen uns zum intensiven Meinungsaustausch. Am Ende dieses Meinungsaustausches hatten wir unsere Meinungen gründlich ausgetauscht: Er war sich plötzlich sicher, dass es keine schwäbischen Irrtümer gibt, und ich wusste, dass ich dieses Buch schreiben muss, weil uns von außen irrtümlicherweise viele Irrtümer angedichtet werden, die es ein für allemal aufzuklären galt.

Außerordentlich hilfreich bei der Zusammentragung der fälschlicherweise über uns verbreiteten Irrtümer war mir Gerhard Drexel, ebenfalls in Berlin wohnhaft und ebenfalls von uns herstammend. Seine recherchierende Beharrlichkeit und seine schwäbische »Schaffigkeit« am Text ist bewundernswert und ich bedanke mich ausdrücklich dafür! Herr Drexel, wenn Sie demnächst zum wohlverdienten Erholungsurlaub ins Ländle kommen, in Aalen in die Limes-Thermen wollen und der Verleger weigert sich, Ihnen den Eintritt zu zahlen – schicken Sie mir das Billetle, ich regle das für Sie! [Lieber Herr Drexel, wenn der Sonntag des für Sie regelt, na nehmetse mie glei mit ins Bad. Der Verleger]

Und nun: Viel Spaß bei diesem ersten schwäbischen Aufklärungsbuch nach Oswalt Kolle.

AALEN
Aalen ist die Stadt der Aalfischer

Natürlich taucht im Wappen der Stadt Aalen, die im Ostalbkreis liegt, ein Aal auf. (Ein Zufall, den sich Pubertierende in Busenbach im Schwarzwald für ihr Nest heute noch wünschen!) Er schlängelt sich auf einem roten Schild, das ein rot gezüngelter, schwarzer Reichsadler vor der Brust trägt. Der mächtige Vogel ist Hinweis auf den Status als Freie Reichsstadt, den Aalen von 1360 bis 1803 innehatte. Der Aal lässt auf eine Bedeutung der Stadt in der Aalfischerei schließen.

Aalen liegt am Kocher, der in den ↑Neckar mündet und seit jeher versucht, das brackige Neckarwasser etwas aufzufrischen. Sicher zogen Flussfischer vor der Industrialisierung Aalens mehr fette Aale *(Anguilla anguilla)* aus dem Kocher, als dies heute möglich ist. Doch schon damals fraßen sich die schlangenähnlichen Fische vorsorglich ihren langen Wanst voll, denn immerhin kann die Wanderschaft zu ihren Laichgebieten in die Saragossasee bei den Bermudas bis zu drei Jahre dauern. Und wer weiß, ob es im weiten, fremden Ozean ein ordentliches Aal-↑Vesper gibt!

Was die Aale nach dem Laichen machen, gibt noch Rätsel auf. Zurück kehren sie jedenfalls nicht. Wie hoch versicherte Schiffe scheinen sie auf Nimmerwiedersehen im Bermuda-Dreieck zu verschwinden. Mit dem Golfstrom treiben die Larven in europäische Küstengewässer, werden zu Glasaalen, dann zu Steigaalen – und als solche ziehen sie unsere Flüsse hoch. Zum Beispiel den Rhein, zweigen bei Mannheim in den Neckar ab, schwimmen bis Bad Friedrichshall, schlängeln sich ängstlich in den Kocher (sic!), denn es zieht sie nach Aalen, nach der Stadt, mit der sie sich auf geheimnisvolle Weise verbunden fühlen.

Da sieht man wieder: Auch Aale sind nur Menschen und können sich täuschen! Irren ist aalisch! Denn der Aal im Stadtwappen von Aalen ist ein aalglattes Täuschungsmanöver und müsste viel eher ein stolzer römischer Reiter sein. In Aalen war nämlich die römische Reitereinheit »Ala II Flavia milliaria« stationiert, von der die Stadt ihren Namen hat – wie angenommen wird. In Aalen stand das größte römische Reiterkastell nördlich der Alpen. Es lag an einem Hang in der Nähe eines Bachs, der Aal heißt. Er diente der Ala als Pferdetränke. Heißt er deswegen Aal? Oder aalten sich Aale im Aal um Alas Pferdebeine?

Diese Auxiliartruppe Rätiens, jener altrömischen Provinz im Nordalpenraum, »Ala II Flavia milliaria« bewachte den ↑Limes, der nahe Aalen in den Süden führte, wie im besuchenswerten Limesmuseum Aalen hervorragend dargestellt und erklärt wird. Falls das noch jemand interessiert: Eine Ala milliaria bestand aus etwa 1000 Reitern in 24 Turmae (Reiterzüge) mit bis zu 42 Mann. Als Ala (lateinisch »Flügel«; Plural: alae) wurde im Militärwesen des antiken Rom ein Verband von 500 bis 1000 Reitern bezeichnet.

Logisch, dass man in Deutschland den Plural von »Ala« nicht »Alae« ausspricht, sondern in »Alen« abschleift, oder in Aalener Regionalaussprache »Olae« sagt. Tatsächlich hieß Aalen um 1545 auch mal Olen, halt so wie noch heute ein Olener »Aalen« sagt, wenn er es hochdeutsch aussprechen möchte, weil Außerschwäbische um ihn herumstehen.

Die antiken Rezepte, nach denen möglicherweise die römischen Reiter Kocher-Aale in ihren Römertöpfen brutzelten, bleiben allerdings ebenso im Dunkeln, wie die abgelaichten schwäbischen Aale in den karibischen Gewässern.

Nun wissen wir, dass Aalen nicht die Stadt der Aalfischer ist. Aber sie ist die Stadt der Autofahrer, über die man sich in Stuttgart allein wegen ihres Kennzeichens lustig macht. Und man kann sich in Aalen auch heute noch wunderbar aalen: in den Limes-Thermen! Ich bin extra für dieses Buch hingefahren. Und der Verleger hat den Eintritt bezahlt!

◾ ◾

ACKERSALAT
Ackersalat wächst auf schwäbischen Äckern

Er hat mehr Namen als Pippi Langstrumpf: Ackersalat, Feldsalat, Rapunzel, Rapünzchen, Schmalzkraut, Ruschenkresse, Lämmersalat, Mausöhrchen, Sunnewirbeli, Nüsslikraut, Weinbergssalat, Winzersalat oder Vogerlsalat. Während sich einige Bezeichnungen von der Form der Salatblättchen oder vom Geschmack des knackigen Salätchens herleiten lassen, das in Deutschland lange nur südlich der Mainlinie als kleinblätterige Sorte angebaut wurde, geben andere Hinweise auf das Vorkommen seiner wilden Artgenossen. Unsere Altvorderen sammelten ihn auf Äckern, in Weingärten und an Feldrainen.

Schon in der Jungsteinzeit wurde in Baden-Württemberg Ackersalat *(Valieranella locusta)* verschlungen, was archäologische Funde in steinzeitlichen Siedlungen an Seen des Voralpengebiets belegen. Damals wusste noch keiner, dass das geschmackvolle Grünzeug zugleich ein reichhaltiger Vitaminspender ist! Damals wie heute war der Ackersalat »a mords Gschäft«; ihn so zu reinigen, dass man beim Essen nicht doch auf ein Sandkorn beißt, ist nahezu unmöglich, weshalb moderne junge schwäbische Zeitgenossen kulinarisch zunehmend auf andere regionale Spezialitäten ausweichen wie Pommes, Burger und Döner. Dennoch gilt Baden-Württemberg heute als ein Hauptanbaugebiet für Feldsalat, der ein winterhartes Gemüse ist, Fröste bis zu minus 15 Grad Celsius (!) verträgt und gut im Freiland auf Äckern angebaut werden kann. Allein der ganzjährig mögliche Unterglasanbau des Ackersalats belief sich 2005 auf rund 145 ha bei einer Ernte von 14 423 dt (1 dezitonne = 100 kg = 1 Doppelzentner). Es handelt sich also demnach um rund 1442 Tonnen baden-württembergischen Feldsalats, welcher die Bezeichnung Ackersalat im eigentlichen Sinn nicht mehr verdient. Er müsste in deutsch-englischem Mischmasch globalisierungsgerecht »Greenhouse-Rapunzel« heißen!

Übrigens: Meine Oma liebte ihn sehr, den Ackersalat, der ein Verwandter des Baldrians ist. Und wenn meine italienische Groß-tante Laura wieder mal über das etwas gemäßigte schwäbische Temperament meiner lieben Oma Hermine so herfallen musste: »Du hast Kamillentee im Blut!« wusste die zu erwidern: »Nix Ka-milletee! En Haufe Ackersalat hanne gessa!«

Forschungsprojekte zu Anbau, Düngung und Züchtung von Feldsalat durch die LGV – Staatliche Lehr- und Versuchsanstalt für den Gartenbau, Diebsweg 2, 69123 Heidelberg, Tel. 06221/748 40

ALBSCHNECK
Als Albschneck wird ein langsamer Schwabe von der Alb verspottet

Um gleich vorweg mit einem gängigen Vorurteil aufzuräumen: Dass Menschen von der schwäbischen Alb, vulgo: Älbler, lang-samer seien, ist falsch! Richtig ist allerdings, dass alle anderen in der Regel schneller sind! Und der uralte Witz, dass die drei schlimmsten Krankheiten Lepra, Cholera und Von-der-Alb-ra seien, wird hier nur der redaktionellen Vollständigkeit halber er-wähnt! Womöglich wird ein Teil dieses Spottes in Indelhausen er-zeugt, einer Teilgemeinde des Luftkurorts Hayingen im Lautertal. Doch zu Unrecht! Es mag sein, dass in dem erholsamen Ferienort das Leben langsamer verläuft als anderswo, aber schneller als eine Schnecke sind seine Einwohner allemal. Sonst hätten sie es früher nicht geschafft, die vielen Schnecken für den Export einzusam-meln. Denn Indelhausen avancierte zum Zentrum der schwäbi-schen Schneckenzucht, die in vielen Teilen der Schwäbischen Alb verbreitet war. In dem reizvollen Tal der Großen Lauter wurden wegen ihrer Qualität hoch gelobte Speiseschnecken gezüchtet, die – als »Schwäbische Austern« – auf den Tischen der Restaurants im In- und Ausland landeten. Dass außer mit Kräuterbutter noch eine Vielzahl raffinierter Zubereitungen von Weinbergschnecken möglich ist, beweist der »Hirsch« in Indelhausen, der zur Pilgerstätte der Schneckenfans aus Nah und Fern wurde. Dazu hat der Verleger gesagt: »Sonntag, da brauchen Sie aber nicht extra hinfahren! Sie waren schließlich schon in ↑Aalen!«

Der Genuss von Schnecken war bereits in der Antike bekannt. Als erster Schneckenzüchter gilt ein Römer namens Fulvius Hirpinius, der um ca. 50 v. Chr. verschiedene Schneckenarten zum Zwecke des kalorienarmen, eiweißreichen Verzehrs gemästet haben soll, ohne damals so recht zu wissen, was Eiweiß und Kalorien eigentlich waren. Noch heute sind Schnecken ein fester Bestandteil der mediterranen Küche. Kein Wunder, dass Frankreich und Italien Spitzenreiter im Schneckenverzehr sind – vor Deutschland an dritter Stelle, wo die wild lebende Weinbergschnecke unter Naturschutz gestellt werden musste.

Dass die Albschnecken so gut schmecken, verdanken die Pflanzenfresser den würzigen Kräutern der Alb. Die kalkhaltigen Böden liefern das Rohmaterial für Haus und Deckel, den sie sich für die Überwinterung »zusammenrotzeln« müssen. Im Mittelalter wurden die Indelhausener Schnecken sogar mit Rosmarin und Quendel gefüttert. Überhaupt stieg im Mittelalter der Schneckenverzehr stark an, weil Schnecken laut christlich-kirchlicher Meinung »weder Fisch noch Fleisch« sind und dadurch als ideales Fasten-food und Freitagsgeschnetzeltes galten.

Vor 300 Jahren sollen in Ulm 500 Tonnen Schnecken in Fässern abgefüllt in die Metropolen Europas verfrachtet worden sein. Als um 1910 die Konservierung erfunden wurde, war die große Zeit der Albschneckenzüchter und -händler vorbei. Die Albschnecken atmeten auf und machten es sich in ihren Häuschen bequem. Ihnen rettete die konservierte, fad schmeckende Billigkonkurrenz aus dem Ausland das Leben. Längst hat die Slow-Food-Bewegung die Schnecke entdeckt – wie könnte es auch anders sein. Ihre Mitglieder essen nicht nur schneckenlangsam, sondern setzen sich vor allem für die Schaffung, Erhaltung und Wiederbelebung nachhaltiger Nahrungsmittelressourcen ein. Und um eine solche handelt es sich bei der Weinbergschnecke *(Helix pomatia)*. Der Mentor der Renaissance der Schneckenzucht auf der Schwäbischen Alb ist Prof. Dr. Roman Lenz vom Institut für Angewandte Forschung der Fachhochschule Nürtingen, dem sozusagen die Schnecke über den Weg lief, als er mit Studenten das Lautertal erkundete. Mit dem Projekt »Albschneck« will er der Albschneckenproduktion auf die Sprünge helfen. Damit die schleimigen Kriecher mithüpfen, wird viel Geduld und Zeit benötigt. Strenge Anforderungen müssen erfüllt werden, damit der gewöhnliche Häuslesträger sich markengerecht Albschneck nennen darf, z. B. darf er nur mit Wildpflanzen gefüttert worden oder eine Deckelschnecke sein.

Auf jeden Fall hat das Deutsche Patent- und Markenamt schon mal den Begriff »Albschneck« als Warenzeichen eingetragen, zum Zwecke der Wiederbelebung der regionalen Schneckenproduktion auf der Schwäbischen Alb. Es wird längerfristig geplant. Gut Schneck will Weile haben!

Aus China kam im August 2006 die Meldung, mindestens fünfzig Menschen hätten (schwäbisch: häben) sich nach dem Verzehr nicht ganz durchgekochter Schnecken eine Hirnhautentzündung zugezogen und die Schnecke trüge (schwäbisch: täte tragen) bis zu sechstausend Parasiten in sich. Pfui bäbbä! Ich täte jetzt einfach mal sagen: in China vielleicht! Aber nie im Leben in Indelhausen! Chinesische und schwäbische Schnecken haben nichts gemein! Außer ihrem Dialekt vielleicht. Wenn beide vor dem Gemüsebeet auf ein Brettchen stoßen, welches sie zum Außen-herum-Schleimen zwingt und so die ↑Brestlinge, Ebiren (↑Grommbira) und andere selbstgezogene Feinheiten vor dem gierigen Schneckenfraß schützen soll – sagen beide dasselbe: »Hoi: Om-Lai-Dong!«

Um zum guten Schluss aber der Schwäbischen Alb und alten

Vorurteilen doch noch eine Chance zu geben noch ein kleiner Witz, über den wir uns als Kinder in der Stadt sehr amüsiert hatten: Geht der Älbler mit seinem Sohn zum Schneckensammeln. Der Sohn hat nach einer Stunde keine einzige in seinem Eimer, und wie der Vater ihn schimpft, sagt er: »Papa! Kaum hab ich eine entdeckt – zack, war sie auch schon wieder abgehauen!«

www.albschneck.de

█ █

ALEMANNEN → BADENER → LIMES → SUEBEN

ANERBENRECHT → ERBE

█ █

ARMUT
Alle Schwaben sind wohlhabend

Wenn mein Onkel Oscar, der Arzt war, sich einen neuen Mercedes gekauft hatte, besaß der stets die gleiche Farbe wie der letzte und das Typenschild war abmontiert. Sprach man ihn beim Familienfest auf seinen neuen Pullover an, sagte er spontan: »Den hanne scho lang!« Unter solchen Umständen ist es sehr schwer, die These, die diesem Kapitel voran steht, zu beweisen oder zu widerlegen. Denn jene Schwaben, die wohlhabend sind, wissen es perfekt zu verbergen. Und die, die nix haben, leasen sich als erstes einen Porsche, um wohlhabend zu wirken, damit ihre Geschäfte besser laufen, damit sie selbst viel Geld verdienen, um so bald als möglich ihren Reichtum perfekt verstecken zu können.

Vielleicht hilft ein Blick in die Statistik: In der Tabelle des Jahres 2005 deckt sich der Spitzenplatz von Baden-Württemberg mit nur 7 Prozent durchschnittlicher Arbeitslosenquote mit der alphabetischen Reihenfolge, in der die Bundesländer angeordnet sind. Wieder gemäß der Ordnung nach Buchstaben und Zahlen folgt Bayern mit 7,8 Prozent. Ein Kopf an Kopf Rennen der Südländer! Am schlechtesten liegen Sachsen-Anhalt und Mecklenburg-Vorpommern mit je 20,3 Prozent Arbeitslosenquote gleichauf, obwohl ihre Anfangsbuchstaben unterschiedlich sind. Also daran liegt es offensichtlich nicht.

Gelobt – vor allem eigengelobt – wird in Baden-Württemberg die wirtschaftliche Infrastruktur, bei der neben großen Industriebereichen wie Autofabrikation die hohe Zahl an Mittelbetrieben für Flexibilität, Dynamik und Wirtschaftskraft sorgen. Im Januar 2005 weist die Statistik in Baden-Württemberg »nur« 3,6 Prozent Arbeitslosengeld-II-Empfänger aus. Das ist die zweitniedrigste Quote, hier hat Bayern die Nase vorn. Am höchsten liegt sie in Mecklenburg-Vorpommern mit 13,4 Prozent.

Gibt es eine neue Armut in Baden-Württemberg? Die Zahlen lassen diese Annahme kaum zu, obwohl die Arbeitslosenquote in den letzten Jahren etwas gestiegen ist. Doch wen es trifft, den trifft es!

»Einkommensarmut hat viele Gesichter«, schreibt Dipl.-Ökonomin Cosima Strantz im Statistischen Monatsheft Baden-Württemberg 3/2006. Schon allein die Definition von Armut ist relativ und kann unterschiedlich vorgenommen werden. Eine Definition der Armutsgrenze geht von einem Einkommen von weniger als der Hälfte des durchschnittlichen Einkommens aller Haushalte aus, wobei dabei wiederum das pro Kopf verfügbare Einkommen Berücksichtigung findet. Eine andere Bestimmung richtet sich nach der OECD-Skala (Organisation for Economic Cooperation and Development). In Baden-Württemberg liegen die durchschnittlichen Einkommen im Vergleich zu den meisten Bundesländern hoch. In Deutschland ist etwa jeder Zehnte von Armut betroffen, so viele dürften es in Baden-Württemberg nicht sein, aber darüber schweigt das Monatsheft. Ein Armuts- und Reichtumsbericht über das Ländle steht noch aus.

Im Mai 2004 betrug das durchschnittliche Netto-Einkommen aller 4,9 Millionen privaten Haushalte in Baden-Württemberg rund 1900 Euro. Mehr hatten Paare, mit oder ohne Kinder, weniger allein stehende Männer oder Frauen mit oder ohne Kinder zur Verfügung. Nach der OECD-Skala berührten in Baden-Württemberg rund 245 900 allein erziehende Frauen die Armutsgrenze. Kinder zu haben, war dafür nicht ausschlaggebend, Paare mit Kindern liegen statistisch jenseits der Armutsgefahr. Es scheint aber so, als ob im wohlhabenden Baden-Württemberg für allein stehende Frauen und Männer, vor allem für allein erziehende Frauen, wenig Chancen bestehen, ein Kuchenstück zu ergattern.

Im Übrigen finde ich, mein Verleger sollte meiner persönlichen Armut vorbeugen, indem er nach dem Lesen dieser Zeile mein Honorar für dieses Buch verdoppelt. Einer muss schließlich das Lebenswerk meines Onkels fortführen! Sie, geschätzte Leserin, lieber Leser, könnten ebenfalls Ihren Teil dazu beitragen, indem Sie das Buch öffentlich lesen und dabei laut lachen. Zum Beispiel jetzt! Danke.

Statistisches Landesamt Baden-Württemberg: www.statistik.baden-wuerttemberg.de

■ ■

ASYLBEWERBER
Die Zahl der Asylbewerber nimmt zu

Täglich berichtet die Presse aus den Kriegsgebieten der Erde. Großes Leid und Verfolgung erleidet die Bevölkerung der betroffenen Länder. Unzählige Menschen auf der ganzen Welt befinden sich auf der Flucht. Viele kamen und kommen nach Deutschland, um

Asyl zu beantragen. Nach einem bestimmten Schlüssel werden sie auf die Bundesländer verteilt. Baden-Württemberg zählt zu den Ländern, die in den letzten Jahren eine größere Anzahl an Asylbewerbern aufgenommen haben.

Presseberichte über Boatpeople, die auf den Kanarischen Inseln, an den Küsten von Andalusien in Spanien oder an der Südküste Italiens an Land gespült werden, lassen den subjektiven Eindruck entstehen, dass die Zahl der Asylbewerber im Land steigen würde. Tatsächlich nahm ihre Zahl in Baden-Württemberg in den letzten Jahren kontinuierlich ab. Im Jahr 2005 kamen nur noch 2690 Personen gegenüber 4601 Personen im Jahr 2004.

Nach dem Asylbewerberleistungsgesetz bekamen im Jahr 2004 in Baden-Württemberg 19 300 Personen finanzielle Zuwendungen, das waren 12 Prozent oder rund 2700 Personen weniger als im Vorjahr. Seit Inkrafttreten des Gesetzes im Jahr 2003 hat sich die Zahl der Leistungsempfänger um 56 000 verringert, das entspricht einer Abnahme um 74 Prozent.

Mit 39 Prozent aller Empfänger oder rund 7400 Personen stellten die Leistungsempfänger aus Serbien und Montenegro die größte Gruppe. Im Vergleich zum 31. Dezember 2003 waren das jedoch 14 Prozent weniger. Die Zahl der Asylbewerber aus Bosnien ist seit Mitte der neunziger Jahre von gut 12 000 sogar auf unter 300 gesunken. Die zweitgrößte Gruppe kam aus der Türkei. Ende 2003 waren knapp 1900 Personen mit türkischer Staatsangehörigkeit Empfänger von Asylbewerberleistungen. Aber auch ihre Zahl ist um gut 23 Prozent gesunken. Der Anteil der Asylbewerber aus vorderasiatischen und ostasiatischen Staaten unter den Leistungsempfängern lag Ende 2004 bei gut 30 Prozent oder 5600 Menschen. Die größte Gruppe bildeten dabei Personen aus dem Irak. Gut 2900 oder 12 Prozent der Antragsteller, die Asylbewerberleistungen erhielten, hatten einen afrikanischen Pass bzw. kamen aus Afrika. Das häufigste Herkunftsland war Kamerun mit 505 Asylbewerbern. Die überwiegende Mehrheit der Leistungsempfänger in Baden-Württemberg kam 2004 jedoch mit annähernd 10 300 Personen oder 54 Prozent aus Europa. Die Krisengebiete befinden sich eben nicht immer weit weg, sondern oft nur nebenan.

Übrigens können wir erstaunlich gut mit unseren Fremden; in Stuttgart, so habe ich mir sagen lassen, wurden die, im Vergleich zu anderen deutschen Großstädten, meisten Ausländer integriert und das sehr friedlich, denn wir haben eine sehr geringe Kriminalitätsrate (↑Kriminalität) bei uns! Das hat mehrere Gründe: Zum einen geben wir unseren Ausländern mit unserer ↑Kehrwoche genannten großen Putzfreudigkeit sofort einen herrlichen Integrationszugang. Sie erhalten von unserer weitgehend gesunden Wirtschaft sofort einen doch recht sicheren Arbeitsplatz. Aber das Entscheidende ist, wir verbrüdern uns sehr schnell mit ihnen, wir können uns ideal in sie hineinfühlen und wissen, wie es ihnen geht: Keine 150 Kilometer von zuhause entfernt, hört man bei uns Schwaben aus unserem ↑Dialekt auch sofort den Migrationshintergrund heraus!

Statistisches Bundesamt: www.destatis.de

▪▪▪▪▪▪▪▪▪▪▪▪▪▪▪▪▪▪▪▪▪▪▪▪▪▪▪▪▪▪

AUSSTERBEN
Baden-Württemberg stirbt langsam aus

Schrumpfende Städte, schrumpfende Ackerflächen, schrumpfende Viehbestände, schrumpfende Bevölkerungszahlen, schrumpfende Schnitzel, schrumpfende Gehälter, schrumpfende Etats, schrumpfende Löhne, schrumpfende Gehirne, schrumpfende Gletscher, selbst Schrumpfköpfe verschwinden aus den Vitrinen, alles schrumpft – auch die Geburtenzahlen. Die demografische Schrumpfkrise lässt Politiker in ganz Deutschland plötzlich das bisherige Unwort »Einwanderungsland« heimlich flüstern. Ansonsten müssen immer weniger Menschen mit Arbeit immer mehr Rentnern das Auskommen sichern; düstere Aussichten bei schrumpfender Bevölkerungszahl und hoher Arbeitslosigkeit! Im Satiremagazin »Pardon« war zu diesem Thema im Heft 03/2006 folgendes zu lesen: »In Deutschland geht die Geburtenrate zurück, in den Drittweltländern steigt sie weiterhin. Das bedeutet: Es gibt immer mehr Kinder, die Turnschuhe nähen, aber immer weniger, die sie tragen. Selbst im Nachkriegsjahr 1946 wurden in Deutschland mehr Kinder geboren – allerdings damals noch unter Mitwirkung der alliierten Besatzer. Der Geburtenjahrgang 2005 war so schwach, in 18 Jahren besteht ›Deutschland sucht den Superstar‹ nur noch aus einer Folge. Die Hauptsorge der Senioren lautet: es gibt gar keine jungen Menschen mehr, denen man zur Last fallen könnte. Das ist der neue Generationenvertrag: Wir kümmern uns nicht um die Kinder, dafür zahlen sie uns keine Rente!«

Hübscher kann man die Probleme um den demografischen Faktor kaum mehr formulieren.

Sorgen machen auch die Wanderungsbewegungen innerhalb Deutschlands. Es gibt Bundesländer, da ziehen mehr weg als her. Von denjenigen, die dableiben, sterben mehr als geboren werden. Kein Wunder, wenn hauptsächlich die Jungen wegziehen. Für alle Länder stellt eine negative Bevölkerungsbilanz ein echtes Problem dar.

Am schlechtesten sah es 2005 in Sachsen-Anhalt aus. Am Ende des Jahres waren es 24 721 Einwohner weniger als im Januar. Es ist, als ob eine Kleinstadt sich verabschiedet hätte. Dann folgen Sachsen und Thüringen. Danach, erstaunlich genug, das westdeutsche Bundesland Nordrhein-Westfalen mit 17 747 Einwohnern weniger am Ende des Jahres. Nur fünf Bundesländer weisen einen Bevölkerungszuwachs auf, wobei darunter die zwei Städte Berlin und Hamburg sind. Von den Flächenländern schwoll Schleswig-Holstein um 4190 Personen an, Baden-Württemberg um 18 282 Einwohner, nur übertroffen von Spitzenreiter Bayern, das im Jahr

2005 einen Bevölkerungszuwachs von 24 833 Personen verzeichnet, also rund so viel, wie es beim Schlusslicht weniger wurden. Am Jahresende 2005 lebten in Baden-Württemberg rund 10 736 000 Menschen.

Der Bevölkerungsanteil der Ausländer ging zurück und betrug 11,9 Prozent, aber auch deswegen, weil fast 17 900 von ihnen eingebürgert und Deutsche wurden. Der Wanderungsgewinn durch deutsche Neubürger betrug lediglich 5800 Personen. Es starben 2200 Deutsche mehr als geboren wurden. Nur auf deutsche Baden-Württemberger, die aus Wohlstands-, Single-, Karriere- oder sonstigen Gründen keine Zeit mehr zu volksvermehrenden Nachwuchsförderungsbewegungen finden, konnte das Land nicht bauen. Wenn nicht Ausländer beispielhaft ein Geburtenplus von 2400 Personen erreicht hätten, hätte es Baden-Württemberg nicht wieder wie seit 2001 geschafft, das einzige Bundesland zu sein, in dem mehr Kinder geboren werden als Menschen sterben. Der Geburtenüberschuss im Jahr 2005 betrug genau 201 Kinder. Allein durch die Geburtenzahl wäre eine relevante Zunahme der Bevölkerung Baden-Württembergs nicht zu erreichen. Es geht, so wie es aussieht, nur über Zuwanderung und Einbürgerung. Nur so kommen genügend Euros in die Kassen, um für alle sozialen Versorgungsleistungen von heute und für morgen aufkommen zu können. In jedem Fall ist es bis heute ein Irrtum, dass Baden-Württemberg ausstirbt und es wird auch einer bleiben, denn nach meiner Einschätzung nimmt die Zahl derer kontinuierlich zu, die von der Müritz an den ↑Bodensee ziehen werden. Nicht nur aus Job- und Spätzlegründen, sondern auch, weil man nach Jahren an einer flachen Pfütze einfach gerne mal an einem See mit Tiefgang sein möchte.

Statistisches Landesamt Baden-Württemberg: www.statistik.baden-wuerttemberg.de

Automobil
Daimler und Chrysler haben das Automobil erfunden

Erfindungsreichtum und nahezu krankhafte Bemühungen um Lösungen bei praktischen Problemen zählen zu den Eigenschaften, die ↑Badenern und Schwaben unterstellt werden. Und sie stimmen!

Wieder lag im Jahr 2004 im Vergleich der Bundesländer Baden-Württemberg mit 212 Patentanmeldungen an der Spitze, gefolgt von Bayern mit 109 und Hessen mit 62 Patentanmeldungen, jeweils statistisch bezogen auf 100 000 Einwohner. Nicht nur einzelne Tüftler trugen zu diesem Klischee stärkenden Ergebnis bei, sondern auch und besonders Wirtschaft, Industrie und Forschung (↑Fleiß).

Eine im wahrsten Sinne des Wortes weltbewegende Erfindung war die des Automobils. Wobei hier nicht eine so genannte Seifenkiste gemeint ist, die ja auch selber fährt, sondern ein »selbstbewegliches« Fahrzeug auf Rädern, das sich auf ebener Strecke, ohne Schienen, ohne Segel, ohne Zugtiere und ohne Muskelkraft des Fahrers bewegen, besser gesagt, fahren lässt.

Im allgemeinen Sprachgebrauch ist damit heute ein Personenkraftwagen oder kurz ein Auto gemeint, im Gegensatz zum Lastkraftwagen.

An der Verwirklichung der Idee eines Automobils bastelten mehrere Tüftler in verschiedenen Ländern, angeregt auch durch die Erfindung der Dampfmaschine. Einige versuchten sich an Dampfautomobilen, die anfangs schwerfällig und schwer lenkbar waren. Später gab es trotzdem Dampf-Lastwagen und sogar Dampf-Omnibusse. Viele entwarfen auch Gasmotoren, welche die Dampfmaschinen ersetzen sollten. Schon 1870 unternahm in Wien Siegfried Marcus Fahrversuche mit einem direkt wirkenden, verdichtungslosen Zweitaktmotor, der auf einem einfachen Handwagen montiert war.

Der Deutsche Nikolaus August Otto (1832–1891) ließ 1876 einen Gasmotor als Viertaktmotor patentieren, der als Otto-Motor in die Technikgeschichte einging. Die Geschichte des heutigen Autos begann 29. Januar 1886 in Deutschland. An diesem Tag erhielt der Erfinder Carl Benz (1844–1929) vom Kaiserlichen Patentamt unter der Nummer 37 435 das Patent auf den ersten brauchbaren Motorwagen. Es war ein Dreiradwagen mit Gasmotor. Unabhängig davon folgten fast zur selben Zeit Gottlieb ↑Daimler in Cannstatt bei Stuttgart zusammen mit Wilhelm Maybach sowie Siegfried Marcus in Wien. Nach so vielen Versuchen, Experimenten und Entwicklungen lag die Erfindung des motorgetriebenen Automobils in der Luft und erfolgte zeitnah an verschiedenen Orten. Bei der ersten Überlandfahrt eines Autos fuhr Bertha Benz am 5. August 1888 von Mannheim nach Pforzheim auf einer umgebauten Kutsche. Gottlieb Daimler und Wilhelm Maybach entwickelten in Cannstatt einen leichten Motor, der vielseitige Montage- und Anwendungsmöglichkeiten bot. Die Autoindustrie war nicht mehr zu bremsen.

Erst Jahre später stellte am 5. Januar 1924 der amerikanische Konstrukteur Walter P. Chrysler sein erstes Automobil in New York vor. Das »alte Europa« hatte damals die Nase noch vorn.

Haben Sie das eigentlich gewusst: Ich arbeite mit meiner Wenigkeit selbst aktiv am schwäbischen Erfindungsreichtum mit, denn ich habe schon ein halbes Dutzend Erfindungen beim Patentamt eingereicht. Was dahinter steckt, ist auch für mich selbst rätselhaft. Ich kann es einfach nicht lassen, Ideen, die mir an den unmöglichsten Orten kommen, niederzuschreiben und irgendwo einzureichen. Und da sich das Patentamt weniger wehrt als beispielsweise Verlage, musste es zwangsläufig so weit kommen. Es freut mich jedes Mal, bei der Erfinderbenennung als meinen Beruf »Diplomingenieur« anzugeben. Bahnbrechende Erfindungen habe ich schon eingereicht, beispielsweise ein Handy mit unten angebrachter Antenne. Ich schrieb dem Patentamt: »(…) somit lässt sich die Gefahr von Hirntumor auf Kieferkrebs umlenken!« Mein größter Erfolg in diesem Zusammenhang war eine erfundene Erfindung, mit der ich es geschafft habe, bis in die Imagekampagne von Baden-Württemberg zu gelangen. Das war dem großen »Spiegel« damals eine Personalie wert, zahlreiche Sender baten mich zum Interview und sogar Erwin Teufel musste damals in einer Landespressekonferenz Stellung dazu nehmen. Mehr dazu erfahren Sie auf meiner Website: www.sonntag.tv, oder Sie kaufen gleich mein Buch »Sonntag hält Wort« (Theiss-Verlag), in dem ich die ganze Köpenickiade ausführlich beschrieben habe.

Nun ist es an meinem Verleger, mein Honorar für das vorliegende Buch zu verdoppeln, oder zähneknirschend diese letzten Zeilen in Sachen Eigenwerbung drin zu lassen. [Dann lass ich halt die Eigenwerbung drin. Der Verleger]

Deutsches Patent- und Markenamt: www.dpma.de

■ ■

BADENER
Schwaben sind Schwaben, Badener sind Alemannen und alle drei können sich nicht ausstehen

Es ist schon ein Kreuz, dass Film und Fernsehen so spät erfunden wurden. Stundenlang könnten wir mit schwülstiger Musik untermalte Doku-Serien über unsere Altvordern verfolgen, bei denen ein Sprecher aus dem Off mit sonorer Stimme die schicksalhaften Zeitläufte erklärt. Aufgeteilt in werbefreundliche Etappen, würde jedes Einzelschicksal und jedes Scharmützel als entscheidendes Weltereignis zelebriert. Traumhaft, wie lebensnah wir über Schwaben und Alemannen unterrichtet wären!

Doch leider scheinen unsere Vorfahren außer der Verfeinerung der Flugeigenschaft von Speeren, dem Schärfen von Schwertern und stundenlangem Frisieren ihres Haares zum ↑Schwabenknoten nicht viel an der Backe gehabt zu haben. Was so in dieser Verkürzung natürlich nicht stimmt, denn meinem Geschichtsbuch entnehme ich, dass die Archäologie auch wunderbare Funde wie Schmuck, Waffenverzierungen, Kleidungsaccessoires oder Pferdezaumzeug aus der Erde geschaufelt und gepinselt hat. Nur eine Sache war nicht dabei, ein aussagefähiges, schriftliches Vermächtnis der ↑Sueben oder Alemannen. Die germanische Runenschrift tauchte relativ spät auf, ungefähr zwischen dem 2. und dem 12. Jahrhundert. Sie fand hauptsächlich in Südskandinavien Verwendung und wurde mehr als – teils magische – Zeichen auf Gegenstände oder Steindenkmäler geritzt, denn als Schrift entwickelt, welche »Geschichten« niederschreiben oder Abmachungen in Urkunden und Verträgen »festschreiben« konnte. Südlich Skandinaviens fanden die Runen kaum Verbreitung, und wenn, dann verschwanden sie mit der Ausbreitung des Christentums in Mitteleuropa gegen 700 n. Chr. Von Sueben und Alemannen sind uns deswegen keine frühen Schriftfunde bekannt, auf die wir uns stützen könnten.

Bleiben also nur die römischen Schreiber, die archäologischen Funde und späteren Dokumente, die aus der Zeit nach der Völkerwanderung stammen.

Die Bezeichnung Schwaben wird von dem germanischen Volksstamm der Sueben abgeleitet. Doch schon in romanischen Quellen wird der Volksstamm der Alemani mit den ↑Sueben gleichgesetzt. Lange wurden beide Bezeichnungen synonym verwendet. Historisch gibt es keinen Unterschied. Die Frage ist, ob die Sicht von damals auch stimmte.

Die germanische Besiedlung in Deutschland während der Römerzeit war alles andere als statisch. Es handelte sich vielmehr um eine große Zahl von einzelnen, teilweise sehr unterschiedlichen Stämmen, die umherzogen oder nur für einige Zeit sesshaft waren. Sie verstanden sich keinesfalls als eine »germanische Nation«, sondern lebten in ständigem Spannungsverhältnis zueinander, schlossen Abmachungen, brachen sie wieder und bekämpften sich. Ihre Sprachen und ↑Dialekte waren unterschiedlich, besaßen aber gemeinsame Wurzeln, so dass Verständigung möglich war. Einer dieser Stämme waren die Sueben, die aus dem Havel-Elbe-Saale-Gebiet kamen und nach Süden wanderten. Die Sueben waren in Stämme oder Sippenverbände aufgeteilt. Bei den Römern genossen die Sueben den Ruf wilder Kämpfer und guter Reiter. Beschrieben ist die Schlacht des suebischen Heerführers Ariovist (gestorben um 54 v. Chr.) gegen Gaius Julius Caesar im Jahr 58 v. Chr. im Elsass, die der Schwabe verlor. Gaius Julius Caesar bezeichnete Ariovist immer nur als Germanenhäuptling. Dies ist ein Indiz dafür, dass die Römer die einzelnen germanischen Stämme nicht unterschieden, sondern für sie den Oberbegriff Germanen benutzten. Von Alemannen schrieben sie in dieser Zeit überhaupt nichts. Dies ist ein Grund zur Annahme, dass die später in der Geschichte auftauchenden Alemannen in ihrem Kern Sueben waren. Die frühesten Zeugnisse des Namens »Alemannen« werden auf das Jahr 213 n. Chr. datiert. Dort wird vom Kampf des römischen Kaisers Caracalla gegen Alemannen berichtet. Doch wurden die Berichte entweder gefälscht oder in späteren Abschriften der Name »Alemannen« hinzugefügt. Nach heutiger Forschung wussten die römischen Quellen des 3. Jh. n. Chr. nichts von Alemannen, sondern nur von Germanen und Barbaren. Vor dem Fall des ↑Limes um 259/260 n. Chr. waren Alemannen offensichtlich unbekannt. Erst danach taucht die Bezeichnung 289 n. Chr. in den Quellen zum ersten Mal auf, nämlich als »Alemannen, die früher Germanen genannt wurden«. Es scheint sich eher um eine Namensgebung der Römer für »alle Völkerschaften des Gegenufers der obergermanischen Provinz«, als um die Selbstbezeichnung eines Stammes zu handeln. Es sollte wohl eine begriffliche Unterscheidung zu den Franken geschaffen werden. Auch Franken waren bei den Römern ein Sammelbegriff für mehrere unterschiedliche Stämme, die an der Grenze der niedergermanischen Provinz siedelten. Die Römer machten es sich wie alle Eroberer und Besetzer einfach und kümmerten sich nicht groß um die »kleinen« Unterschiede fremder Völker, sondern pauschalierten munter drauf los. Auch anderen Germanenstämmen war der Volkstamm der Alemannen unbekannt, weil es ihn eigentlich noch gar nicht gab.

Es wird davon ausgegangen, dass erst der Limes, der bei der Völkerwanderung in mancher Hinsicht auf die Menschenströme aus dem Norden wie eine Staumauer wirkte, eine Vermischung von Stämmen nach sich zog, die sich nach seiner Überwindung noch verstärkte. Es fand eine Ethnogenese statt, aus der sich die Alemannen als neue Volksgruppe erst bildeten, vermutlich mit den Sueben als Kerngruppe.

Im 6. Jahrhundert war eine Gleichsetzung von Alemannen und Sueben üblich, das Früh- und Hochmittelalter verwendet beide Begriffe synonym und völlig gleichwertig. Im Laufe der Zeit setzte sich »Schwaben« durch und »Alemannen« geriet im 12. Jahrhundert in Vergessenheit. So entstand auch 911 n. Chr. das Herzogtum Schwaben und nicht das Herzogtum Alemannien, wie es ebenfalls hätte heißen können. Das Herzogtum Schwaben war damals neben Bayern, Franken, Lothringen und Sachsen eines von fünf Stammesherzogtümern im ostfränkischen Reich. Es umfasste ein Gebiet, das, auf heutige Grenzen bezogen, über Baden weit ins Elsass, südlich tief in die heutige Schweiz und südöstlich nach Bayern reichte.

Erst die »Alemannischen Gedichte« von Johann Peter Hebel holten im Zeitalter der Romantik die Alemannen wieder ins Bewusstsein der Menschen zurück. Zunächst bezog man den Begriff in gewissem Sinn auf »badische Schwaben«. Seither entwickelte sich mehr und mehr eine »Trennung« von Alemannen und Schwaben, verbunden mit der Suggestion, dass es sich um zwei verschiedene Volksgruppen handele: ein Konstrukt, das völkergeschichtlich nicht zu halten ist. Auch wurde das alemannische Siedlungsgebiet auf das Elsass und teile der Nordschweiz ausgedehnt, die aber beide im Grunde schwäbische Siedlungsgebiete waren. Eine Trennung fand dann tatsächlich in der Sprachforschung statt. Der Wunsch der Badener, Alemannen zu sein, könnte auch in der Tatsache begründet liegen, dass es den Volksstamm der Badener nie gab, hingegen den der Schwaben schon. Im 19. Jahrhundert ein Land zu formen, das sich nicht auf einen Volksstamm zurückführen ließ, war psychologisch kaum möglich.

Bei der Bildung des Süd-West-Staates Baden-Württemberg nach dem Zweiten Weltkrieg kamen die Animositäten zwischen Badenern und Württembergern, die sich als Alemannen und Schwaben verstanden, wieder verstärkt zum Vorschein.

Inzwischen sind sie weitgehend unter »Folklore« abzuheften. Was bleibt ist der Neid der Badener, dass sie nicht die Spätzle erfunden haben. Ein bisschen Verständnis kann man für die Norddeutschen schon aufbringen, die uns vorsichtshalber alle für Bayern halten, bevor sie sich die Unterschiede zwischen Schwaben, Württembergern, Badenern und Alemannen »reinziehen«. Und wenn sie gerade ein bisschen durchblicken, kommt ein Augsburger daher und erzählt, er sei Bayer, oder, um genauer zu sein, er komme aus Schwaben (↑Dialekte). Dabei hätte man zur Klärung des Missverständnisses die alten Römer am Schlafittchen packen können. Von Schuldgefühlen geschüttelt haben ihre Nachfahren mit der flächendeckenden Versorgung Baden-Württembergs mit Pizzerien, Trattorien, Osterien und Ristoranten seit Jahren eine Wiedergutmachungskampagne ins Leben gerufen, welcher sich die Badener und Schwaben nicht entziehen sollten. Nützen wir alle Autobahnen, Fernstraßen, Bus- und Eisenbahnverbindungen und bemühen wir uns kräftig um vorbehaltlose Vermischung zur Entwicklung eines neuen Stammes, zu einer Ethnogenese des Stammes der Schwalemannen oder Alemawaben.

Dieter Geuenich: Geschichte der Alemannen. Stuttgart 1997

BARBAROSSA
Barbarossa starb im Kampf gegen die Muselmanen

Schon in früher Zeit fanden Christen Gefallen an Wallfahrten und Pilgerreisen. Meist ging es zu Stätten, die mit dem Schicksal von Märtyrern verbunden waren, oder an denen deren Reliquien aufbewahrt wurden. Den Höhepunkt musste demnach eine Pilgerreise an den Ort bilden, an dem Jesus Christus, der Religionsstifter und nach christlichem Glauben Sohn Gottes, gelebt hatte und gestorben war. Allerdings befand sich die Stadt Jerusalem, aus mittelalterlicher christlicher Sicht, in ständiger Bedrohung durch die »Muselmanen« – einer früheren Bezeichnung für Mohammedaner, Moslems und heute Muslime. Als die Kunde das mittelalterliche Europa erreichte, die »Heiden« hätten das »heilige Jerusalem« erobert, wurden von Europa aus zwischen 1096 und 1270 sieben Kreuzzüge unternommen, um die christliche Ordnung im Heiligen Land wieder herzustellen. Anfänglich wurden die Expeditionen »bewaffnete Pilgerreisen« genannt. In Wirklichkeit trugen sie den Charakter von Kriegszügen.

Als Saladin, der Sultan von Ägypten und Syrien, 1187 die Kreuzfahrer in Jerusalem schlug und die Stadt eroberte, wurde der 3. Kreuzzug geplant und zusammengestellt. Als Zugführer machte sich der 67-jährige Kaiser Friedrich I. Barbarossa von Hohenstaufen (↑Staufer) bereit. Gern wollte er auf seine alten Tage noch an einer bewaffneten Pilgerreise teilnehmen. In drei Zügen zogen Engländer, Franzosen und Deutsche gen Orient. Barbarossa brach am 11. Juni 1189 mit einem Heer von Regensburg auf, das auf 100 000 Mann geschätzt wird. Er wählte den Landweg. Die Pilgerreise sollte rund drei Jahre dauern. Überfälle, Krankheiten, Hunger und Hitze quälten die Ritter und reduzierten den Pilger-Tross. Nur noch ungefähr 18 000 gingen in die Schlacht bei Ikonion in Anatolien und gewannen sie. Kurz darauf nahm Kaiser Friedrich I. Barbarossa am 10. Juni 1190 im Fluß Saleph (Göksu) ein Bad und ertrank dabei, so die gängige Version. Sein Sohn Herzog Friedrich von Schwaben übernahm die Führung des Pilger-Heers, was dazu führte, dass die meisten die Gefolgschaft verweigerten. Am 7.Oktober 1190 erreichte er mit 1000 Mann die Stadt Akkon, in welcher sich der Sultan Saladin verschanzt hatte. Die Stadt wurde von vereinigten Kreuzfahrern belagert. 1191 starb Herzog Friedrich von Schwaben vor Akkon. Der englische König Richard Löwenherz übernahm daraufhin die Führung und eroberte Akkon, nachdem in der Stadt Hungersnot und Seuchen ausgebrochen waren. Als Saladin Zahlungsschwierigkeiten beim Lösegeld bekam, ließ Richard Löwenherz 2700 muslimische Gefangene töten. Soviel zum 5. Gebot. Weiter ging es nach Jerusalem, welches aber muslimisch blieb. Doch es wurde den Kreuzfahrern erlaubt, nach Jerusalem zu pilgern. Das christliche Königreich Jerusalem, das einstmals von Kreuzfahrer gegründet worden war, konnte wieder hergestellt werden, mit Akkon als Hauptstadt.

Die genauen Umstände des Todes von Barbarossa sind nicht bekannt. Es stellt sich die Frage, ob er als Kind schwimmen gelernt hat, und wenn ja, in der Rems oder in der Fils. Weiter, ob er seine komplette Rüstung noch anhatte oder nur eine kunstvoll geschmiedete Badehose trug. Ist er, wovor heute noch gewarnt wird, in überhitztem Zustand ins kalte Wasser »geköpfelt«, oder fiel sein Pferd und drückte ihn unter Wasser? Oder hat sich gar der mächtige Bart mit Wasser voll gesogen und dem Rotbärtigen den Untergang gebracht? Dass Barbarossa beim Überqueren des Flusses seine Rüstung trug, ist nahe liegend. Eine Flussüberquerung war bei einer bewaffneten Pilgerfahrt mit eisenbewehrten Ritter-Pilgern eine der schwierigsten Passagen. Allein das Nachölen der Scharniere nach der Flussüberquerung kann so einen Pilgerzug noch lange aufhalten und verwundbar machen, denn da »plotzt« nicht nur der König ins Wasser. Möglicherweise haben andere es sogar geflissentlich nachgemacht, um Eindruck zu schinden. Ein weiteres Problem bei so einem Unternehmen ist natürlich der Nachschub. Niemand weiß, ob der in die Jahre gekommene Barbarossa Betablocker nahm und der täglichen Einnahme pflichtbewusst nachkommen konnte. Warnungen über die sorgsame Vorbereitung der Reiseapotheke sollte man damals wie heute nicht in den Wind schlagen. Der Versuch, den Leichnam Barbarossas in Essig (Apfelessig? Weinessig? Balsamico?) zu konservieren, misslang, so dass das Fleisch des Kaisers in der Peterskirche in Antiochia, seine Knochen in der Kathedrale von Tyros und Herz und Eingeweide in Tarsos beigesetzt wurden. Alle Städte in der Türkei und in Syrien, keine einzige im Schwabenland. Traurig, aber wahr!

Woher ich das alles weiß? Meine Mama – die, die den besten Kartoffelsalat und den köstlichsten ↑Gaisburger Marsch macht – hat mir zu Weihnachten ein Geschichtsbuch geschenkt. »Gell, do glotsch!«

●●●●●●●●●●●●●●●●●●●●●●●●●●●●●●

BATZEN → HELLER

●●●●●●●●●●●●●●●●●●●●●●●●●●●●●●

BAUSPAREN
Bausparen hat ein Schwabe erfunden

Unzweifelhaft gehören zur schwäbischen Kultur ↑Häusle und Bausparen. Sie verhalten sich wie ↑Spätzle und Spätzlebrett. Denn vom Brett schabt man keine dicken, breiten Nudeln, und Konzernzentralen werden nicht mit Bausparverträgen finanziert. Sondern Häusle, am liebsten Einfamilienhäusle und Doppelhaushälften, klein und individuell wie Spätzle, die nach einer Rühr- und Ruhephase des Teiges (Stichwort: »Zuteilungsreife«) in bedürfnisgerechte Happen zerteilt werden. Dann, ins siedende Wasser geschubst, schwimmen sie nach kurzer Garzeit nach oben, um zum schwäbischen Genuss bereit zu sein. Sofern Soße zur Verfügung steht, denn ohne Soße werden Spätzle nicht gegessen und ohne Familie baut ein Schwabe noch nicht einmal eine halbe Doppelhaushälfte, sondern bezieht ein cooles Loft in der Landeshauptstadt und wartet, bis er eine Frau zum Heiraten findet und zeitgleich sein Bausparvertrag zuteilungsreif wird.

Im Prinzip funktioniert Bausparen wie eine große, gemeinsame Spätzleteigschüssel, in der ständig ein Nudelteig gerührt wird. Dieser gemeinsame Teig zieht sich so, dass davon jederzeit eine Portion Spätzle geschabt werden kann. Regelmäßig schütten die vielen Wächter der heiligen Schüssel über eine festgelegte Zeitspanne vereinbarte Portionen an Zutaten hinnein. Haben sie das brav gemacht, so ungefähr bis zur Hälfte ihrer Pflichtmenge, dürfen sie schon vor Ablauf der Frist aus dem durch Zinsen und Beiträge anderer aufgequollenen Teig einen eigenheimgerechten Kloß herausnehmen, müssen aber weiterhin regelmäßig den Topf auffüllen. Nun kann der Topfgenosse auf einen Schlag ein Festmahl für die ganze Familie bereiten bzw. im übertragenen Sinn ein Häusle finanzieren.

Ha, wenn das kein Schwabe erfunden hat! Doch hat er nicht. Die ersten bausparkassenähnlichen Vereinigungen, die »Loan and Building Societies«, wurden Ende des 18. Jahrhunderts in England gegründet. Die Industrialisierung, neben technischem Fortschritt und gesteigertem Wohlstand begleitet von Verarmung und Wohnungsnot, brachte mehrere Ideen und Bewegungen hervor, um die schier unvorstellbar schlechte Wohnlage der Menschen zu verbessern. Doch erst 1921 gründete Georg Kropp (1865–1943) mit dem Verein »Gemeinschaft der Freunde« in ↑Wüstenrot die erste Bausparkasse in Deutschland. Die Inflation nötigte den Verein, sämtliche GdF-Spargelder schon kurz darauf wieder auszuzahlen. In der alkoholfreien Gaststätte »Silberner Hecht« in Stuttgart fand am 16. Februar 1924 eine Wiedereröffnungsversammlung statt. Ganz ohne Trollinger, denn Kropp war ein aktiver Vertreter der

Abstinenzlerbewegung und kämpfte u. a. in verschiedenen Vereinigungen gegen den Alkoholgenuss. Er galt als Idealist und Weltverbesserer, dem es immer um das Wohl des einzelnen Menschen ging. Schon aus dieser Charakterisierung ergibt sich, dass er kein Bänker gewesen sein konnte. Als erste Geschäftsräume der Bausparkasse dienten Wohn- und Esszimmer im Haus der Familie Kropp, eigentlich eine halbe Doppelhaushälfte, in der Haller Str. 3 in Wüstenrot. Heute findet man unter dieser Adresse das Bauspar-Museum im Georg-Kropp-Haus.

Stammte Georg Kropp aus Wüstenrot? Nein, er war ein Reingeschmeckter und am 1. Dezember 1865 in Swinemünde an der Ostsee geboren worden. Statt seines Traumberufs Kapitän erlernte er auf Drängen des Vaters Drogist. Aus wirtschaftlichen Gründen zog Kropp mit seiner Frau Marie Wulff von Swinemünde nach Mannheim. Die eigene Drogerie konnte er nicht halten und Kropp wurde eine Zeit lang Pharmazievertreter. Nach dem Ausbruch des Ersten Weltkriegs starben eine Tochter und seine Frau an Unterernährung. Kropp schlug sich mit wechselnden Tätigkeiten durch, unter anderem als Schriftsteller. Nach dem Ende des Kriegs heiratete er in Heilbronn Pauline Burk aus Hessigheim am Neckar. In Wüstenrot kaufte die Familie eine Doppelhaushälfte und zog in das kleine Dorf. Hier konnte Kropp Kräuter sammeln, Salben und Tee herstellen oder über Pilze schreiben.

Er lernte schwäbische Freunde kennen, die ihn bei der Gründung der ersten Bausparkasse in Deutschland tatkräftig unterstützten. So auch Mathilde Planck (1861–1955), die als württembergische Landtagsabgeordnete, Kämpferin für die Rechte der Frauen und Gründungsmitglied der Bausparkasse »Gemeinschaft der Freunde« in die Geschichte einging. Eine mutige Frau mit bemerkenswerter Biografie zu jener Zeit.

Ein bisschen schwäbische Mitwirkung war bei der Gründung der ersten Bausparkasse in Deutschland also doch zu verzeichnen – großes schwäbisches Aufatmen.

Um meiner persönlichen ↑Armut vorzubeugen, könnte mein Verleger, der mich zwar nach ↑Aalen, nicht aber zum ↑Albschneck-essen nach Indelhausen hat gehen lassen, auch ein Bausparvertrá-gle für mich abschließen und regelmäßig die Beiträgle neizahlen! Aber das wird er nicht tun. In ihm vereinigen sich Berliner Geld-not mit schwäbischer ↑Sparsamkeit. »So isch no au widdor!«

Übrigens: Im Jahr 2006 klagt Berlin vor dem Bundesverfas-sungsgericht auf Schuldenübernahme durch den Bund. Das kann auch ein Schuss nach hinten werden, denn womöglich wird Berlin danach nicht schuldenfrei gesprochen, sondern dazu verurteilt, eine zumutbare Arbeit anzunehmen, zum Beispiel die Hunde-scheiße vom Trottoir zu entfernen!

So oder so: Wir in Stuttgart haben einen Oberbürgermeister. In Berlin heißt das: Insolvenzverwalter.

Wüstenrot – Bausparmuseum im Georg-Kropp-Haus. Regensburg 2005, Schnell, Kunstführer Nr. 2270

■■■■■■■■■■■■■■■■■■■■■■■■■■■■■■■■

Bermuda-Dreieck → Aalen

Besenwirtschaft → Ungesellig

■■■■■■■■■■■■■■■■■■■■■■■■■■■■■■■

Bodensee 1
Der Bodensee ist der größte Binnensee Deutschlands

Ein See, der wie der Bodensee »Schwäbisches Meer« genannt wird, muss einfach der Größte sein. Denn in seinem Namen tum-melt sich mit »schwäbisch« bereits ein beeindruckender Super-lativ. Zwar gibt es noch andere Seen, die mit einem Meer verglichen werden, wie z. B. das Steinhuder Meer in Niedersachsen mit 29 km² oder der Scharmützelsee in Brandenburg mit 13,8 km², den Theodor Fontane in seinen Reiseberichten als »Märkisches Meer« beschrieb, doch an den Bodensee mit seinen 536 km² reichen beide nicht ran. Dann gibt es noch die Müritz in Mecklenburg-Vorpommern, ein See mit einem Namen, der aus dem Slawischen stammt und soviel wie »kleines Meer« bedeutet. Von ihr wird behauptet, sie wäre mit 117 km² der größte Binnensee Deutschlands. Ja, haben denn die »Meck-Pomms« noch nie etwas vom Bodensee gehört? Tun wir ihnen nicht unrecht, vielleicht sind sie sogar einmal um den Bodensee herumgefahren und mussten dabei die Ländergrenzen Österreichs und der Schweiz überqueren und sagten danach: Ein Binnensee ist anders definiert. Der Bodensee ist ein Grenzsee, den sich drei Länder teilen. Stimmt aber auch wieder nicht ganz genau, denn neben Baden-Württemberg, das 155 Kilometer Ufer besitzt, nennt Bayern 18 Kilometer Ufer sein eigen, die Schweiz 72 Kilometer und Österreich 28 Kilometer. Der Überlinger See, der nördliche der beiden Bodenseearme, gehört vollständig zu Baden-Württemberg. In dem anderen Arm verläuft im Untersee und im See-Rhein bei Konstanz die deutsch-schweizerische Grenze. Im restlichen See gibt es keine Grenzen, weil der See als sogenanntes Kondominium von den Anrainerstaaten Deutschland, Österreich und der Schweiz, die alle gleichzeitig das Hoheitsrecht ausüben, gemeinsam verwaltet wird. Dieses Recht gilt ab einer Wassertiefe von 25 Meter. Bis zu dieser Linie üben die Anrainerstaaten das Hoheitsrecht entlang der Ufer aus. Schuld daran ist ein Versäumnis, das schon lange zurückliegt. Als die Schweizerische Eidgenossenschaft durch den Westfälischen Frieden aus dem Reichsverband des Heiligen Römischen Reiches 1648 ausschied, verbaselte man es, die Grenzen durch den See vertraglich festzulegen. So gibt es bis heute keinen offiziellen, völkerrechtlich anerkannten Grenzverlauf durch den größten Teil des Bodensees, den sogenannten Obersee.

Der Überlinger See, eine Teilfläche des Untersees, und ein 86 Kilometer langer Ufer-Wasserstreifen bis zur Wassertiefe von 25 Meter vom Obersee wirken zusammengezählt wenig überzeugend, um den Bodensee als »größten Binnensee Deutschlands« zu bezeichnen.

Liebe Landsleute, gestehen wir es ein, die wunderschön in der Mecklenburger Seenplatte gelegene Müritz hat gewonnen. Länderübergreifend gesehen, ist der Bodensee aber der größte Binnensee im deutschen Sprachraum. Und eines muss auch gesagt sein: Ich war mal im Auftrag des WWF (World Wildlife Found) für eine Woche an der Müritz, um einen Beitrag für ein Buch zu schreiben (»Die Augen der Erde – große Seen, große Chancen«). Eigentlich wollte ich ja über den Bodensee schreiben, aber diesen Auftrag hatte man damals schon an jemand anderen vergeben. Also musste ich eben an die Müritz. Abgesehen davon, dass da oben keine Sau schwäbisch kann: Leute, die Müritz ist ein Seebetrug! Sie ist flach wie eine Flunder! Sie misst nämlich an der tiefsten Stelle gerade mal 30 Meter und von den vielen flachen Stellen wollen wir lieber gar nicht reden! Größter Binnensee hin oder her, es kommt ja auch auf die Wassermenge an, die drin steht! Was hab ich von einem Spitzenwein, wenn zuwenig davon in der Flasche ist! (↑Wein) Die Müritz soll sich gefälligst was schämen! Der Größte und zugleich Tiefste für mich ist und bleibt der Bodensee! Basta!

■ ■

BODENSEE 2
Der Bodensee ist der größte See in Europa

Wie weit geht Europa? Die Frage ist geografisch gemeint. Eine Antwort ist schwierig, weil Europa keine so deutlichen Grenzen hat, wie es bei den meisten Kontinenten der Fall ist. Der Eindruck, dass Europa über die Länder der Europäischen Union nicht hinausgeht, führt auf den Holzweg. Als Europas natürliche Begrenzung im Osten hat man sich auf den Ural, den über 2000 Kilometer langen Mittelgebirgszug in Russland, geeinigt – dahinter liegt Asien. Von Brüssel liegt der Ural 3600 Kilometer entfernt, so weit kann Europa gehen. Unter diesem Gesichtspunkt gilt der russische Ladogasee nördlich von St. Petersburg als der größte Süßwassersee in Europa. Seine Wasserfläche beträgt 17703 km². Zum Vergleich: Der Plattensee in Ungarn ist rund 594 km² und der Genfer See in der Schweiz ca. 580 km² groß. Der Bodensee kommt mit 536 km² an vierter Stelle, wenn der beschriebenen geografischen Begrenzung Europas gefolgt wird. Im Vergleich mit dem größten See der Welt, dem Kaspischen Meer mit 370 000 km² Wasserfläche, ist das »Schwäbische Meer« aber lediglich eine Pfütze. Aber unter den europäischen – auch auf die Gefahr hin, dass ich mich wiederhole – ist für mich der Bodensee der Schönste. Und Beste. Und Größte. Und Tiefste! Und kommt mir jetzt bitte nicht mit den vielen Rentnern, die stets die Bänke an seinen Ufern belagern! Erstens gibt's die überall – die Rentner, nicht die Bänke – und zweitens, in ein paar Jahren sind wir alle auch welche! Mit dem Unterschied, dass unsere Rente nicht ausreichen wird, um damit an den Bodensee fahren zu können! In meinem persönlichen Fall könnte da womöglich mein Verleger einspringen, es gibt nämlich wunderschöne private Rentenversicherungen, die man auch für andere abschließen kann, wie ich gehört habe! [Dazu isch dr Sonntag noch viel zu jung! Der Verleger]

BODENSEE 3
Der Bodensee heißt Bodensee, weil er flach ist

Ein flacher See ist zum Beispiel die Müritz, die zwar hübsch anzu-
sehen ist, aber für mich persönlich eine Pfütze darstellt, denn für
mich zählt bei einem See immer auch die Wassermenge! Der Bodensee misst an seiner tiefsten Stelle 254 Meter, und so was kann
wohl kaum als flach bezeichnet werden! Der Bodensee hat zwar
Badestrände, doch wird sein Name nicht von Baden noch von Boden, sondern von der Ortschaft Bodman am Überlinger See abgeleitet. Die kleine Ortschaft war schon sehr früh besiedelt, es wurden Pfahlbauten aus der Stein- und Bronzezeit gefunden. Im
9. Jahrhundert stand hier eine Pfalz der Karolinger, im Jahr 1277 erwarb ein Johann von Bodman die Pfalz von König Rudolf von
Habsburg. Der Bergrücken, der den Überlinger See vom Untersee
trennt, heißt Bodanrück, nach einer früheren Benennung der An-
siedlung. Erstmals taucht der Name Bodansee um das Jahr 830 auf.
Bei den Römern hieß der Bodensee nach dem Ort Bregenz *Lacus
Brigantia* oder *Lacus Brigantinus*. In anderen Sprachen wie im Englischen, Französischen, Italienischen, Spanischen oder Portugiesischen bezieht sich die Namensgebung auf die Stadt Konstanz wie
z. B. englisch *Lake Constance* oder italienisch *Lago di Constanza*.

Mit Constanza ist leider keine sagenhafte, nur dürftig mit Al-
gen bedeckte, goldblonde Meerjungfrau aus dem Bodensee gemeint, die in Vollmondnächten auf den Wellen tanzt, sondern
eben jene Stadt Konstanz mit 81 000 Einwohnern. Übrigens: Die
große Bodenseerundfahrt führt, wie sich das gehört, rund um den
Bodensee. Die große Müritzrundfahrt führt von Waren nach Röbel und von Röbel wieder zurück nach Waren. Wahrscheinlich
deshalb, weil der Rest der Müritz wegen akuter Flachheit gar nicht
schiffbar ist! Soviel dazu.

www.bodman-ludwigshafen.de

BODENSEE 4
Der Bodensee versorgt ganz Baden-Württemberg mit Trinkwasser

In Baden-Württemberg regnet es so viel, dass im Prinzip kein Wassermangel herrscht. Dabei gibt es Gebiete mit Wasserüberschuss, wie die Rheinebene, Donau- und Illertal und das Bodenseegebiet. Andere Gegenden, wie die Hochebene der Schwäbischen Alb oder das Hohenlohische Land, leiden dagegen an Wassermangel. Obwohl es dort auch regnet, stehen sie trinkwassermäßig im Regen. Die geologischen Verhältnisse lassen eine ausreichende Grundwasserbildung nicht zu. So gibt es in Baden-Württemberg mehrere Verbände, die sich um eine lückenlose Versorgung mit Trinkwasser bemühen. Dies geschieht einerseits über Wasseraufbereitungsanlagen und Fernleitungen, andererseits haben viele Gemeinden auch eigene Trinkwasserquellen. Reicht die Versorgung mit eigenem Wasser nicht aus, wird zusätzlich über Fernleitungen Trinkwasser in das Leitungsnetz eingespeist.

Einer dieser Versorgungsverbände ist der Zweckverband Bodensee-Wasserversorgung (BWV), in der Rechtsform einer Körperschaft des öffentlichen Rechts. Er ist ein Fernwasserversorgungsunternehmen, das 180 Verbandsmitglieder (146 Städte und Gemeinden und 34 Wasserversorgungs-Zweckverbände) mit Trinkwasser beliefert. Etwa 4 Millionen Bürger beziehen ihr Trinkwasser vom BWV. Die Wasserabgabe beläuft sich auf jährlich etwa 130 Millionen Kubikmeter. Das stört den Bodensee überhaupt nicht, denn im Gegensatz zu anderen Seen, die ich hier namentlich nicht nennen möchte, ist der Bodensee sehr, sehr wasserreich und tief und nicht lächerlich flach. Versorgt werden u. a. Gemeinden auf der Schwäbischen Alb, im mittleren Neckarraum (↑Neckar), rund um Heilbronn und weiter nördlich bis in die Gegend um Walldürn. Das Wasser gewinnt der BWV aus dem Überlinger See. Der Weg des Wassers führt von der Wasserentnahme aus dem See, über das Seepumpwerk und die Wasseraufbereitung auf dem »Sipplinger Berg« und das insgesamt ca. 1700 Kilometer lange Rohrnetz bis hin zu den Verbandsmitgliedern.

Bei einer Bevölkerungszahl von 10,7 Millionen Einwohnern trinken nur rund 37 Prozent der Baden-Württemberger Wasser aus dem Bodensee, Vater Rhein kann aufatmen.

Ich hatte mal einen unvergessenen Gala-Auftritt beim Zweckverband Bodensee-Wasserversorgung. Ich habe nie zuvor eine fröhlichere Firma kennen gelernt, was natürlich auch verständlich ist: Das Wasser wird auf der einen Seite immer gebraucht und auf der anderen Seite fließt es automatisch immer wieder nach. Das einzige, was der BWV machen musste: einmal ein Rohr bauen und jetzt überwachen, dass es dicht bleibt. Das hört sich nach überschaubarem Stress an und so was macht selbstverständlich alle glücklich.

Zweckverband Bodensee-Wasserversorgung: www.zvbwv.de

■ ■

BRECHT, BERTOLT
Bertolt Brecht stammt aus Augsburg

Unzweifelhaft wurde Brecht, einer der bedeutenden deutschen Schriftsteller des 20. Jahrhunderts, als Eugen Berthold Friedrich Brecht am 10. Februar 1898 als Sohn des kaufmännischen Angestellten Berthold Brecht und dessen Frau Sophie (geb. Brenzing) in Augsburg geboren. Von den drei Vornamen behielt der Dichter und »Erfinder« des epischen Theaters lediglich Bertolt oder Bert, das stimmlose »h« in seinem Vornamen war im wohl zu ausdrucksschwach. Er starb am 14. August 1956 in Berlin an den Folgen eines Herzinfarkts und wurde auf dem Dorotheenstädtischen Friedhof beigesetzt, in der Nähe seiner Berliner Wohnung in der Chausseestraße 125.

Sein Geburtsort Augsburg, Hauptstadt des bayerischen Regierungsbezirks Schwaben, weist Brecht als bayerischen Schwaben aus. Das Augsburger »Brecht Haus«, Geburtsstätte des Literaten, besuchen jährlich Touristen aus aller Welt. Doch stammt jemand auch von dort, wo er geboren wurde? Diese Frage warfen in ähnlicher Weise zwei Gemeinden in Baden-Württemberg auf und kamen zu eigenen Antworten.

Im badischen Achern steht in der Hauptstraße 66 das »Brecht'-sche Haus«. Der Großvater Bertolt Brechts, Stephan Berthold Brecht, eröffnete unter dieser Adresse Mitte des 19. Jahrhunderts eine Lithographieanstalt. Seine Ehefrau Karoline, geb. Wurzler, kam aus dem Nachbarort Sasbach. Also war Bertolt Brecht letztendlich ein ↑Badener?

Diese badische Ehe brachte fünf Kinder hervor, davon 1869 Bert Brechts Vater, Berthold Friedrich Brecht, als Erstgeborenen. Am Samstag, den 15. Mai 1897, einen Tag vor Vollmond, gaben sich auf dem Pfullinger Standesamt eben jener Berthold Friedrich Brecht und Wilhelmine Friederike Sophie Brenzing, die Tochter des Pfullinger Bahnhofsvorstehers, das Ja-Wort. Die kirchliche Trauung folgte der standesamtlichen auf dem Fuß, Stadtpfarrer Maier gab dem jungen Paar noch am selben Tag in der Martinskirche den Segen. Die Hochzeit wurde im Bahnhofsgebäude gefeiert, die heutige Vorstellung der Deutschen Bahn AG eines multifunktionalen Bahnhofsgebäudes in Ansätzen schon vorwegnehmend. Wahrscheinlich verbrachte das frisch vermählte Paar in der Event-Location Pfullingens auch die Hochzeitsnacht. Nahezu auf den Tag genau neun Monate später wurde Bertolt Brecht geboren. Pfullingen beging das 100-jährige Jubiläum von Zeugung und Geburt Bertolt Brechts 1997/1998 mit zahlreichen Veranstaltungen unter dem Motto »Bertolt Brecht – Made in Pfullingen«.

Wenn die Äste eines Baums über einen Zaun ausladen, und ein Apfel aufs andere Gründstück fällt, dann »stammt« doch dieser Apfel im wortwörtlichen Sinne von dem Grundstück, wo der

Stamm steht und wurzelt. Insofern ist Bertolt Brecht kein bayerischer, sondern ein baden-württembergischer Schwabe.

In Pfullingen habe ich bei Gerhard Keppler im Hortense Gartencenter mit etwa sechzehn Jahren feriengejobbt und schon am ersten Tag bemerkt, dass das ganze Pflanzengedingens überhaupt gar nichts für mich ist. Weshalb ich dann trotzdem später Landschaftsarchitektur studiert habe, ist eines der vielen Rätsel, die sich um meine Person ranken. Ich sage das, weil womöglich ein Psychiater mitliest und dieses Phänomen kennt. Außerdem kann ich danach mit Fug und Recht behaupten, ich wurde in einem Artikel gemeinsam mit Bert Brecht genannt. Wenn auch nur in einer Art Selbstgespräch.»Jeder isch halt auf seine Art ehrenkäsig.«

www.achern.de
www.pfullingen.de
www.augsburg.de

■ ■

BRESTLING
Der Brestling ist ein Einwohner von Brest

Unabhängig mal davon, ob von Brest in der Bretagne, Brest in Weißrussland oder der kleinen Gemeinde Brest in Niedersachsen die Rede ist – müssten ihre Einwohner dann nicht Brester heißen?

Für einen Schwaben alter Prägung ist ein Brestling eine Erdbeere (↑Obst), im übertragenen Sinn auch die rote, aufgeschwollene und großporige Nase eines»Viertelesschlotzers«, kurz: ein Trollingerzinken. Zwar nennen botanische Bücher neben Erdbeere noch Prestling, Brästling, Bretli oder Bresling, doch nur im Schwäbischen ist die Bezeichnung Brestling für Erdbeere gängiger Sprachgebrauch. So streicht der Schwabe»Brestlingsgsälz« (Erdbeermarmelade) auf sein Butterbrot oder isst»Brestlingskuchen« (Erdbeerkuchen) zum Kaffee. Vorausgesetzt, es wurde zur Herstellung eine der vielen Garten- oder Plantagensorten verwendet, denn zu der kleinen, wild wachsenden Walderdbeere sagt man hier zu Lande weder Brestling noch Waldbrestlingle. Man sagt eigentlich gar nichts zu ihr, sondern isst sie im Vorbeigehen. Als Nahrung war die Walderdbeere schon unseren frühen Vorfahren im Bärenfell aufgefallen. Die alten Römer und Griechen schätzten sie ebenfalls und kultivierten die kleine, wohlschmeckende Köstlichkeit. Botanisch zählt die Erdbeere zu den Rosengewächsen. Ihre Beere ist eigentlich keine Beere, sondern der rote Teil ist die fleischig hervorgequollene Blütenachse. Die eigentlichen Früchte sind die gelben Nüsschen, die in den kleinen Poren eingebettet sind.

Ist die Herleitung des Namens Erdbeere sinnfällig, gehen über die Herkunft des Namens Brestling die Meinungen auseinander. Bereits in dem Kochbuch »buoch von guoter spise« (um 1350) wurde in einem Rezept zur Herstellung einer »guten Speise« unter anderem geraten: »vnd nim bromber vnd bresteling«, also »nehme Brombeer und Brestling«.

Von Brestling war demnach schon im 14. Jahrhundert die Rede, noch lange bevor die bretonische Hafenstadt Brest als mögliche Namensgeberin mit Erdbeeren in Verbindung gebracht werden konnte. Und doch hat Brest viel mit dem heutigen Brestling zu tun: Aus Chile brachte der französische Fregattenkapitän und Hobbybotaniker Amédée François Frezier, dessen Namen in der französischen »Fraise« und der spanischen »Fresa« durchschimmert, 1714 eine großfruchtige Erdbeersorte nach Brest. Bretonische Bauern kreuzten sie mit der schon vorher importierten nordamerikanischen Scharlacherdbeere. Die neue Sorte gilt als die »Mutter-Erdbeere« der rund eintausend unterschiedlichen Züchtungen, die heutzutage angebaut werden. Trotzdem haben sich weder der Name Brestling noch Ableitungen davon in anderen Sprachen erhalten, nicht einmal in Brest.

Nicht nur formale und poetische Assoziationen bringen die Erdbeere mit der weiblichen Brustwarze in Verbindung, sondern auch die Ähnlichkeit zwischen Brestling und Brust, besonders mit dem englischen Wort Breast. Aber wenn schon um 1350, als nur Walderdbeeren zur Verfügung standen, von »bresteling« die Rede war, dann ergibt das wenig Sinn. Obwohl wir wissen, dass damals die Frauen viel kleiner waren als heute. Aber so klein? Weiter führt uns die Überlegung, dass dem germanischen Wort Brust die Bedeutungen »sprießen, aufschwellen, knospen« zugrunde liegen. Die weibliche Brust als Schwellkörper? Gemeint waren vielleicht viel mehr die sich entwickelnden Brüste pubertierender Mädchen. Möglicherweise birgt weniger die Form, sondern mehr der Vorgang das Geheimnis.

Breuningsweiler, eine kleine Teilgemeinde der schwäbischen Stadt Winnenden, liegt idyllisch auf einem Höhenzug in den sogenannten »Berglen«. 1909 wird in Breuningsweiler der Brestling erfolgreich in die Landwirtschaft eingeführt. Seit Jahren ist Breuningsweiler bekannt für seine großen Erdbeerfelder. Der Volksmund spricht nur noch von »Brestlingsweiler«. Das Gemeindewappen ziert eine schwarze Leiter und eine rote Erdbeere. Wie die Leiter ins Wappen kam, bleibt mir ein Rätsel, ich kenne nur Erdbeeren, die am Boden wachsen.

Bevor nach diesem Kapitel alles völlig verwirrt zurück bleibt, greifen wir zum beliebten Mittel der Zusammenfassung: Der Brestling kommt zwar gewissermaßen aus Brest, hat aber trotzdem nichts damit zu tun. Das einzige was als gesichert gilt: Der Brestling ist eine Erdbeere und keine Ebira (↑Grommbira). Letzteres klingt zwar ähnlich, ist aber etwas ganz anderes, nämlich eine Kartoffel. Den daraus besten Salat machen die jeweiligen Mütter aller Schwaben. Zum Beispiel meine.

● ●

BREZEL
Ein Schwabe hat die Brezel erfunden

Im ↑Laugenbrezel-Forum der Webseite www.schwaebisch-eng-lisch.de mailen Schwaben ihre Geheimtipps zum Brezel-Kauf, sei es in Paris, Baltimore, Chicago, Sydney, Salt Lake City, Tokyo, Hongkong, Madrid, Berlin oder Furtwangen. Die harten amerikanischen Pretzels oder die wie Salzletten gebackenen Dauerbrezeln stehen dabei nicht im Mittelpunkt des weltweiten Informationsaustauschs, sondern natürlich die Laugenbrezeln mit weichem Bauch und dünnen Ärmchen. Auch Brezel-Tipps aus dem Ländle sind zahlreich vertreten, denn der Schwabe reist nicht nur nach Mallorca oder Peking, sondern auch in Baden-Württemberg umher, wenn es das »Geschäft« oder die Verwandtschaft erfordern. Wer Schwabe ist, versteht die Notwendigkeit von Brezel-Networking. Die erste schwäbische Insider-Frage unter Neuankömmlingen in fremden Städten lautet: »Wo kann man hier gute Brezeln kaufen?« Schweigt der Gefragte danach länger als zwei Sekunden, reißt der Frager die Augen panisch auf und stößt nach: »Oder – um Gottes wille – gibt's des hier gar nedda?« Mit »gute Brezeln« ist im Allgemeinen der Standard des besten Bäckers am Heimatort gemeint, bei dem vor der Auswanderung die täglichen Brezeln gekauft wurden. Denn in Anlehnung an das Gebet »Unser täglich Brot gib uns heute« (Matth. 6,11) müsste es im Schwäbischen heißen: »Uns're täglich Brezel gib uns heute ... und vergib den schlechten Bäckern, wie auch wir vergeben ihren unschwäbischen Huldigern.«

Der Ursprung der Brezel liegt weit zurück, viel weiter als alle Legenden über ihre Entstehung. Wie zum Beispiel die Geschichte, dass ein Herrscher einen armen schwäbischen Bäcker unter Androhung schlimmster Strafen verpflichtet habe, ein Gebäck zu backen, durch das »die ↑Sonne drei Mal durchscheint«, was zu der Brezel als lebensrettende Lösung geführt haben soll.

Da ist es schon nahe liegender, dass ein Bäcker die Brezelform von den verschränkten Armen seiner entrüsteten Frau (schwäbische Bäckersfrauen sind immer ein bisschen entrüstet) abgekupfert hat! Das kommt der Herkunft des Wortes Brezel sehr nahe. Es entwickelte sich aus dem lateinischen »bracchium« für »Arm«, weil die Gebäckform verschlungenen Armen ähnelt. Daraus leiteten sich weitere Formen ab wie »precita«, »brezitella« oder »brezin«, aus dem sich dann das bayerische »Brezn« oder die im badisch-schwäbischen Sprachraum gebräuchliche Bezeichnung »Brezel« entwickelte.

Die Ursprünge der Brezel liegen im römischen Ringbrot, das bei kultischen Handlungen verwendet wurde. In kleinerer Form übernahmen es die Christen des 2. Jahrhunderts als Abendmahlsbrot. Das Kultbrot der Römer bekam einen eucharistischen Charakter, den das Gebäck bis zum Mittelalter beibehielt. Der Ring oder Kringel veränderte nun langsam sein Aussehen bis zur heutigen Form der Brezel. Auf alten Abbildungen wie Altarbildern oder Malereien ist nachvollziehbar, wie sich die Verwandlung vollzog und welche unterschiedlichen Brezelformen auf den Tischen unserer Vorfahren in ganz Europa lagen. Der Ring wurde nicht mehr rundgeschlossen, sondern versetzt, so dass ein Ärmchen abstand. Im 9. Jahrhundert blieb dann der Ring geöffnet und beide Enden des Strangs wurden nach innen gebogen, im 11. Jahrhundert wurden die nach innen gebogenen Enden in sich verschlungen, später wieder nach außen gebogen und an den Kreisbogen angedrückt. Ring und Brezel wurden lange Zeit nebeneinander gebacken und verzehrt. Noch heute werden in manchen Gegenden die Bezeichnungen Brezel und Ring synonym benutzt.

Kringel, Ring oder Brezel entwickelten sich zu dem Fastengebäck in den Klöstern, doch wurden sie auch außerhalb der Klostermauern hergestellt. Im Laufe der Zeit löste sich die Brezel von ihrer religiösen Verwendung und wurde zum Alltags-Nahrungsmittel. Beim Fasching oder bei regionalen Festen, die in vielen Gegenden ohne Brezeln gar nicht gefeiert werden können, sind Reste der kultischen Bedeutung der Brezel noch erkennbar.

Die Form der Brezel und ihrer Vorgänger bzw. Vorgängerinnen wird weder auf eine kultische Symbolik noch ein Ritual zurückgeführt, sondern vielmehr auf die Herstellung von Teig und seine Verarbeitungsmöglichkeiten in der damaligen Zeit – und auf die Fantasie der Bäcker, die wunderbare Formen erfanden, die heutzutage leider nicht mehr gebacken werden. Laugenstangen bilden einen dürftigen Ersatz, Ausnahmen wie z. B. die Ulmer Spatzen sind selten. Aus Kostendruck? Oder aus Unkenntnis der europäischen und somit auch schwäbischen Brezelgeschichte? Fehlendes Bewusstsein darüber, dass die Brezel wie sonst in keinem anderen Land zur gelebten Kultur und Kulturgeschichte gehört? Schade, eigentlich.

Egal, das Wichtigste an einer Brezel ist nicht ihre Form, sondern ihr Geschmack: Die Brezel muss unbedingt feucht sein, »a bissle dädschig«, unbedingt frisch und die Lauge an der Brezelunterseite darf ruhig ein bisschen an der Unterlippe brennen. Wer jemals versucht hat, an der Müritz eine einigermaßen gute Brezel zu bekommen, der weiß, welchen Qualen sich reisende Schwaben bisweilen unterwerfen!

Übrigens wollte ich noch etwas zu dem herzlosen Herrscher und dem armen Bäcker sagen: Bäcker sind nie arm, zumindest ich kenne keinen. Und wäre die Geschichte wahr und der Bäcker ein Schwabe gewesen, hätte er für den dreifachen Lichtdurchfall keine Brezel erfunden, sondern einen Mercedes-Stern (↑Mercedes) gebacken. Und sich das neue Gebäck gleich mit einem laugensicheren Musterschutz auf ewige Zeiten schützen lassen.

Irene Krauß: Gelungen Geschlungen. Das große Buch der Brezel. Herausgegeben vom Museum für Brotkultur. Ulm 2003

BRIEGEL → KNAUZEN

■■■■■■■■■■■■■■■■■■■■■■■■■■■■■■■

BRUDDELN
Der Schwabe ist zufrieden

Zwei Mal trat die SPD-Landesvorsitzende Ute Vogt (geb. 1964 in Heidelberg) in einem Wahlkampf an, um Ministerpräsidentin von Baden-Württemberg zu werden. Im Jahr 2001 forderte sie Erwin Teufel und 2006 Günter Oettinger heraus, beide waren Kandidaten der CDU. Beide Male reichte es für die Herausforderin nicht. Es war für sie sozusagen »kein Höhepunkt«, nicht einmal ein »vorgetäuschter«! Lassen wir die Wahlanalysen beiseite, und wenden wir uns einer Bemerkung von Ute Vogt in einem Interview zu. Sie sagte sinngemäß, dass es schwer sei, in einem Land, in dem die Menschen alles haben und zufrieden sind, einen politischen Wechsel herbeizuführen. Doch wer ins Ländle hineinhorcht, hört bisweilen leise und undeutliche Worte, die einem verkniffenen Gesicht entweichen und keine Hymne auf immanente Glückseligkeit und selbstgefällige Zufriedenheit sein können: »Mor bruddelt!«

Für Außenstehende ist »bruddeln« nicht zu verstehen, weder als Verb noch als Tätigkeit. Es müsste mit nörgeln, brummen, grummeln oder maulen ins Hochdeutsche übertragen werden, aber es ist mehr. Viel mehr! Bruddeln ist kein Tunwort, Bruddeln ist ein Zustand, eine Lebenshaltung.

Von seiner Herkunft her teilt sich »bruddeln« die Bedeutung von »brodeln« und »brudeln«; beides Bezeichnungen, die das Brodeln von Wasser beschreiben, sei es durch Erhitzen oder durch Wirbel und Turbulenzen. Oder in einem Geysir, in dem brodelt es auch, bevor er in die Luft geht. Wie bei einem Schwaben!

Ein Soziologe würde folgendermaßen urteilen: Bruddeln ist selbstgesprächiges Maulen, beleidigtes Brummen in besserwisserischer Undeutlichkeit, eine griesgrämige Auseinandersetzung mit der Umwelt. Das Bruddeln entspringt einem egozentrischen Selbsterhaltungstrieb, der die Ursache jeder Unbill weit von sich selbst weg schiebt. So verschafft der Schwabe seiner Seele blubbernd Erleichterung, damit er die Welt, die er erst vor einer halben Stunde gekehrt und gejätet hat, nicht in ohnmächtigem Zorn zu Kleinholz zerhackt. Und dann, wenn er sich in Ruhe ausgebruddelt hat, fällt ihm in der Regel auch eine Lösung des Problems ein, auf die außer ihm wirklich »keine Sau« gekommen wäre.

Politischer Wechsel? Im Ländle schlummert enormes revolutionäres Potenzial, aber es wird halt in der Hauptsache verputzt, verbastelt und verbruddelt. Wem das nicht passt, der kann ja ein bisschen »dorwega vor sich na bruddla!«

■ ■

BUBENSPITZLE
Auch schwäbische Gnocchi sind rund

Italienische Gnocchi, bekannt als in siedendem Wasser gegarte, runde Klößchen aus Nudelteig, vermischt mit zerdrückten, weich gekochten Kartoffeln, sind sprachlich und vom Kochrezept verwandt mit Nocken oder Nockerln, welche die alpenländische, ungarische und österreichische Küche und ihre Köche bereichern. Ganz anders die schwäbischen Gnocchi, die Köche arm wie Kirchenmäuse lassen und nicht einmal eine sprachliche Vetterleswirtschaft zeigen, denn es handelt sich um arbeitsreiche Schupfnudeln. Meist wird der Teig zwischen den mehligen Handflächen schnell hin- und hergerollt und dann auf ein mehlbestäubtes Tuch fallen gelassen. Als Form ergibt sich ein fingerlanges Würstchen, das an beiden Enden spitz zuläuft. Oft werden die Schupfnudeln nach dem Garen nicht sofort gegessen, sondern getrocknet, um sie später angebraten auf den Tisch zu bringen.

»Schupfen« bedeutet »schieben, stoßen« und bezeichnet die kurzen schnellen Handbewegungen. Im Allgäu kommen auch »Wargelnudeln« auf den Tisch, weil bei der Herstellungsmethode »gewargelt« wird, was soviel wie »rollen, wälzen« bedeutet. Die Form der Schupfnudeln hat allerdings zu weiteren Namensgebungen geführt wie z. B. »Bauernseckele«, »Bauchstecherle« und – am bekanntesten – »Bubenspitzle«. Alle drei Bezeichnungen sparen als Assoziation das männliche Geschlechtsteil im juvenilen Zustand nicht aus. Auch das hohenlohisch-fränkische »Bauchstecherle« nicht, weil es außerdem noch auf eine weitere Tätigkeit hinweist, die Mann jenseits des Wasserabschlagens noch mit seinem »Zipfel« ausüben kann. Vorausgesetzt es ist ein sauberes Mensch (↑Grottenschlecht) anwesend, das seinen Bauch dafür hinhält. Teile des Bildungsbürgertums erklären die letztgenannte Bezeichnung jedoch aus einer Gewohnheit des Malers Carl Spitzweg, der die Seiten seines Kochbuchs, auf denen das Rezept stand, mit dem Bildnis zweier Fechtenden markierte, von denen einer dem anderen in den Bauch sticht. Dieser Schmarren scheint mir aber mehr ein katholisches Ablenkungsmanöver vor den lieben, gut erzogenen Kindern am Tisch zu sein.

Hermann Wax: Etymologie des Schwäbischen. Herausgegeben von Wolfgang Schürle i. A. der Oberschwäbischen Elektrizitätswerke. 2. erweiterte Auflage 2005

■ ■

BUNDESPRÄSIDENT
Bundespräsident Prof. Dr. Horst Köhler ist der zweite schwäbische Bundespräsident

Stimmt nicht! Das ist grottenfalsch! Aber der Reihe nach: Der erste Bundespräsident der Bundesrepublik Deutschland und zugleich der erste schwäbische war Prof. Dr. Theodor Heuss (1884–1963).

Am 31. Januar 1884 in Brackenheim am Neckar geboren, machte Heuss 1902 in Heilbronn das Abitur. Anschließend studierte er Nationalökonomie in München und Berlin. Es folgten wechselvolle Jahre, in denen er u. a. Journalist, Chefredakteur, Bezirksverordneter in Schöneberg/Berlin, Dozent an der Deutschen Hochschule für Politik dort selbst und ab 1933 Leidtragender einer politischen und beruflichen Unterdrückung durch die Nationalsozialisten wurde. Nach dem Krieg 1945 wurde er u. a. Lizenzträger der »Rhein-Neckarzeitung« in Heidelberg und »Kultminister« des neuen Landes Württemberg-Baden in Stuttgart. Heuss gehörte 1946 der Verfassungsgebenden Versammlung des Landtags an und wurde Mitglied des Landesparlaments, ab 1949 dann Bundestagsabgeordneter in Bonn. Er zählte 1948 zu den Vätern der in Heppenheim gegründeten Freien Demokratischen Partei. Am 12. September 1949 wurde Theodor Heuss zum ersten Bundespräsidenten gewählt. Er hatte das Amt von 1949 bis 1959 inne und näselte und schwäbelte dabei, was das Zeug hielt. Außerdem war er bekennender »Viertelesschlotzer«. Also der Heuss, der war auf jeden Fall zeitlebens ein Schwabe, wie er im Buche steht!

(In welchem eigentlich? Die baden-württembergischen Leitlinien zur Befragung von Einbürgerungsfatalisten gab es damals noch gar nicht.)

Der zweite Schwabe ganz oben war Dr. Richard von Weizsäcker, Bundespräsident von 1984 bis 1994. Der Diplomatensohn, der im Ausland zur Schule ging, im Ausland und nach Kriegsende in Göttingen Jura und Geschichte studierte, war von 1981 bis 1984 Regierender Bürgermeister in Berlin. Er war am 15. April 1920 in Stuttgart als viertes Kind des Diplomaten Ernst von Weizsäcker und der Marianne von Weizsäcker, geb. von Graevenitz, in einer Mansardenwohnung in einem Flügel des Neuen Schlosses zur Welt gekommen. Sein Onkel, der Stuttgarter Bildhauer und Maler Fritz von Graevenitz, nahm den jungen Richard als Vorbild für den Knaben auf dem Erbsen-Brunnen in Bad Cannstatt. Dies wurde während seiner Amtszeit etwas unter den Teppich gekehrt, denn man wollte vermeiden, dass die Bürger in Bad Cannstatt mit nacktem Finger auf das steingewordene »Staatsoberhäuptle« zeigen und rufen: »Des Büble do uffem Brünnele isch unser Präsident!« Ernst von Weizsäckers Vater, ebenfalls in Stuttgart geboren, war, bevor er in den diplomatischen Dienst eintrat, württembergischer Ministerpräsident, vom württembergischen König Wilhelm II. mit dem erblichen Freiherrntitel geehrt. Sapperlot! Was für ein Kerle! Das färbte auch auf seinen Enkelsohn ab, der allerdings unter einem großen Sprachfehler leidet: Er schwäbelt nicht! Als Schwabe war er weder als Regierender Bürgermeister von Berlin noch als Bundespräsident »erkenntlich«. Obwohl er doch in Stuttgart das Licht der Welt erblickte, stimmte bei ihm irgendwie das CI, das schwäbische Corporate Identity nicht! Richard von Weizsäcker als schwäbischen Bundespräsidenten einzureihen, fällt schwer, sehr schwer. Von seinen schwäbischen »Merkmalen« ist wenig bis nichts bekannt. Zum Beispiel ob er lieber geschmälzte oder ↑Maultaschen in der Brühe mag, ob er Kartoffelsalat mit feingehackten Zwiebeln oder feingeschnittenen Salatgurken vorzieht. Auch, ob er eine bausparfinanzierte Doppelhaushälfte bewohnt (↑Bausparen), ließ sich nicht zweifelsfrei recherchieren. Alles wichtige, unbeantwortete Fragen, die einer eindeutigen schwäbischen Zuordnung im Wege stehen.

Und nun zum seit 1. Juli 2004 amtierenden Bundespräsident Prof. Dr. Horst Köhler. Er kann seine schwäbisch gefärbte Aussprache nicht verbergen und spricht vornehm angeschwäbeltes ↑Hochdeutsch. Dies, obwohl er am 22. Februar 1943 im polnischen Skierbieszów als siebtes von acht Kindern zur Welt kam. Die Eltern, deutschstämmige Bauern aus dem rumänischen Bessarabien (dem heutigen Moldawien), waren zwangsweise nach Polen umgesiedelt worden. Im Kriegsjahr 1944 flüchtete die Familie nach Markkleeberg-Zöbigker bei Leipzig. Die Eltern bauten sich mit einem kleinen Hof eine neue Existenz auf. Noch vor dem

17. Juni 1953 gelang den Köhlers die Flucht über West-Berlin in die Bundesrepublik. Vier Jahre lebten sie auf engstem Raum in verschiedenen Flüchtlingslagern. Schließlich wurde 1957 das schwäbische Ludwigsburg ihre endgültige Heimat (↑Heimatvertriebene). Am dortigen Mörike-Gymnasium machte Köhler 1963 Abitur. (Ich war damals ein Jahr alt und beschloss, später mal in diesem Buch über ihn zu schreiben.) Das Studium der Wirtschaftswissenschaften schloss er 1969 an der Universität Tübingen ab. Im selben Jahr heiratete er Eva Bohnet, Lehrerin aus Ludwigsburg. Aus der Ehe gingen zwei Kinder hervor. 1977 erwarb Horst Köhler an der Universität Tübingen seinen Doktortitel. Er schlug eine politische Laufbahn ein, u. a. als Referent, Leiter des Ministerbüros des Bundesfinanzministers oder Staatssekretär und schied 1993 aus der Bundesregierung aus. In der Folge war er u. a. tätig als Präsident des Deutschen Sparkassen- und Giroverbandes und Präsident der Europäischen Bank für Wiederaufbau und Entwicklung in London. Im Jahr 2000 wurde er Geschäftsführender Direktor des Internationalen Währungsfonds IWF in Washington, D. C. Am 4. Mai 2004 benannten CDU, CSU und FDP Horst Köhler zum gemeinsamen Kandidaten für das Amt des Bundespräsidenten. Die Bundesversammlung wählte ihn im ersten Wahlgang am 23. Mai 2004 mit der absoluten Mehrheit von 604 Stimmen zum neunten Bundespräsidenten. Am 1. Juli 2004 legte Horst Köhler vor den Mitgliedern von Bundestag und Bundesrat im Plenum des Deutschen Bundestages den Amtseid ab.

Fast könnte man als Schwabe mit diesem Menschen zufrieden sein. Aber nur fast, denn die Wahrheit zeigt immer ihr Gesicht. Irgendwann.

Es war der 3. Juli 2004. Die Initiative Werkstatt-Deutschland e. V. richtete in Berlin eine »Tafel der Demokratie« aus, mit den Eheleuten Köhler als Ehrengästen. An rund 150 Tischen sollten vor dem Brandenburger Tor ca. 1200 Bürger bewirtet werden. Gemeinsames Abendessen für die Demokratie in Deutschland! Aus der Traube Tonbach in Baiersbronn reiste der Spitzenkoch Harald Wohlfahrt an und bereitete ein Drei-Gänge-Menü zu. Unter anderem servierte man einen »↑Gaisburger Marsch«, der unter dem Begriff »Schwäbischer Eintopf« den verwunderten Gästen nahe gebracht wurde. Eigentlich hätte man zu diesem Zeitpunkt die Töpfe zumachen und die Berliner umgehend wieder an den Imbiss zur Currywurst »mit oder ohne Darm« zurück schicken sollen. Aber es kam anders. Die Journalistin Sandra Maischberger, mit der ich schon einige Auftritte gemeinsam hatte und die ich eigentlich sehr schätze, hatte die Moderation des Abends übernommen. Als sie die Köhlers aus dem Schwabenland nach dem Gaisburger Marsch fragt, kommt sie ins Stottern und spricht mein Leibgericht falsch aus. Horst Köhler und seine Frau Eva Luise nehmen den Haspelball der Journalistin auf und geben ein Armutszeugnis ihrer Kenntnisse der schwäbischen Küche ab. Weder der Bundespräsident noch seine Gattin können erklären, was ein Gaisburger Marsch ist, aus welchen Zutaten er besteht und warum er so heißt.

Herr Köhler! Was essen Sie eigentlich zu Hause? Bessarabisch? Polnisch? Oder Salat à la Müritz mit süß-pappiger Soße? Jetzt heißt es wirklich nachsitzen! Kaufen Sie sich ein schwäbisches Kochbuch oder kommen Sie bei mir vorbei und wir kochen zusammen einen Gaisburger Marsch: mit Zwiebeln, ↑Spätzle, Kartoffelschnitz, Fleischbrühe, gewürfeltem Siedfleisch – oder, weil Sie so präsidial dabei hocken, halt in Gottes Namen mit Rinderfiletwürfeln – und danach dürfen Sie weiter repräsentieren! Andernfalls werden mein Verleger und ich dafür sorgen, dass die nächste Wahl anders für Sie ausgeht!

So. Und nach dieser repräsentativen Standpauke muss es trotzdem gesagt werden: Den allerbesten Gaisburger Marsch macht natürlich die jeweilige Mutter eines jeden schwäbischen Mannes. Zum Beispiel meine.

www.bundespraesident.de

DACKEL
Ein Grasdackel wird auf der Weide gehalten,
ein Halbdackel ist ein Mischling

Als deutsche Hunderasse schlechthin gilt weltweit der deutsche Schäferhund, el perro pastor alemán wie der Spanier ihn nennt. Volkshochschüler beim Kurs »Spanisch für Anfänger« denken oft, es ginge dabei um den Hund des Pfarrers. Bei den Olympischen Spielen 1972 in München wurde der deutsche Dackel als Maskottchen weltberühmt. Er ist nach dem deutschen Schäferhund der in Deutschland am zweithäufigsten gezüchtete Hund. Der Dackel zählt somit zusammen mit dem deutschen Schäferhund zur deutschen Leitkultur, womit dieser unsägliche Begriff auch einmal aufgespürt wäre.

Obwohl der deutsche Schäferhund erfolgreich zur Lebensrettung eingesetzt wird, hat er als Polizei- und Spürhund ein schlechtes Image bekommen, vor allem in Kreisen der Hanffreunde und Zigarettenschmuggler. Der Dackel dagegen wird als lustig, treu und kameradschaftlich empfunden – und leider auch, vielleicht aufgrund seines eigenständigen, dickköpfigen Charakters, als dumm. Erstaunlich genug, dass Dackel zu einem Schimpfwort wurde, nicht aber Schäferhund. Der Dackel ist ein Jagdhund, nicht für die Großwildjagd, sondern zum Jagen von Dachsen und Füchsen. Von der alten Bezeichnung Dachshund kommt sein Name, in Norddeutschland und in Züchterkreisen wird er Teckel gerufen. Mit einem schmallangen, kurz- und krummbeinigen, aber kräftigen Wuchs und einem besonderen Mut ausgestattet – oder auch Dummheit, beide liegen bekanntlich nahe beieinander – kriecht der Dackel in Dachs- oder Fuchsbauten, stöbert ihre Bewohner auf, jagt sie aus dem Loch und dem Jäger vor die Flinte, meistens siegt der Ballermann. Neben Dackelzüchtungen, deren Namen sich hauptsächlich auf das Haarkleid des Dackels beziehen, wie z. B. Rauhaardackel oder Langhaardackel, gibt es im Schwäbischen

unter Varianten wie z. B. Allmachtsdackel, Granatendackel, Sau-
dackel auch den Grasdackel und den Halbdackel. Bezeichnungen,
die im Schwabenland nahtlos auf dackelhafte Menschen überge-
hen können.

Beim Allmachtsdackel steigert die Verknüpfung des Dackels
mit der Allmacht die Dummheit des Dackels ins Unermessliche.
Die langjährigen, meist selbst verschuldeten Erfahrungen der
Deutschen mit Bomben und Granaten führten dazu, dass diese
tödlichen Explosivkörper als so einschlagend empfunden wurden,
dass sie das maximal Unvorstellbare symbolisieren. Beispielsweise
in Sätzen wie: Es herrschte Bombenstimmung, obwohl der Granatendackel mit dabei war! Nach den ersten Atombomben- und
Wasserstoffbombenversuchen, u. a. auf dem Atoll Bikini, wurde
die beträchtliche Oberweite von attraktiven Frauen als Atom-
busen bezeichnet, womit wir wieder bei den Pubertierenden in
Busenbach wären (↑Aalen). Unfassbar! Eine Atombombe ist einer
Granate erfahrungsgemäß weit überlegen. Dennoch gibt es keinen Atomdackel.

Bescheidener gibt sich der Grasdackel. Er ist so dumm, dass er
Gras frisst, weil er meint, er wäre ein Rindvieh. Im Grunde ist er es
auch, während der Halbdackel sich so ungeschickt anstellt, als
wäre er nur eine halbe Portion, also nichts Ganzes. Interessant ist
dabei, dass sich ein Halbdackel umgekehrt proportional zu seiner
Dummheit verhält. Je mehr halb, desto mehr dumm ist er. Ist er
ganz halb, ist er genau doppelt so dumm wie er wäre, wenn er ganz
wäre. Einen Halbgrasdackel gibt es nicht, auch keinen Viertel-
dackel, höchstens dass ein paar Viertele einen Dackel aus einem
machen können. Auch ein scharfer Hund kann schnell zu einem
Dackel werden. Nun aber schließen wir dieses Kapitel und hören
auf damit, subtil über die verschiedenen Politiker unseres Landes
zu reden... (↑Bruddeln)

Thaddäus Troll: Deutschland deine Schwaben. Hamburg 1967

DaimlerChrysler baut nur Autos

Der weltweite Automobilisierungswahn nahm seinen Anfang im Garten einer Villa in der Taubenheimstraße in Cannstatt (seit 1933 Bad Cannstatt), einem Ortsteil von Stuttgart. Hier hatte Gottlieb Wilhelm Daimler (1834–1900) – eigentlich hieß er Däumler, aber Däumler wird auf schwäbisch Daimler ausgesprochen – ein Bäckerssohn (wie Klinsi!) aus Schorndorf zusammen mit Wilhelm Maybach (1846–1929) das Gartenhaus zu einer Werkstatt umgebaut, um dort den ersten leichten, schnelllaufenden Benzinmotor besser erfinden zu können. Im Jahr 1883 dann ließ sich Gottlieb Daimler Patentrechte für einen »Gasmotor mit Glührohrzündung« sowie für die »Regulierung der Geschwindigkeit des Motors durch Steuerung des Auslassventils« sichern. Die beiden Patente waren die Grundlage für das oben erwähnte »Verbrennungsmotorle«. 1885 lief der erste brauchbare Fahrzeugmotor. Es war ein stehender Einzylinder-Viertakter mit offener Glührohrzündung, Kurvennutensteuerung und Schwimmervergaser, die sogenannte »Standuhr«. Er leistete 1 PS bei 650/min. Adolf, Gottlieb Daimlers jüngster Sohn, legte 1885 mit dem »Reitrad« – dem ersten Motorrad der Welt – die drei Kilometer lange Strecke zwischen Cannstatt und Untertürkheim ohne Panne und Unfall zurück. Heute würde ihn die Polizei, die nirgendwo so genau und präsent kontrolliert wie in Bad Cannstatt, umgehend aus dem Verkehr ziehen. Im Sommer 1886 bauten Daimler und Maybach den Motor in eine Kutsche ein. Gleichzeitig kam der Motor im ersten Motorboot der Welt zum Einsatz, es hieß »Neckar«, die schwäbische Welt ist überschaubar.

Das Gartenhaus wurde bald zu klein und Daimler bezog 1887 ein Fabrikgebäude am Seelberg. Zu dieser Zeit trieb der Motor schon Draisinen und Lokomotiven, Feuerspritzen, Straßen- und Ausstellungsbahnen an. Und dann – 1888 – erhob sich von Daimlers Fabrikhof das erste motorgetriebene Luftschiff. 1886 ließ sich Carl Friedrich Benz (1844–1929), der in Mannheim herumbastelte, das »Automobil« patentieren. Es handelte sich um ein dreirädriges Fahrzeug mit Verbrennungsmotor und elektrischer Zündung. Es fand zusammen, was irgendwie zusammengehörte. Die aus den Arbeiten beider Automobilpioniere hervorgegangenen Unternehmen »Benz & Co Rheinische Gasmotorenfabrik Mannheim« (ab 1899 Benz & Cie.) und »Daimler-Motoren-Gesellschaft« fusionierten am 28. Juni 1926 zur Daimler-Benz AG mit Sitz in Berlin.

Und heute heißt das »Fabrikle« nach dem Zusammenschluss mit der amerikanischen Chrysler Corporation DaimlerChrysler und ist als Weltkonzern mit rund 44 Mrd. Euro an der Börse notiert. Im Geschäftsjahr 2005 wurden laut Angaben des Konzerns 4 029 831 Personenwagen und 824 867 Nutzfahrzeuge abgesetzt. Der Jahresumsatz betrug 2005 149,5 Mrd. Euro bei 382 724 Beschäftigten, von denen einer mein Schwager ist. Zu den Beschäftigten zählen außerdem auch die freundlichen, volksnahen Aufsichtsratsvorsitzenden und ständig lachenden Topmanager.

Die »faszinierende Welt« von DaimlerChrysler setzt sich aus folgenden mehr oder weniger funkelnden Glitzerflittersternchen zusammen. Die Mercedes Car Group blitzt mit Maybach, Mercedes-Benz und Smart. Die Chrysler Group starlightet mit Dodge, Chrysler und Jeep. Bei den Nutzfahrzeugen brummt Mercedes-Benz mit Truck Group, Busgeschäft und Transportergeschäft. Dann haben wir da noch Freightliner, Mitsubishi Fuso, Sterling Trucks, Western Star Trucks, Thomas Built Buses, Setra und Orion. (Orion, denkt man sofort, ist das nicht so eine Art Beate Uhse? Kein Wunder, dass sich die Bordellaffäre bei Volkswagen in Wolfsburg abgespielt hat, man muss eben rechtzeitig die richtigen Sparten dazukaufen!) Damit das alles auch an den Mann und an die Frau kommt und mit der Kohle sowieso alles stimmt, gibt es noch die DaimlerChrysler Financial Services und die DaimlerChrysler Bank.

Diese Firmenzweige sind in rund 50 Marken unterteilt, bei denen der Name DaimlerChrysler oft gar nicht mehr auftaucht. Über Beteiligungen an anderen Konzernen, wie z. B. mit rund 33 Prozent an EADS, dem Europäischen Luft- und Raumfahrtunternehmen, der Mutterfirma u. a. von Airbus und Eurocopter, hat DaimlerChrysler Zugang zur Luft- und Raumfahrt im zivilen wie im militärischen Bereich. Mit einer 45-prozentigen Beteiligung an der Toll Collect GmbH (mittels der DaimlerChrysler Financial Services AG) vermautet der Konzern Deutschlands Straßen. Maut ist, wenn ein Bäcker Geld von dir verlangt, damit du in seinem Stehcafé seine ↑Brezel essen darfst, die du vorher bei ihm gekauft hast.

Dann kreiseln natürlich in der Formel 1 noch die McLaren-Mercedes-Wägelchen auf den Rennstrecken, ohne wirklich vorwärts zu kommen. Wie man hört, mit einem Millionenaufwand, nur um nützliche Forschungsergebnisse und Erfahrungen für die Personenkraftwagen zu erhalten und sie zu verbessern. Denn dann steigt der Umsatz noch mehr und es müssen immer weniger Beschäftigte vorzeitig entlassen werden. Wer nicht für die Formel 1 ist, ist irgendwie für den Vorruhestand der älteren DaimlerChrysler-Beschäftigten am Standort Deutschland.

Einen Daimler zu haben gehörte bei uns schon immer zum nach außen getragenen Beweis für Solidität und, im Subtext, für Erfolg. Mein Onkel Oscar, der Arzt war, hatte immer einen. Und auch sein Vater, mein Opa, der auch Oskar (aber mit »k«) hieß, fuhr bereits in den sechziger Jahren einen. Das war der einzige weit und breit und sehr schön für uns Kinder, denn man konnte in die Garage schleichen, dem Daimler aufs Dach steigen und dann wunderbar über die Windschutzscheibe runterrutschen. Oft hatte man noch ein bisschen Sand an der Hose und der Daimler vom Opa war deshalb im Dachbereich ordentlich verkratzt, ohne dass er je dahinter gekommen wäre, warum.

www.daimlerchrysler.com; www.mercedes-benz.com

Dieser Irrtum dürfte wohl nur im Ausland herrschen, und zwar wiederum nur in den fremden Ländern, in denen »Stuttgart« ein Begriff ist, also beispielsweise im fernen Österreich. Im Ernst: Der Name Mercedes-Benz oder DaimlerChrysler ist zwar heftig mit Stuttgart verbunden, doch ist der »gute Stern auf allen Straßen« an mehreren Standorten in Deutschland mit Produktionsstätten vertreten.

Der dreizackige Mercedesstern wurde übrigens von Gottlieb Daimler erfunden, um seiner Vision Ausdruck zu verleihen, Motoren zu bauen, welche zu Lande, zu Wasser und in der Luft eingesetzt werden sollten. Die Marke »↑Mercedes« wurde 1902 geschützt und der Stern wurde 1909 als Warenzeichen eingetragen. Der Ring kam erst später hinzu. So werden in mehreren Städten in Deutschland die Hebel für die motorisierte Bewegung in Gang gesetzt. Die nachfolgenden Angaben beziehen sich auf das Jahr 2005, denn immer wieder gibt es auch bei so einem Koloss wie DaimlerChrysler Veränderungen.

In Sindelfingen läuft die Produktion von C-Klasse Limousine, C-Klasse Sportcoupé, E-Klasse Limousine, E-Klasse T-Modell, CLS-Klasse, S-Klasse Limousine, CL-Klasse und Maybach. Im großen Werk in Untertürkheim werden Motoren, Achsen und Getriebe hergestellt. Dazu kommen Komponenten inklusive Vorbetriebe wie Gießerei und Schmiede. Die Hansestadt Bremen hat ein Werk, das C-Klasse Limousine, C-Klasse T-Modell Coupé und Cabriolet der CLK-Klasse, SLK-Klasse und der SL-Klasse herstellt. In der Hauptstadt Berlin und um Berlin herum sind mehrere Werke, wobei im Werk Marienfelde schon 1907 mit der Produktion begonnen wurde. In Berlin werden hauptsächlich Benzin- und Dieselmotoren, Komponenten und Teile hergestellt. Hamburg beherbergt die Produktion von Achsen und Komponenten und in Rastatt läuft die Produktion der A- und der B-Klasse.

Industriemotoren für Nutzfahrzeuge entstehen in Mannheim, in Wörth werden LKWs und Unimog montiert, in Gaggenau werden Getriebe und Außenplanetenachsen gefertigt, in Düsseldorf steht ein Karosserie- und Montagewerk für Transporter, in Kassel werden Achsen und Gelenkwellen für Nutzfahrzeuge und Komponenten für Mercedes-Pkw hergestellt, in Ludwigsfelde bei Berlin steht ein Karosserie- und Montagewerk für Transporter, in Neu-Ulm und, um den Kreis zu schließen, in Mannheim werden Busse montiert.

■ ■

DATIV
Der Dativ ist dem Genitiv sein Tod

So lautet der Titel eines sehr erfolgreichen Buches, zuerst erschienen bei Kiepenheuer und Witsch, Köln 2004, das sich um das Wohl der deutschen Sprache bemüht. Bei den meisten Lesern erzeugt der Buchtitel spontane Heiterkeit. Bei uns in Baden-Württemberg zuckt jeder nur die Achseln: »Und – was soll daran witzig sein?«

Das sprachliche Vexierbild des Haupttitels, das darin besteht, dass die Aussage des Satzes durch seine eigene, grammatikalisch falsche Schreibweise bewiesen wird, kann ein Schwabe nicht nachvollziehen. Das sind uns zu viele Worte um einen verschrobenen falschen Inhalt. Mag ja sein, dass der Dativ dem Genitiv sein Tod ist – na und? Außerdem ist für uns der Satz richtig geschrieben. Wir sitzen in der schwäbischen Dialektfalle (↑Dialekt) und fühlen uns darin ausgesprochen wohl. Wenn der echte Schwabe keinen Volkshochschulkurs »Deutsch für Ausländer« besucht oder im fortgeschrittenen Fall »Hochdeutsch für Sachsen, Schwaben und

Mongolen mit Sprachfehler«, lernt er eher autodidaktisch Chinesisch, als dass ihm die korrekte Anwendung des deutschen Genitivs aufgeht.

Vorstellbar ist folgendes Szenario: Ein Fernsehteam dreht am Wochenende in einer schwäbischen Ortschaft eine Live-Reportage, die bundesweit ausgestrahlt wird. Die Reporterin interviewt einen Schwaben, der im Begriff ist, einen Zementsack in den Kofferraum seines VW-Passats zu wuchten. Die Antworten werden von einem schwäbischen Simultanübersetzer direkt ins Hochdeutsche übertragen. Wir hören einen Ausschnitt der Aufnahme.

Frage:»Was machen Sie mit dem Zement?«

Antwort:»Wega dem schlechta Wetter han i letzta Samstich uff meiner Bauschtell nix schaffa kenna.«

(Übersetzung ins Hochdeutsche: Wegen dem schlechten Wetter habe ich am letzten Samstag auf meiner Baustelle nichts arbeiten können.)

Frage:»Wo bauen Sie ihr Häuschen?«

Antwort:»Lenks vom Roathaus dr Fleacka naus, rechterhand vom nuie Industriegebiet scharf abbiage auf dr asphaltierta Weag – glei do.«

(Übersetzung ins Hochdeutsche: Links vom Rathaus den Ortskern hinaus, rechterhand an dem neuen Industriegebiet scharf abbiegen auf den asphaltierten Weg – gleich dort.)

Frage:»Was wollen Sie heute am Wochenende arbeiten?«

Antwort:»I han heit morga scho Plättla nausgfahra, dia waret während dem Aktionstag em Baumarkt em Agebod.«

(Übersetzung ins Hochdeutsche: Ich habe heute morgen schon Fliesen hinausgefahren, die waren während dem Aktionstag im Baumarkt im Angebot.)

Auf den Beitrag hin klagt ein Deutschlehrer, der sich aus Berlin-Kreuzberg nach Schwaben hat versetzen lassen – wegen der kleineren Klassen, des geringeren Ausländeranteils unter den Schülern, einer größeren und unbürokratischeren Bereitstellung von

Mitteln und nicht zuletzt einer schnelleren Verbeamtung – in der Übersetzung sei der Genitiv dem Dativ geopfert worden.

Der Übersetzer antwortet: »Es ist bei uns in Württemberg der Fall, dass wir nicht nur von Fall zu Fall, sondern eben gerade in *jedem* Fall nicht *alle* Fälle benutzen. Namentlich der ›Wes-Fall‹ ist ein Fall, der bei uns komplett wegfällt. Wir sparen ihn einfach auf für schlimme Zeiten. Wer weiß, wann man von dem Genitiv mal Gebrauch machen kann! Im Notfall lässt sich ein unbenutzter Fall besser verscherbeln als ein bereits faserig geschwätzter. Sie sehen: sparen kann man immer und überall. Hochachtungsvoll...«.

■ ■

DEPORTATION → JUDEN

DESIGN-BLECHBÜCHSE → HEILIG'S BLECHLE

■ ■

DIALEKTE
Ganz Schwaben spricht Schwäbisch

Allgemein wird in Nord- und Ostdeutschland von Schwaben gesprochen, wenn Baden-Württemberg gemeint ist. In Wirklichkeit gibt es »Schwaben« als abgegrenztes, fest definiertes Gebiet nur in Bayern als Regierungsbezirk Schwaben. Ein zeitgemäßer Schwabe wohnt, wenn er von sich spricht, nicht in Schwaben, sondern in Baden-Württemberg und erklärt, dass er aus dem Schwabenland kommt, welches aber eigentlich Württemberg sei. Ein Bayer aus dem Regierungsbezirk Schwaben, wie z.B. der ehemalige Bundesminister für Finanzen Theodor Waigel, wird von sich sagen, dass er ein bayerischer Schwabe sei, während ein Allgäuer Schwabe, egal ob aus Baden-Württemberg oder aus Bayern, immer sagen wird, er sei ein Allgäuer. Dagegen bleibt ein Badener immer ein Badener und wird nie zum Schwaben, das gilt auch umgekehrt. Wo im Norden Baden-Württembergs der letzte Zipfel eine Trennung zwischen Badenern und Schwaben fast lächerlich macht, sagen die Leute, sie sind Kurpfälzer. Im Hohenlohischen sind sie stolz, dass sie Franken sind und in Südbaden leben scheinbar sowieso nur Alemannen. Ganz zu schweigen von Schwaben mit echtem Biss, wie Rottweiler, Leonberger und Bittenfelder. Die ersten zwei gehören einer Hunderasse an, der dritte ist eine einheimische Apfelsorte.

»Oh Herr, schmeiß Hirn ra!«*

So bunt, wie der Vielvölkerstaat Baden-Württemberg zusammengesetzt ist, so polyphon hört sich auch das Stimmengewirr an, das gesprochen wird. Ich erinnere mich, dass meine Oma Hermine in Waiblingen einen auffällig anderen Dialekt sprach als ihre Freundin Frau Neidhart (selbst meine Oma sagte: »Frau Neidhart« zu ihr) in Beinstein, das gerade mal drei Kilometer entfernt liegt, von Tante Clara in Fellbach (sechs Kilometer) ganz zu schweigen. Heute hat sich das weitgehend angeglichen. Die Jugend versteht sich in allen Dialektbereichen über: »Ey – voll konkret krass, Mann!« Wir Älteren verstehen uns, wenn es sein muss. Die Sprachgrenzen, die sich im Land auftun, wurden oft in vielfältiger Weise gebildet. Sei es durch Besiedelung und geografische Hindernisse, wie Flüsse und Berge, oder durch historische Trennungen oder Verbindungen, wie obrigkeitliche Grenzziehungen oder Zusammenführungen. Dabei spielen, sprachlich gesehen, die Grenzen der »Alten Länder« eine weniger bedeutende Rolle, als zunächst angenommen.

Napoleon kam die Markgrafschaft Baden, das schmale Stück Land rechts des Rheins, gerade recht, um entlang des breiten Flusses einen Pufferstaat gegen Angriffe aus östlicher Richtung zu ha-

---

* Herr, mein Gott, wirf Hirn herunter!

ben. Gezielt strategisch denkend, vermählte er seine Stieftochter Stephanie Beauharnais mit dem badischen Erbprinzen Karl, um Einfluss im direkten Nachbarstaat zu erlangen. Unter Napoleons Protektorat und Strippenzieherei wurde die Markgrafschaft Baden 1805 zum Großherzogtum Baden, nicht ohne Hinzugewinnung vieler kleiner Fürstentümer, kirchlicher Besitzungen und Reichsstädte als Entschädigung für die an Frankreich verlustig gegangenen linksrheinischen Gebiete. Dazu gehörten auch die rechtsrheinische Kurpfalz mit Mannheim und Heidelberg. Als Folge davon mussten badische Soldaten in vielen Schlachten auf der Seite Napoleons den Kopf hinhalten. Im Jahr 1806 wurde Württemberg vom Herzogtum zum Königreich erhoben. Die Schreibweise »Württemberg« wurde durch Napoleon zur offiziellen Landesbezeichnung. Durch den Wiener Kongress 1815 wurden die Gebietszuwächse völkerrechtlich bestätigt. Außer gewonnenen Gebieten gab es auch verlorene. Vor allem an der Grenze zu Bayern wurde um Länder und Städte geschachert. Der erste württembergische König Friedrich I. verbündete sich mit Napoleon und beteiligte sich 1812/13 an dessen Krieg gegen Russland, aus dem von 15 800 württembergischen Soldaten nur etwa 300 zurückkehrten. Fast zeitgleich wurde das Königreich Bayern gegründet. Die Grenzen zwischen Baden und Württemberg sowie Württemberg und Bayern folgen noch heute weitgehend dem damaligen Verlauf, den – wie salopp gesagt wird – Napoleon festgelegt hat. Die Hohenzollerischen Lande (↑Hohenzollern) um Sigmaringen waren ab 1850 für viele Jahre preußischer Regierungsbezirk, eine preußische Enklave, was zur Folge hatte, dass einige sich für preußische Schwaben, aber wenige Preußen sich für Schwaben hielten.

Die Mundartenbereiche richten sich aber weniger nach am grünen Tisch ausgehandelten Grenzen, sondern mehr nach alten Stammesherzogtümern. Die wichtigste Mundartgrenze ist die zwischen fränkischen Mundarten im Norden und alemannisch-schwäbischen im Süden. Als einen Strich in der Landschaft kann man sich so eine Dialektgrenze nicht vorstellen, sondern eher als einen Gürtel, der schmäler und breiter werden kann.

Beim Vergleich von Badisch und Schwäbisch fällt auf, dass es eine Mundart, die als das Badische bezeichnet werden kann, gar nicht gibt. Dies hängt auch mit dem schmalen Nord-Süd-Verlauf von Baden entlang des Rheins zusammen, durch den sprachliche Quereinflüsse eher Raum gewinnen konnten als z. B. eine Nord-Süd-Durchdringung. Ein großer Teil des badischen Nordens steht unter dem fränkisch-sprachigen Einfluss, wobei als besondere Ausprägung im Norden Fränkisch als Kurpfälzisch »parliert« wird. Im Süden Badens herrscht dagegen die Variante vor, die wir heute als Alemannisch bezeichnen. Am Bodensee wird eine schwäbische Mundart gesprochen, die als Bodensee-Alemannisch bekannt ist. In grober Aufteilung wird in Baden-Württemberg mundartlich gesehen und auf das Land bezogen Ostfränkisch, Südfränkisch, Oberrhein-Alemannisch, Süd-Alemannisch, Bodensee-Alemannisch und Schwäbisch unterschieden. Eine feinere Unterteilung würde im schieren Chaos enden, weil eigentlich jede Gegend, jede Stadt und jedes Dorf – wie beschrieben – seine eigene Mundart spricht, die feine Ohren sehr wohl und ganz genau zu differenzieren wissen.

Interessant ist, dass bis zum Beginn des 19. Jahrhunderts zwischen Alemannisch und Schwäbisch gar nicht unterschieden wurde. Erst als der Dichter Johann Peter Hebel (1760–1826) im Jahr 1803 seine »Alemannischen Gedichte« veröffentlichte, regte sich beim entstehenden Bürgertum, das auf der Suche nach deutschen, sprich germanischen Wurzeln war, ein alemannisches Bewusstsein, das bis heute noch in der Unterscheidung badisch ist gleich alemannisch und schwäbisch ist gleich württembergisch nachwirkt. In der Sprachforschung gilt Alemannisch als Oberbegriff für das Sprachgebiet südlich des fränkischen Sprachraums in Baden-Württemberg, Schwäbisch gilt als sprachliches Teilgebiet des Alemannischen. Eine klare Abgrenzung ist aber nicht festzustellen, sondern die Mundarten gehen in allen Landesteilen fließend ineinander über.

Natürlich dürfen alle aus den nord-, west- und ostdeutschen Sprachräumen, in denen größtenteils schluderiges Platt und unverständlicher Dialekt gesprochen werden, gerne und furchtlos zu uns ins Schwabenland kommen. Zwar galt Schwäbisch über viele Jahre als tourismusfeindlicher Dialekt, aber als mit der Wiedervereinigung das Sächsische und somit ein noch speziellerer Dialekt auf den deutschen Markt gekommen ist, hat der Druck auf uns enorm nachgelassen. Seit Jürgen Klinsmann, Jogi Löw, der Fußball-Weltmeisterschaft 2006 und der allseits beachteten Blüte, die Stuttgart als Kunst-, Kultur- und Partystadt erlebt, hebt ein Boom an, der meines Erachtens darin enden wird, dass unser schwäbischer Dialekt dereinst so schick sein wird wie es heute die bayerische Zunge ist. Ich war kürzlich auf einer Party in Hamburg und sofort umringt von Labskausjüngern, die sich an meinem Dialekt ergötzten und mich über Stuttgart ausfragten. Ich nehme an, dass ein Besuch in unserer Landeshauptstadt auf der Agenda steht und sie den Weg freimachen wollten, dann umsonst bei mir schlafen zu können. Schwaben sind überall – selbst im hohen Norden.

Hermann Bausinger: Die bessere Hälfte. Von Badenern und Württembergern. Stuttgart/München 2002

DINKEL → SCHWABENKORN

DINKELTEIG → KNAUZEN

DONAUSCHWABEN

Die Donauschwaben leben an der Donau in Baden-Württemberg

In Ulm, um Ulm und um Ulm herum leben viele Schwaben, naturgemäß auch an der Donau, die in majestätischer Breite die Stadt durchfließt. Viel mehr noch als durch den Schneider von Ulm, der bei seinen Flugversuchen in die Donau stürzte und Ulm als Stadt der gescheiterten Flugpioniere erscheinen lässt, gewann Ulm unbestritten schon früh große Bedeutung in der Flussschifffahrt. Die Donau bildete eine wichtige Handelsstraße. Der Flusshafen von Ulm war ein bedeutender Umschlagplatz von Waren. Und Menschen. Zwar nicht als Drehscheibe eines Sklavenhandels wie in Afrika, sondern als Auswanderungshafen für Schwaben, die sich an der Donau in Südosteuropa ansiedeln wollten.

Auf sogenannten »Ulmer Schachteln« – so wurden die »Wiener Zille« genannten Frachtschiffe, die auf der Donau verkehrten, ab dem 19. Jahrhundert spöttisch genannt – gelangten die Auswanderer nach Ungarn. Die »Ulmer Schachtel« war ein etwa 30 Meter langes Einweg-Boot, das normalerweise zur Warenbeförderung diente und nur von der Strömung getragen und mittels Stangen mit Ruderblättern gelenkt flussabwärts trieb. Auf dem Deck war ein Aufbau gezimmert, der einer Holzhütte glich. Am Ankunftsort wurden die Ulmer Schachteln verkauft oder, ähnlich Flößen, zerlegt und das Holz verwertet. Von Ulm aus gab es wöchentliche Schiffsverbindungen für Waren und Personen nach Regensburg, Passau, Linz, Wien, Budapest oder Belgrad.

Die Donau war die Wasserstraße, auf der die deutschen Auswanderer nach Serbien, Rumänien, Ungarn oder Südrussland gelangten. Schwaben, die zwischen 1804 und 1818 nach Bessarabien auswanderten, fuhren auf der Donau bis zu ihrer Mündung ins Schwarze Meer. Es war eine 2500 Kilometer lange Reise voller Mühsal, Krankheiten, Entbehrungen und ständiger Angst vor Überfällen. Endlich am Ziel angekommen, trafen die, welche vor der Hungersnot in Deutschland flohen, oft auf Sümpfe, die erst trockengelegt und urbar gemacht werden mussten, auf zerfallene Häuser und weiteren Hunger, dem sie eigentlich entfliehen wollten.

In mehreren Wellen, sogenannten »Schwabenzügen«, wanderten im 18. Jahrhundert rund 75 000 Auswanderer ins Banat aus. Im 19. Jahrhundert folgten Tausende nach.

Von den Siedlungsgebieten, die ab dem 18. Jahrhundert von einer deutschen Minderheit besiedelt wurden, ist das Banat in Südungarn mit den Banater Schwaben bekannt geworden. Wie hart das Leben war, und wie lange es dauerte, bis ein gewisser Wohlstand entstand, zeigt der Banater Spruch: »Die Ersten fanden den Tod, die Zweiten die Not, und erst die Dritten das Brot.«

Die Bezeichnung Donauschwaben für die Auswanderer nach Südosteuropa ist ein Sammelbegriff, der erst um 1920 entstand, um die Auswanderer von den Schwaben in Deutschland abzugrenzen. In Südosteuropa hatte schon längst eine Ethnisierung zu einer neuen eigenen Volksgruppe stattgefunden. Der Begriff Donauschwaben umfasst die Ungarndeutschen, Sathmarer Schwaben, Banater Schwaben und Jugoslawiendeutschen. Aber nur ein geringer Anteil »echter« Schwaben zählt darunter. Die deutschen Auswanderer kamen, nach heutiger Bezeichnung, aus der Rheinpfalz, Rheinhessen, Franken, Saarland, Bayern, Hessen, Luxemburg, Belgien und Elsass-Lothringen. Sie nannten sich in den Ankunftsländern aber »Schwaben«, weil sie unter diesem Sammelbegriff für deutsche Einwanderer bei der ungarischen Verwaltung geführt wurden. Auch in Polen oder der Schweiz ist »Schwabe« heute noch ein Synonym für »Deutscher«. Im Banat setzte sich mit der Zeit nicht die schwäbische, sondern die rheinfränkischpfälzische Mundart durch. In anderen Siedlungsgebieten wurde ein ↑Dialekt gesprochen, der vom Bayerischen abstammte. Es wurden deutsche Schulen gegründet, Zeitungen erschienen, Konzerthäuser wurden gebaut, Chöre gegründet usw. Doch brachte die Geschichte auch Unterdrückung, Verfolgung, Verschleppung, Einkerkerung, Zwangsarbeit und alles Schlimme mit sich, was zwei Weltkriege und ihre Folgen an Grausamen hervorbringen können. So war der Anteil der Donauschwaben bei den Vertriebenen nach dem Zweiten Weltkrieg sehr hoch. Nicht alle kehrten zurück ins Heimatland ihrer Vorväter, sondern wanderten in die USA, nach Südamerika oder Australien aus. Nur noch eine sehr kleine deutsche Minderheit blieb zurück.

In Ulm erinnert das Donauschwabenufer mit Gedenkstein an die ablegenden »Ulmer Schachteln« der Auswanderer. Seit Juli 2000 bietet das Donauschwäbische Zentralmuseum (DZM) in Ulm umfassende Informationen und Ausstellungen zu den Donauschwaben.

Annemarie Röder: Deutsche Schwaben, Donauschwaben: Ethnisierungsprozesse einer deutschen Minderheit in Südosteuropa. Marburg 1998

■■■■■■■■■■■■■■■■■■■■■■■■■■■■■■

EBIRA → GROMMBIRA

EHE → JA-SAGEN

EINTOPF → GAISBURGER MARSCH

■■■■■■■■■■■■■■■■■■■■■■■■■■■■■■

ERBE
Bei den Schwaben erbt der älteste Sohn alles

Der römische Geschichtsschreiber Tacitus deutet über die Vererbungssitten der Germanen an, dass Grund und Boden an die Söhne gingen, denen es gemeinschaftlich gehörte, bis es nach deren eigenen Wunsch aufgeteilt wurde. Im Frühmittelalter tauchte bei einigen germanischen Stämmen die Sitte auf, dass Grund und Boden der älteste Sohn erbt. Die Beispiele beschreiben zwei Prinzipien der Vererbung von Grund und Boden, bzw. Haus und Hof. Wenn alles mit allen geteilt wird, spricht man von Realteilung, erbt nur einer, spricht man von Anerbenrecht. Wobei je nach Land und Rechtsprechung, der Alleinerbe sowohl der älteste als auch der jüngste Sohn sein kann.

Noch im 18. Jahrhundert war Baden-Württemberg aufgeteilt in fast unzählige territoriale Besitztümer, die von regionalen Herren oder fremden Herrschaften regiert wurden, ein Flickenteppich! Über die Jahrhunderte hatten sich nicht nur verschiedene Bräuche, sondern auch unterschiedliche Gesetze und Rechtsprechungen gebildet, bzw. sie wurden von den jeweiligen Landesherren bestimmt, so auch das Erbrecht. Die Kurpfalz und das Herzogtum Württemberg sind die klassischen Realteilungsgebiete, in denen immer alles an alle Söhne gleichmäßig aufgeteilt wurde, was man sich hier wegen der größeren Ertragskraft der Böden auch eher leisten konnte. In manchen Gegenden wurde sogar an alle Kinder aufgeteilt. In fast allen anderen Gebieten wie Hohenlohe, Schwarzwald und Oberschwaben galt das Anerbenrecht, hier erbte meist der älteste Sohn das Gut bzw. den Hof.

Die Folgen der beiden Vererbungsprinzipien von Höfen sind äußerst unterschiedlich. Während beim Anerbenrecht der Hof als Ganzes erhalten und wirtschaftlich bleibt, werden beim Realteilungsrecht die Höfe immer stärker aufgeteilt mit Wohnrechten oder Ausgedingehäusern, die Felder werden immer kleiner bis zur Unwirtschaftlichkeit. Es tritt eine enorme Zersplitterung des Besitzes ein. Trotzdem musste damit aber ein jeder seinen Lebensunterhalt verdienen, oft durch Zusatzeinkünfte. Es wird vermutet, dass die schwäbische Eigenart, aufs »Sach« aufzupassen und es in Ordnung zu halten, aber auch die hohe Wertschätzung von Fleiß und Arbeitskraft, die »Schaffigkeit«, auch in der Anwendung der erblichen Realteilung ihre Wurzeln hat, es ging ums Überleben. Geiz war nicht geil, sondern geboten. Gleichzeitig kann der Versuch, das Erbe der Eltern gerecht zu teilen, zu Missgunst, Streit und Kleinkariertheit führen – auch diese Folgen spüren wir noch heute, wenn es »ganz genau« zwischen Nachbarn oder Verwandten zugehen soll. Das war anderswo anders: »Den Hof kriegt der Karle und jetzt halt die Gosch!« Das tut nur einmal weh, dann, wenn man es begriffen hat, danach aber kann man sich auch bestens drauf einstellen.

Während in nördlichen Bundesländern das Anerbenrecht beispielsweise in der nordwestdeutschen Höfeordnung (HöfeO) niedergeschrieben ist oder spezielle landesrechtliche Bestimmungen auch in anderen Bundesländern gelten, ist dies nur in Teilen Baden-Württembergs geschehen. Eine gleiche Regelung für das ganze Land erscheint schwierig, weil in den Regionen eine unterschiedliche Rechtsentwicklung stattgefunden hat. Trotzdem leben wir in keiner gesetzlosen Zeit, es greifen halt andere Regeln, z. B. aus dem allgemeinen Erbrecht.

Die zersplitterten Felder oder Weinberge, in denen kleine und kleinste Parzellen durch Hecken und Haine, Wege und Mäuerchen getrennt waren, gaben ein malerisches Bild ab. Doch konnten nur eine großflächige Flur- und Rebflurbereinigung, die in den letzten Jahrzehnten in vielen Teilen Baden-Württembergs stattgefunden haben, in denen vormals die Realteilung vorherrschte, eine zeitgemäße Bewirtschaftung und konkurrenzfähige Wirtschaftlichkeit möglich machen.

Gerhard Köbler: Deutsche Rechtsgeschichte. Ein Systematischer Grundriss. München 2005

■ ■

ERDBEBEN
Das Schwabenland erschüttert nichts

Kaum ein anderes Bundesland erscheint so still, ja geradezu bewegungslos in sich selbst zu ruhen und mit sich zufrieden zu sein wie Baden-Württemberg. In Dörfern und Gemeinden werden die Fußgängerzonen sauber gehalten (↑Kehrwoche), ein neues Industriegebiet wird erschlossen, geschickt angebunden an die neue Umgehungsstraße, und in der günstigen Windrichtung, weit weg von der städtischen Kläranlage, wird eine neues Baugebiet mit Einfamilienhäusern und kleinem Supermarkt gebaut. Doch die Ruhe trügt!

Vor allem im Süden Baden-Württembergs kann jeden Moment die Erde beben. Dann wackeln Wände, Risse ziehen sich durch das Gemäuer, Dachziegel sausen herab, Geranientöpfe lernen das Fliegen und bei den Sammeltassen im Büffet gibt's wieder Platz für neue Errungenschaften. Baden-Württemberg, wer »häbe« es gedacht, ist in seismischer Hinsicht das lebendigste Bundesland in Deutschland.

Eines der letzten größeren Beben mit einer Stärke von 5,4 auf der nach oben hin offenen Richter-Skala ereignete sich gegen 3 Uhr nachts am zweiten Adventssonntag 2004. Das Epizentrum des Bebens lag bei Waldkirch im Landkreis Emmendingen. Die Erschütterungen waren noch im Umkreis von 250 Kilometern zu spüren. Nach dem ersten Beben gab es mehrere Nachbeben. Die Mitarbeiter des Landesamtes für Geologie, Rohstoffe und Bergbau in Freiburg registrierten die Erdstöße und listeten sie in ihrer Tabelle auf. Das Institut ist der Landeserdbebendienst für Baden-Württemberg beim Regierungspräsidium Freiburg – und es hat gut zu tun. Im Durchschnitt bebt im Ländle die Erde einmal pro Monat, alle paar Wochen tauchen Beben auf, die von den Menschen wahrgenommen werden, weil sie plötzlich weiche Knie kriegen oder ein unsichtbarer Geist am Bett rüttelt. Nahezu die

Hälfte aller Erdbeben in Deutschland hat ihr Epizentrum in Baden-Württemberg. Häufungen gibt es um Freiburg und auf der Zollernalb. Vor 50 Millionen Jahren hatten sich Schwarzwald und Vogesen voneinander verabschiedet und den Rheingraben gebildet. Irgendwie ist die Trennung heute immer noch nicht beendet, immer noch reiben sie sich aneinander, wenn auch unterirdisch und heimlich (»hehlingen unterm Tisch!«). Es wackelt bei uns selbstverständlich auch, wenn die Epizentren in den Vogesen, der Schweiz oder in Österreich liegen. Ein Erdbeben kennt keine Grenzen. Der Landeserdbebendienst (LED) registriert alle Erdbeben, auch Fernbeben, und bringt die Bulletins aktuell auf seine Internetseite. Laut dem LED sind die »Nutzer der Informationen und Daten die Öffentlichkeit, Presse und andere Medien, Polizei und Katastrophenschutz, Betreiber von technischen Großanlagen, Gebäudeversicherungen, Baubehörden, Bauingenieure und Architekten sowie die Universitäten«. Mit einem mittelstarken Beben, das Gebäudeschäden und Betriebsstörungen in größerem Umfang verursachen kann, ist im Schnitt alle zehn Jahre zu rechnen. Starke und damit möglicherweise auch katastrophale Beben sind sehr selten, aber nicht völlig ausgeschlossen. Im dicht besiedelten, gut strukturierten Baden-Württemberg, in dem nicht erdbebensicher gebaut werden muss und ein Erdbebenkatastrophenplan als Faschingsscherz aufgefasst werden könnte, wären die Folgen aber beträchtlich. Freundlicherweise beruhigt das LED mit dem Hinweis, dass in Mitteleuropa nördlich der Alpen sonst nur noch die Niederrheinische Bucht eine vergleichbare Erdbebengefährdung wie Baden-Württemberg aufzeigt. Also, dorthin nicht in Urlaub fahren! Ist wie zu Hause! Im Vergleich mit den Mittelmeerländern, wird mitgeteilt, treten starke Erdbeben in Deutschland jedoch relativ selten auf. Wer dennoch mehr zum Falle des Falles wissen möchte, kann sich das Merkblatt des Innenministeriums zu Erdbeben in Baden-Württemberg besorgen, um heil aus der wackligen Sache wieder herauszukommen. Nicht nur das richtige Verhalten während und nach einem Beben wird beschrieben, sondern auch mannigfaltige Vorsorgemaßnahmen vor Erdbeben.

Da es eine exakte Vorhersage für diese Naturereignisse noch nicht gibt, sollten sie jetzt schon im Haushalt sämtliche lose Teile sofort an die Wand und auf den Fußboden nageln, hohe Schränke und Regale umlegen, in jedem Zimmer Rauchmelder installieren, batteriebetriebene Taschenlampen und Radios bereithalten und jede volle Stunde eine halbe Minute lang einschalten. Blumenkästen auf Balkonumrandungen, die nach außen ragen, zur Sicherheit jetzt schon auf die Straße schmeißen. Gehen Sie nur noch aufrecht in Ihrer Wohnung, wenn es unbedingt sein muss. Krabbeln und kriechen Sie! Ihre Kinder, das flauschige Hauskarnickelchen und die tapsige Schildkröte werden sich freuen. Wenn sie fünf Lebewesen im Haus haben, töten Sie auf humane Weise ein Meerschweinchen, denn fünf ist die Zahl des Teufels und des Unglücks. Nageln Sie dafür auf alle Schuhe im Haushalt Hufeisen. Bewahren Sie Ruhe und warten Sie auf weitere Anweisungen!

www.lgrb.uni-freiburg.de

▩▩▩▩▩▩▩▩▩▩▩▩▩▩▩▩▩▩▩▩▩▩▩▩▩▩▩▩

ERFINDUNGEN → FLEISS

FASTENGEBÄCK → BREZEL → LAUGENBREZEL

▩▩▩▩▩▩▩▩▩▩▩▩▩▩▩▩▩▩▩▩▩▩▩▩▩▩▩▩

FASTNACHT

Die schwäbisch-alemannische Fastnacht geht auf den heidnischen Brauch der Vertreibung des Winters zurück

Die Narren steigen ins Häs. Sie ziehen die Larve an, wie Narren-kleid und Maske heißen, und führen mit der schwäbisch-aleman-nischen Fastnacht einen Jahrhunderte alten, germanischen Brauch fort, der in der heidnischen Vertreibung des Winters wurzelt. Je nach Gegend und ↑Dialekt wechselt die Bezeichnung, am Häu-figsten sind Fasnet, Fasnacht, Fasent oder Fasching zu hören. Alle, die mit dem Brauch der Fastnacht und des Narrentreibens aufge-wachsen sind, lassen auf ihre Bräuche, die in jeder Ortschaft ver-schieden sind, nichts kommen, sondern leben sie leidenschaftlich aus und identifizieren sich mit ihnen. Kaum aufzuzählen sind die verschiedenen Kostüme – das Häs – die Lieder und Sprüche, die bei der schwäbisch-alemannischen Fastnacht zu sehen und zu hö-ren sind. Vor allem die vielen Hexen, Teufel, böse Männer und wilde Gestalten lassen auf uralte Verbindungen schließen. Doch bei soviel schrecklichem Mummenschanz sollen auch die vielen Narren und »Hansele« nicht unerwähnt bleiben, die schellend und hüpfend der Fastnacht einen ganz besonderen Reiz geben.

Leider haben die römischen Geschichtsschreiber, die von Sit-ten und Gebräuchen der Germanen berichteten, nicht einmal von etwas Ähnlichem wie z. B. dem Rottweiler Narrensprung ge-schrieben. Auch schweigen sich archäologische Quellen über Hinweise zu fastnachtsähnlichen Wintervertreibungsbräuchen der Germanen aus. Da müssten einem doch nicht nur Glöckchen am »Narrenhäs« in den Ohren schellen. Nach neueren Forschun-gen ist das Fastnachtstreiben frühestens ab dem 12. Jahrhundert nachweisbar – als ein aus dem christlichen Jahresablauf hervorge-gangenes Fest. In der Fastnacht, der Nacht vor Beginn des vierzig-tägigen Fastens vor Ostern, ließen es vor allem Jugendliche noch einmal so richtig krachen. Zum exzessiven Essen und Trinken gehörten auch tanzen, lärmen, musizieren und dumme Streiche, bei denen auch Verkleidungen benutzt wurden.

Im 15. Jahrhundert begann die Kirche die Fastnacht als moralisch abgewertete »verkehrte Welt« zu deuten, der die richtige Welt der züchtigen Fastenzeit gegenüberstand. Die Diabolisierung der Fastnacht führte zunehmend zur Verkleidung in Dämonen und Teufel. Aber auch der Narr als Symbol menschlicher Unvollkommenheit wurde zu einer Hauptfigur des Treibens. Eine Massenbewegung und ein ständeübergreifender Volksbrauch waren aber noch nicht geboren, sondern junge Burschen und Gesellen aus den Zünften waren die Hauptdarsteller. Im 17. Jahrhundert machte sich in den Städten italienischer Einfluss bemerkbar und das Wort »Carneval« tauchte in Deutschland auf. Während der Aufklärung waren dann die Stadtväter bemüht, diese finsteren Umtriebe aus dunkler Zeit wieder abzuschaffen und es hagelte Verbote. Erst im 19. Jahrhundert brachte das Bürgertum der Romantik alte, deutsche Traditionen wieder hervor, um sie in »veredelter« Form als wiederbelebte Bräuche zu feiern. Im Rheinland entstand der Karneval und im schwäbisch-alemannischen Südwesten – ebenfalls der Karneval. Das Bürgertum hielt Bälle, Redouten, Sitzungen und wohlgeordnete Umzüge ab, die meist einem historischen Motto folgten. Erst um 1900 gab es eine neue Entwicklung im Südwesten. Handwerker und einfache Leute hatten von der schnieken Gängelung durch das Bürgertum die Nase voll. Der Karneval war ein exklusives Vergnügen geworden. Die Leute holten die alten Larven und Kostüme vom Dachboden. Es wurden volkstümliche Narrenzünfte gegründet und erst in den zwanziger Jahren des 20. Jahrhunderts tauchte der Begriff der schwäbisch-alemannischen Fastnacht auf, dies auch als Folge der Suche nach »Altdeutschem« und »deutscher Tradition« nach dem verlorenen Ersten Weltkrieg. Heute würde man von der Suche nach »närrischer deutscher Leitkultur« sprechen. Richtig organisiert wurde die schwäbisch-alemannische Fastnacht in den siebziger und achtziger Jahren des letzten Jahrhunderts, als Dachorganisationen gegründet und überregionale Umzüge veranstaltet wurden. Städte, in denen tatsächlich auf Traditionen zurückgegriffen werden konnte und nachweisbar über 300 Jahre alte Maskenbestände zu finden sind, wie z. B. in Villingen, Rottweil oder Laufenburg, gibt es aber nicht so viele, wie das bunte Treiben uns weis machen möchte. Dafür ist die schwäbisch-alemannische Fastnacht in den meisten Gemeinden viel zu jung.

Was die Germanen zur Römerzeit über die Fastnacht gesagt hätten, bleibt natürlich Spekulation. Dem Biergenuss waren sie bekanntlich nicht abgeneigt, doch vierzig Tage fasten wäre ihnen sicher nicht in den Sinn gekommen. Schließlich arbeiteten die Römer am Untergang ihres Imperiums, und dazu war – neben Orgien und Müßiggang– Alkohol in rauen Mengen ein unerlässlicher Faktor.

Ich wäre übrigens um ein Haar mal Faschingsprinz geworden! Bei der Jugendabteilung der Waiblinger Salathengste! Ich war um die zehn Jahr alt und habe abgelehnt. Wahrscheinlich hatte irgendeiner im Vorfeld unbedacht erwähnt, dass mit der Auszeichnung auch Pflichten einherkämen.

Werner Mezger: Das große Buch der schwäbisch-alemannischen Fastnacht. Ursprünge, Entwicklungen und Erscheinungsformen organisierter Narretei in Südwestdeutschland. Stuttgart 1999

FEIERTAGE → FLEISS

FERNSEHTURM
Der Korb des Stuttgarter Fernsehsturms dreht sich

Nachdem es auf der ganzen Welt zahlreiche Türme gibt, deren Aussichtsplattform oder Panoramarestaurant sich langsam um die eigene Achse drehen, meinen viele, dass sich auch das Restaurant des Stuttgarter Fernsehturms drehen würde, ja, dass der ganze Korb im Zeitlupentempo kreiselt. Aber im Korb des Fernsehturms Stuttgart dreht sich nichts, außer man bekommt von der Höhe den Drehwurm. Dann sagt man: »Mir wird turmelig!«

In den fünfziger Jahren, als der Fernsehturm erbaut wurde, überließ man die Drehs den Fernsehtechnikern im Studio der Villa Berg. Der Korb, die Aussichtsplattformen und die gastronomischen Einrichtungen standen damals schon und stehen heute noch still. Der Turm wurde eigentlich nur gebaut, um mit einer leistungsstarken, sehr hoch angebrachten Antenne das Land so weit wie möglich mit den Segnungen des Fernsehens beglücken zu können. Ursprünglich sollte lediglich ein ca. 200 Meter hoher Gittermast aus Stahlstreben mit aufmontierter Antenne gebaut werden.

Doch der Bauingenieur Prof. Dr. Ing. Fritz Leonhardt und die Architekten Prof. Erwin Heinle und Rolf Gutbrod entwarfen eine schlanke Stahlbetonnadel mit einem Aussichtskorb. Das Vorbild fanden sie in der Natur, in etwa gleicht der Fernsehturm in Form und Statik einem Weizenhalm. Gebaut wurde von 1954 bis 1956. Der Stuttgarter Fernsehturm ist der weltweit erste Fernsehturm, der auf diese Art konstruiert wurde. Er ist eine architektonische Pioniertat und eine Meisterleistung der Ingenieurbaukunst. Alle anderen Türme der Welt, die mit Schaft und Aussichtskorb errichtet sind, orientieren sich an ihm. Nach seiner Fertigstellung maß er bis zur Antennenspitze 211 Meter. In den sechziger Jahren wurde die Antennenanlage umgebaut, so dass er seit 1965 die Höhe von 216,61 Meter bis zur Spitze misst. Damit ist er weder in

Deutschland noch in der Welt der höchste Fernsehturm, was aber nicht verwundert, weil die bautechnischen Möglichkeiten seither ständig verbessert wurden. Insgesamt ist der Fernsehturm Stuttgart dann doch hoch, wenn man berücksichtigt, wo er steht. Da der Fernsehturm auf dem 483 Meter hohen »Hohen Bopser« errichtet wurde, einer Anhöhe südlich des Stuttgarter Talkessels, befindet sich die obere Aussichtsplattform auf 636,50 Meter über Normalnull.

Sein breites, kegelförmiges, mit 3000 Tonnen Erde bedecktes Fundament reicht bescheidene acht Meter tief in den Boden. Bedingt durch das hohe Fundamentgewicht und durch die aufliegende Erdlast kann der Turm auch starke Windkräfte wie ein Halm abfedern. Durch Witterungseinflüsse gerät der Turmschaft gelegentlich in nierenförmige Schwingungen und schlägt bei schweren Stürmen bis zu 30 Zentimeter aus, am Ende des Antennenmastes dann schon stolze 1,50 Meter. Der Turmschaft selbst ist ein sich nach oben verjüngendes Stahlbetonrohr. Am Fuß des Turms beträgt der Außendurchmesser 10,80 Meter unterhalb des Turmkopfes – in einer Höhe von 135,80 Meter – misst der Turm nur noch 5,04 Meter.

Obwohl der Turm bei Baubeginn heftig umstritten war und auf großen Widerstand im Stuttgarter Gemeinderat stieß, wurde er bald zum weltweit bekannten Wahrzeichen der Satdt. Wer allerdings von der Aussichtsplattform einen Rundblick genießen möchte, muss sich halt in Gottes Namen selber in Bewegung setzen. Ist man schon so faul und fährt mit dem Aufzug hoch, dann sind einem die paar Meter Rundgang schon zuzumuten.

Ich war mal in Johannesburg in Südafrika. Dort steht quasi der Zwillingsbruder unseres Stuttgarter Fernsehturmes, so dass man sich fast schon in Stuttgart wähnt, wenn man die noblen Wohnviertel auf dem Frauenkopf und in Degerloch gedanklich gegen Slums austauscht. Außerdem wurde ich am Samstag, den 22. Juli 2006 von der Stuttgarter Berufsfeuerwehr im Rahmen eines Festes vom Fernsehturm abgeseilt. Da wurde es mir ganz schön tur-melig! Ich musste aus dem Fenster des Fernsehturmes klettern. Da war ich zwar schon angeseilt, aber ich musste noch einen Me-ter eine am Turm baumelnde Strickleiter hinabsteigen, bis das Seil auf Zug war. Irgendwie war das sehr schrecklich und wird nicht zur Nachahmung empfohlen. Es sei denn, Sie gehen nicht so blau-äugig an die Sache heran wie ich und kaufen sich zuvor im Sani-tätshaus Spezialunterwäsche für Patienten mit Blasenschwäche, dann geht's!

Schön war aber, als der Marketingchef des SWR mich frug, wie es gewesen sei – denn er kam nach mir an die Reihe – und ich ihm erzählen konnte:»Gut war's, aber ich hab oben gehört, dass *dein* Abseilen jetzt vom Azubi gemacht wird.« Da hat dann er das erste Mal ans Sanitätshaus gedacht.

Fernsehturm-Betriebs-GmbH (Hrsg.): Fernsehturm Stuttgart. Stuttgart 1991

■ ■

FILDERKRAUT
»Filderkraut« filtert Abgase von Flugzeugen

Hartnäckig hält sich folgendes Gerücht: Während warme, nach Meersalz riechende Brisen die Flugreisenden in den Urlaubsgebie-ten begrüßen, sollen die Passagiere auf dem Stuttgarter Flughafen Echterdingen vom mildsäuerlichen Geruch von Sauerkraut emp-fangen werden. Das war einmal!

Der Flughafen und die neue Messe Stuttgart mit internationa-lem Congresszentrum, Eröffnung 2007, sich ein Jahr davor noch als »größte Baustelle Deutschlands« rühmend, tragen ihren Teil dazu bei, dass die Anbaufläche des Filderkrauts weiter schrumpft. Auf einer gesamten Fläche von rund 100 000 Quadratmetern ent-steht für rund 800 Millionen Euro die größte Messe im Südwesten, angebunden an den Flughafen, die Autobahn und eine ICE-Trasse. Da wurde nicht nur das Kraut, sondern auch die betroffenen Bauern sauer – bis auf einige, die plötzlich ihr »Äckerle« gut an den Mann bringen konnten. Viel wird heutzutage von der Problematik der schrumpfenden Städte gesprochen, doch zurzeit schrumpft auf den Fildern vor allem fruchtbares Ackerland.

Die Hochfläche der Filder, auch »auf den Fildern« genannt, im Süden Stuttgarts oberhalb des Talkessels gelegen, wurde schon im Mittelalter landwirtschaftlich genutzt. Der Name der Gegend leitet sich von Fild gleich Feld ab. Im »Gefilde« taucht das Wort heute anderweitig noch auf. Auf den Fildern ist die oberste geologische Schicht aus Schwarzem Jura mit einer meterdicken Lößschicht bedeckt, die für die fruchtbaren Böden der Filderebene verantwortlich ist. Erste Siedlungsspuren aus der Jungsteinzeit (ca. 5500 v. Chr.) lassen sich nachweisen.

Weithin bekannt sind die Fildern durch das dort angebaute Filderkraut, eine spitzförmige Kohlsorte. Durch die maschinelle Verarbeitung wird es immer mehr von rund wachsenden Krautsorten ersetzt, weil seine Ernte und Verarbeitung einen Handgriff mehr erfordert als für Rundköpfe. Der Spitzkohl oder das Spitzkraut ist ein Gemüsekohl mit bläulichgrünen, großen Blättern und kegeligem, lockeren Wuchs und mildem Geschmack. Das schwäbische Filderkraut ist eine Variante des Weißkohls, die vermutlich vor rund 400 Jahren im Kloster zu Nellingen gezüchtet wurde. Diese Art von Spitzkohl wird in Deutschland nur auf den Fildern angebaut und in erster Linie zu besonders feinem Sauerkraut verarbeitet. Entgegen der Kapitelüberschrift, filtert das Kraut nicht Flugzeug- und Autoabgase, sondern der Dreck belastet die guten Ackerböden, auf denen das Filderkraut wächst.

Filderkraut war immer das Hauptanbaugemüse auf den Fildern. Noch lange nach dem Krieg fuhren Filderkrautbauern mit Traktor und Karren, voll beladen mit Spitzkraut in die Umgebung von Stuttgart und verkauften das Kraut direkt vom Erzeuger. Sie kündigten sich mit Schellengebimmel und dem lauten Ruf »Fiiil-derkraaauud« an.

Der blanke Hohn wäre eine internationale Sauerkrautmesse in der neuen Messe Stuttgart auf den Fildern, die ohne Beteiligung von Erzeugern und Herstellern von den Fildern stattfinden würde, weil es keine mehr gäbe. Aber so weit kann's leicht kommen. Dann atmen die ankommenden Fluggäste in Echterdingen als erstes den Smog aus Stuttgart ein, der die Talkesselhänge hochzieht und sich über die Fildern ausbreitet. Da ist doch ein zarter Sauerkrautgeruch viel angenehmer. Im Übrigen war ich immer der Ansicht, dass sich Ökologie und Ökonomie auf den Fildern vertragen, dass Flugverkehr, Filderkraut und Messe sich gegenseitig befruchten können: Die beim Anflug auf den Flughafen abgelassenen Toilettenfüllungen sind Dünger fürs Kraut, und wenn mal ein Flugzeug im Rahmen einer Notlandung über die Landebahn hinausschießt und mit der Spitze im Boden stecken bleibt, dann ist schon das Fundament für den Messe-Erweiterungsbau vorgebohrt.

●●●●●●●●●●●●●●●●●●●●●●●●●●●●●

FLAMMKUCHEN
Flammkuchen gibt es nur im Elsass

Ähnlich der italienischen Pizza, hat der Elsässer Flammkuchen die Bundesrepublik erobert. Vor allem in Städten stürzt sich der moderne, genießerische Mensch auf einen Elsässer Flammkuchen, wenn im Weinlokal oder wo auch immer nur eine Kleinigkeit gegessen werden soll. Und wunderbar rustikal kommt der dünne mit Zwiebeln, Speck und Sauerrahm belegte runde Fladen auf einem großen Holzbrett auf den viel zu kleinen Bistrotisch, in der Küche ähnlich einer Torte in Ecken schon vorgeschnitten, so dass ein jeder sich völlig unkonventionell mit mehligen Fingern das

Mündchen mit Flammkuchen vollschieben kann. Das Lob »mmh, so einfach und sooo gut, ich liebe Flammkuchen!« stöhnt nach dem ersten Bissen garantiert jemand und blickt mit großen Augen Zustimmung heischend wie Zappelphilipps Mutter »auf dem ganzen Tisch herum«.

Dabei hat er oftmals gerade industriell hergestelltes, tiefgefrorenes und zwei Minuten im Ofen nachgebackenes Convenient Food zu sich genommen. Frisch wird der Flammkuchen dagegen nahezu im gesamten schwäbisch-alemannischen Kulturraum gebacken. Bevor das Brot in den heißen Steinbackofen eingeschossen wird, werden traditionell der Flammkuchen bzw. seine regionalen Varianten in den aufgeheizten Ofen geschoben. Ob es das Backhaus hinterm Bauernhof oder der Gemeindebackofen war oder ist, vor dem Brotbacken gab es auch Fladen.

Die Zutaten und die Machart können von Ortschaft zu Ortschaft variieren. Im Prinzip ist die Unterlage ein sehr dünn ausgerollter Teigboden aus Brotteig, der mit Hefe hergestellt wird. Als Belag kommen rohe Zwiebeln, Speck und eine Sauerrahm-Creme, die leicht gewürzt ist, hinzu. Weil er so dünn ist, wird der Fladen nur wenige Minuten gebacken: heute ein großer Vorteil bei Dorffesten, wenn das Brotbacken weggelassen wird und nur Fladen serviert werden soll.

Es heißt, dass der Flammkuchen entstanden ist, um vor dem Brotbacken mit einem Fladen aus Brotteig die Temperatur im Steinbackofen zu testen. Oft züngelten noch kleine Flammen von der Glut auf, die dem Flammkuchen seinen Namen gaben. Brot muss aber ohne Flamme gebacken werden.

Im Schwäbischen wird meist der verwandte »Salzkuchen« gebacken. Die Herstellungsweise ist ähnlich, nur dass er viel dicker ist, oft ohne Speck gemacht wird und der Belag aus einer Mischung aus saurer und süßer Sahne und Eigelb besteht. Abgeschmeckt wird er mit Salz und fein geschnittenem Schnittlauch, eventuell auch mit Kümmel. In manchen Gegenden wird auch vom schwäbischen »Rahmkuchen« gesprochen, weil saure Sahne im Schwäbischen auch als Sauerrahm bezeichnet wird.

Je nach Region wechselt der Name für das Gericht, das allgemein als Elsässer Flammkuchen bekannt wurde. Hier ein paar Bezeichnungen zur Auswahl, die im Alemannisch-Schwäbisch-Hohenlohischen Sprachraum Verwendung finden: Deie, Dennetle, Dinnette, Blooz, Bätscher, Dätscher, Flades, Flädle, Wehe, Scherrkuchen, Rahmkuchen oder Salzkuchen. Zugegeben, zur überregionalen Vermarktung taugt keiner – ist vielleicht auch besser so! Alles Schwäbische wollen wir gar nicht globalisiert wissen, gell!

Christoph Mohr (Hrsg.): Genießen in Baden-Württemberg. Der kulinarische Führer zum Landesjubiläum. Ilh 2002

FLEISS
Der Schwabe ist nur im »Gärtle« fleißig

Mit Erfindungen und Patenten, die nicht selten zur Rationalisierung dienen, gräbt der Schwabe selber der praktischen Ausübung seines sprichwörtlichen Arbeitsfleißes das Wasser ab. Es bleibt ihm nichts anderes übrig, als ständig an neuen Erfindungen zu arbeiten, damit er was zu tun hat. Am Schluss erfindet er sich selber und meldet sich zum Patent an, letztendlich das letzte Stadium der Genforschung. Einen Großteil seiner Schaffenskraft widmet der Schwabe landauf landab diversen Verrichtungen am Wochenende, die im Freizeitbereich angesiedelt sind wie z. B. das Auto in Ordnung bringen, den Garten in Ordnung bringen, das Haus in Ordnung bringen, die Wohnung in Ordnung bringen, das Souterrain in Ordnung bringen, die Terrasse »plätteln« (fliesen), das »Gartentürle« ölen und neue Haken für die Meisenknödel anschrauben.

Bei einer Arbeitslosenquote von lediglich 7 Prozent im Jahr 2006 wird deutlich, dass auch in der Firma viel »geschafft« wird. Schaffen meint im Schwäbischen sowohl die freiwillige als auch die entlohnte Arbeit. Der Satz »Ich gehe hinaus, um im Garten zu schaffen« ist für Hochdeutschsprechende nicht verständlich, weil sie bei »schaffen« an Leistung denken, so im Sinne: »Zu dem Zug habe ich es gerade noch rechtzeitig geschafft!« Dementsprechend gehen sie auch zur Arbeit und nichts ins Geschäft. Wenn sie ins Geschäft gehen, dann um etwas zu kaufen, aber nicht um darin zu arbeiten.

Elf gesetzliche Feiertage können jedes Jahr in Baden-Württemberg auf einen Werktag fallen, dann schafft der Schwabe offiziell nichts. Feiertage, die immer auf einen Sonntag fallen, wie typischerweise der Ostersonntag, zählen nicht. In dieser Hinsicht zieht Baden-Württemberg mit Bayern und dem Saarland gleichauf. In sieben Bundesländern werden übrigens nur acht gesetzliche Feiertage gewährt, die nicht auf einen Sonntag fallen.

Liegen Feiertage so geschickt, dass sich Brückentage ergeben, schwächeln wenige Tage vor dem Datum auch gesunde Schwaben und melden sich krank (↑ G'sundheit). Der Jahresdurchschnitt der Krankenstände für 2004 (erhoben bei den gesetzlichen Krankenversicherungen AOK-Allgemeine Ortskrankenkassen, BKK-Betriebskrankenkassen und IKK-Innungskrankenkassen, und alle drei dann nochmals zu einem Durchschnittswert zusammengefasst) räumt Baden-Württemberg im Ländervergleich einen guten Mittelplatz ein. Leider sagen aber Krankenstandserhebungen mehr über die Lage am Arbeitsmarkt aus als über Fleiß. Denn bei hoher Arbeitslosenquote sinkt aus Angst, den Arbeitsplatz zu verlieren, die Anzahl der Krankmeldungen, ohne dass die Arbeitnehmer dabei gesünder werden. Bei geringerer Erwerbslosenquote werden die Ärzte häufiger konsultiert, Krankheitsverschleppungen und die Bildung von chronischen Leiden gehen zurück. Ist der Job weitgehend sicher, bilden sich oft eingebildete Krankheiten heraus. Ist der Arbeitsplatz dagegen unsicher, leiden viele Kranke unter eingebildeter Gesundheit. Genügend Arbeit im Land macht nicht gesund, fördert aber schnellere Auskurierung und Prophylaxe.

Ein Indiz für Fleiß, Solidarität und Vertrauen in den Staat und dafür dass Steuergelder wieder sinnvoll für das Wohl der Allgemeinheit investiert werden, ist der Anteil der Schattenwirtschaft. Das Wort Schattenwirtschaft lässt an ein kühles, frisch gezapftes Bier im Schatten alter Kastanienbäume in einer Gartenwirtschaft denken, ist aber nur der politisch geschönte Ersatz für den bösen Ausdruck Schwarzarbeit. Die Zahlen sprechen eine deutliche Sprache: der Anteil der Schattenwirtschaft betrug 2004 in Baden-Württemberg gut 45 Milliarden Euro, das entspricht 14 Prozent des realen Bruttoinlandproduktes (BIP). Auf das BIP der Bundesrepublik bezogen, beträgt der Anteil der Schwarzarbeit sogar 16 Prozent. Es werden Millionen Euro am Fiskus vorbeigeschleust, die dem Land Baden-Württemberg nicht zur Verfügung stehen, um sinnvolle Beiträge für Land und Bevölkerung zu leisten, wie z. B. Aufbau komplizierter Verwaltungsvorgänge, Einführung unsinniger EDV-Programme oder Diätenerhöhungen für Politiker. Oder zur Errichtung einer Dienststelle für Bürokratieabbau.

Aber dieses Schwarzgeld regnet auch nicht vom Himmel! Nein, dafür muss hart gearbeitet werden, nach Feierabend, am Wochenende und schwer krank an Brückentagen, wenn ein Feiertag heimarbeitsgünstig so auf einen Wochentag fällt, dass unter der Hand »ein Stück« geschafft werden kann. Wenn wir schon beim Thema sind: Eine Freundin von uns ist leitende Steuerfahnderin. Als wir kürzlich gemeinsam mit ihr auf einer Party waren, überlegte sich ein Gast offensichtlich, wie er sie ansprechen könnte und wählte dann den Klassiker: »Wir hatten schon mal miteinander zu tun!«

»Das hoffe ich nicht für Sie!«, antwortete sie schnell, wir mussten alle lachen und der Typ war fürs erste abserviert.

Finanzministerium Baden-Württemberg: www.finanzministerium.baden-wuerttemberg.de

Fremde → Ungesellig

■■■■■■■■■■■■■■■■■■■■■■■■■■■■

Fuss
Ein Fuß ist ein Fuß

»Ich hab 'ne Oberschenkelzerrung im linken Fuß«, soll Guido
Buchwald vom ↑VfB-Stuttgart und deutscher Fußballweltmeister
von 1990 bei einer Pressekonferenz gesagt haben. Mit dieser Aussage zog er in den Olymp der Fußballspieler ein, die ihre Laufbahn
mit klassischen Versprechern schmückten. Denn diese kurze und
knappe Information, dass Buchwald eine Oberschenkelzerrung
im linken Fuß habe, löste in der ganzen Bundesrepublik Heiterkeit aus – mit Ausnahme des Schwabenlandes. Dort stellte sich
sofort großes Bedauern ein. Denn wir verstehen sofort!

Irgendein Gegenspieler musste Guido ein Bein gestellt haben,
vielleicht gar ganz übel mit einem gestreckten Fuß, sodass sich
der »offensiv ausgerichtete« Abwehrspieler mit »defensiven Auf-
gaben« in seinem linken Fuß eine böse Zerrung geholt hatte. Jetzt
bekam er Fußmassagen und musste ein paar wichtige Spiele aus-
setzen, bis sein Fuß wieder in Ordnung war und er beim Laufen
im Oberschenkel keine Schmerzen mehr spürte.

Denn zur Ehrenrettung von Guido Buchwald sei ein für allemal
richtig gestellt, er hat auf Schwäbisch völlig korrekt und in keiner
Weise lächerlich geantwortet. Im Schwäbischen wird seit ↑Barba-
rossa und dem dritten Kreuzzug das komplette Bein vom Oberschenkelhals bis zum kleinen Zeh als Fuß bezeichnet. Das »Bein«
als solches gibt es nicht. Höchstens noch als »Boi« oder »Boile« in
der Bedeutung von »Knochen« oder »Knöchle« oder im Plural als
»Boiner«, damit sind alle Knochen gemeint, genauer die »Gebeine«. Ein Skelett als Allegorie des Todes nehmen wir als »Boiner-
Karle« in unser schwäbisches Dasein auf.

Will man vom Oberschenkelhals abwärts differenzieren, muss man die Anatomie genauer benennen. Zum Beispiel: »Mir tut dr Fuß weh, do hanne, die ganze Wade ronter.« Ein anderes Beispiel wäre eine Oberschenkelzerrung, die unter Umständen »henta« den ganzen Fuß »ronterzieht«.

Auch die schönen Beine einer Frau sind »Füße«! Oft hört man bei uns Sprüche wie: »Hot die schöne lange Füß! Bis obe nuff!« oder: »Die hat Füß wie a Rehle – net so dünn, aber so haarig!« Wobei wir bei den sogenannten Saustallpfosten angekommen wären, wie auch so mancher Frauenfuß teilweise nicht zu unrecht bezeichnet wird.

⬛⬛⬛⬛⬛⬛⬛⬛⬛⬛⬛⬛⬛⬛⬛⬛⬛⬛⬛⬛⬛⬛⬛⬛⬛⬛⬛⬛

GAISBURGER MARSCH
Der Gaisburger Marsch wird den Stuttgartern beim Großen Zapfenstreich geblasen

Dass der Gaisburger Marsch als schwäbischer Eintopf bekannt ist (↑Bundespräsident) und nicht auch noch als Musikkomposition, ist schon erstaunlich in einem Land wie Baden-Württemberg, in dem es in jedem »Kuhnest« eine Musikkapelle und einen Gesangsverein zu geben scheint. Gaisburger Komponisten, wo seid ihr? Oder habt ihr euch mit eurem Gaisburger Marsch den Bauch so voll geschlagen, dass ihr keine Note mehr aufs Papier bringt?

Das Eintopfgericht – benannt nach dem östlichen Stadtteil Gaisburg der Landeshauptstadt Stuttgart, schon im 12. Jahrhundert als eigenständige Gemeinde erwähnt – kann nach Hausfrauenart und Fernsehkochfantasie zwar variieren, doch in seinen Grundbestandteilen besteht der Eintopf aus einer kräftigen Rindfleischbrühe, Suppenknochen mit Knochenmark, Sellerie, Karotten (Gelbe Rübe), gebräunten Zwiebeln, Petersilie, Fleischwürfeln von einer Ochsenbrust, abgeschmeckt mit Lorbeerblatt, Schnittlauch,

Salz, Pfeffer, und als besonderen Pfiff, aus ↑Spätzle zusammen mit gevierteilten Kartoffeln. Auf so eine Idee muss man kommen! Erfinde erst mal so ein Essen! Oder Linsen und Spätzle! Mein Freund Lothar sagt immer, das sei eine Speise, die man die ganze Nacht noch hört! Wenn ein Norddeutscher versucht, ein eigenes Essen zu erfinden, kommt Labskaus dabei raus – Rote Beete, Hering, Essiggurke, Kartoffelmatsch, Ei und Corned Beef! Doch zurück zu den wohlschmeckenden, essbaren Erfindungen: Der Name des Eintopfs »Gaisburger Marsch« stammt aus Stuttgart. Doch mittlerweile versteht man darunter bundesweit den typischen schwäbischen Eintopf, der von Genießern unter »Schwäbischen Delikatessen« eingeordnet wird. Eine von mehreren Erklärungen für die Entstehung des Namens lautet: Im 19. Jahrhundert sollen Offiziersanwärter von ihrer Kaserne zum Essen nach Gaisburg marschiert sein, in Reih und Glied versteht sich. Genannt wird die Wirtschaft »Bäckerschmiede«, in der es diesen Eintopf gab. Der »Gaisburger Marsch« zum Essenfassen wurde zum Synonym für das Eintopfgericht. Die Zutaten lassen darauf schließen, dass aus Lebensmitteln der Region und aus Resteverwertung ein deftiger Eintopf zubereitet wurde. Doch woanders waren die Verhältnisse ähnlich. So ist derselbe Eintopf in Heilbronn als »Böckinger Feldgeschrei« bekannt, benannt nach einem alten Stadtteil von Heilbronn.

In südlicheren Teilen Württembergs und im Badischen kennt man »Arme Verheierte« und »Reiche Verheierte«, auf ↑Hochdeutsch »Arme Verheiratete« und »Reiche Verheiratete«. Als Ehepaar werden dabei die Spätzle und Kartoffeln verstanden, die der Eintopf zu einer Einheit verbindet, die der Mensch nicht trennen soll. Die Armen leben fleischlos, während die Reichen sich dem Fleischlichen, manchmal auch dem Wurstigen hingeben können.

In den meisten Familien, vor allem früher, als man auf dem Land noch nie etwas von Gaisburg gehört hatte, weil es kein Fernsehen gab, wurde der Eintopf »Kartoffelschnitz und Spatzen« genannt – wohlgemerkt »Spatzen« und nicht »Spätzle«, weil ja auch keine »Kartoffelschnitzle« drin sind, gell!

Falls ich das noch nicht erwähnt haben sollte – den besten, den macht meine Mama!

■ ■

GEIZ → SPARSAMKEIT

GERUCH → GSCHMÄCKLE

GRASDACKEL → DACKEL

■ ■

GROMMBIRA
»Grommbira« sind krumme Birnen

Nachdem die Kartoffel im 16. Jahrhundert von Südamerika nach Europa gelangt war, wurde sie nach ihrer Ankunft in Deutschland wegen ihrer schönen Blüten am preußischen Hof jahrelang als exotische Zierpflanze gehalten. Man wusste, dass die Inkas in den Anden Kartoffeln aßen, doch Essversuche mit den grünen Früchten der Kartoffel, die den Blüten folgten, erwiesen sich als höchst gesundheitsgefährlich. Erst als bekannt wurde, dass die knolligen Wurzeln essbar waren, konnte in Europa der Siegeszug der Kartoffel als Nahrungsmittel einsetzen.

Die Spanier übernahmen aus der Sprache der Inkas, dem Quechua, den Namen »Papa« für die Kartoffel, der heute noch neben Südamerika auch auf den Kanaren zur Umgangssprache gehört. Nach Europa kam die Bezeichnung Patata, vermutlich aus dem Haitischen, die in die romanischen Sprachen und ins Englische

Einzug hielt. Die deutsche Sprache ging ihren eigenen Weg. Zwar wurden die Knollen anfänglich Batate genannt, doch wird das Wort mittlerweile nur noch für die Süßkartoffel benutzt, die biologisch aber gar keine Kartoffel ist. In Preußen wurde die Kartoffel Tartuffel genannt. Es handelte sich dabei um eine Ableitung vom italienischen Tartufolo für Trüffel. Knollig und unter der Erde wachsend – das war der Vergleich. Andere Sprachen und ↑Dialekte suchten ebenfalls den Vergleich der in der Erde wachsenden Knollenwurzel mit einer schon bekannten Frucht. Die meisten gelangten zum Apfel oder zur Birne. So entstanden die weit verbreiteten Bezeichnungen Erdapfel oder Grundbirne. Je nach Dialektfärbung und Aussprache entstanden daraus zahlreiche Variationen. Im Schwäbischen »Erdäpfel« für Erdapfel, »Ebira« für Erdbirne und »Grommbira« für Grundbirne. Für eine »richtige« Schreibweise der schwäbischen Bezeichnungen wird überhaupt keine Garantie übernommen, niemals. Wer aber mal in Mecklenburg-Vorpommern, zum Beispiel an der Müritz, einen Kartoffelsalat essen musste, der weiß den Unterschied zum schwäbischen wirklich zu schätzen. Den besten... ach, ich glaube, das habe ich schon mal erwähnt.

Hermann Wax: Etymologie des Schwäbischen. Herausgegeben von Wolfgang Schürle i. A. der Oberschwäbischen Elektrizitätswerke. 2. erweiterte Auflage 2005

■ ■

GROTTENSCHLECHT
Grottenschlecht ist das Leben in einer Grotte

Unsere Ahnen, die vom hohen »Albtrauf« herab dem großen Mammut spitze Steine auf den Kopf warfen und den Furcht erregenden Bären mit Holzwolle ausstopften und ihn Teddy nannten, fühlten sich in Höhlen und Grotten äußerst wohl. Sie saßen nach getaner Jagd im Kreise ums Feuer, grillten Hirschgeschnetzeltes, sangen Schunkellieder, stießen mit ihren Henkelbechern an, dass der Trollinger-Lemberger überschwappte, und ein ↑»Tüftele« schnitzte aus einem Knochen eine dicke Frau mit übergroßen Brüsten, zur Gaudi aller und zum Ärger seiner Gattin. Sie riss ihm die Sauerei aus der Hand und schmiss das »Figürle« mit einem Blick, der für die kommende Nacht nichts Gutes ahnen ließ, in die hinterste Grottenecke. Heute würde es von Wissenschaftlern als eine der frühesten menschlichen Darstellungen bewundert und für eine rätselhafte Fruchtbarkeitsgöttin gehalten werden. Die Geschichte der Menschheit ist halt doch eine Aneinanderreihung von Missverständnissen. Das Leben in einer Grotte war nicht schlecht. Man saß im Trockenen, und wenn es keine Durchgangsgrotte war, zog es auch nicht. Deswegen muss der Ausdruck grottenschlecht einen anderen Ursprung haben.

Als eine nette »Grott«, eine nette »Kröte«, wird ein kleines, nettes Mädchen bezeichnet. Meist im Kindesalter, aber auch noch, wenn es schon etwas älter ist und nach den Buben guckt. Kann sie vom Alter her gesehen keine nette Grott mehr sein kann, nennt man sie ein sauberes Mensch. Der Mensch und das Mensch – beim Schwaben gibt es beide Möglichkeiten! Der Mensch und die Menschen umschreibt die Gesamtheit aller homi sapiens, »das Mensch« und »die Menscher« die weibliche, gutaussehende und gut daherkommende Schnittmenge daraus. »Mensch, isch des a Mensch, a saubers!« ist bei uns durchaus oft zu hören. Doch zurück zur Grott:

Die Schlechtigkeit von Kröten ist in Zeiten, in denen sie von Naturschützern oft einzeln über die Straße getragen werden, kaum noch einsichtig. Sie wird in Aberglauben und Hexerei mit dem Ekelhaften, dem Bösen und dem Tod in Verbindung gebracht, die Alchimisten wiederum verehrten sie, Heilkundige rieten gegen die Pest getrocknete Kröten in einem Beutel um den Hals zu tragen, möglicherweise schon unbewusst im homöopathischen Sinne, Gleiches mit Gleichem, also Böses mit Bösem zu bekämpfen.

Von den Echten Kröten *(Bufo)* kommen in Deutschland nur drei Arten vor, obwohl sie die artenreichste Gattung mit etwa 254 Spezies weltweit innerhalb der Familie der Kröten *(Bufonidae)* bilden. Zu ihren Merkmalen zählt, dass ihre trockene Haut mit warzigen Höckern übersät ist. Und Warzen haben bis heute keinen guten Ruf. Verwechselt werden Kröten oft mit Unken *(Bombina)*, auch bekannt unter dem altertümlichen Namen Feuerkröten. Entgegen einer weit verbreiteten Meinung sind Unken keine dicken Kröten, sondern sehr kleine, warzige, krötenartige Amphibien mit abgeflachten Körpern, von denen die meisten Arten nur etwa vier bis fünf Zentimeter lang werden.

Das Wort »Unke« hat wahrscheinliche alte germanische Wurzeln, ist aber mit dem lateinischen *anguis* (= die Schlange) urverwandt. Aus *unkvi* entwickelte sich dann im Althochdeutschen, Mittelhochdeutschen und auch im Mittelniederdeutschen *unc* (= die Schlange). So wurden Kröten, Unken und Schlangen mit demselben Wort bezeichnet. Ihre Bedeutung als Schlange hat der Kröte zu einem positiven Image nicht verhelfen können, ist sie doch in der christlichen Mythologie das Sinnbild des Sündenfalls, und der hat ja bekanntlich viel Spaß gemacht, ist aber für die Menschheit grottenschlecht gewesen. In Australien übrigens hat sich eine eingeschleppte Krötenart breit gemacht, die bei Berührung nicht nur Verbrennungen verursacht, sondern auch im Begriff ist, viele dort einheimische Tiere zu verdrängen. Mein Schwippschwager Holger, der in Australien lebt und diese Kröten überhaupt nicht leiden kann, befördert sie leidenschaftlich gern mit dem Golfschläger aus seinem Garten und verbessert dabei sein Handicap. Und seine kleine Grott guckt zu.

J. C. Cooper: Illustriertes Lexikon der traditionellen Symbole. Wiesbaden o. J.

Gsälz

Gsälz ist die schwäbische Bezeichnung von Gselchts,
dem alpenländischen Ausdruck für Geräuchertes

Im bayerischen und österreichischen Sprachraum wird unter
»Gselchtem« geräuchertes Fleisch verstanden. Ein Metzger wird
auch Selcher genannt. Der Metzger, oder auch der Bauer, trocknet
oder räuchert das Fleisch in der Selk, der Trocken- oder Räucher-
kammer. Mit Gsälz hat dies nichts gemein, auch wenn Rauch-
fleisch manchmal salzig schmeckt. Doch richtig ist, dass sich
Gsälz auf Salz zurückführen lässt. Doch der Weg vom Gesalzenen
zum süßen Gsälz, das der Schwabe auf seinen Butterwecken
(↑Wecken) streicht, war lang und ging über Jahrhunderte.

In dem ältesten bekannten Kochbuch dem – in heutiger Schreibweise – »Buch von guter Speise« (um 1350) wird das Rezept für
eine »Salse« beschrieben, wie in Anlehnung an romanische Sprachen damals eine Sauce hieß. Salse bedeutete mit Salz gekocht.
Die Saucen waren damals dick, mit vielen Zutaten versehen, oft in
Form einer Sülze. Das Wort »Sülze« ist ebenfalls von Salz abgeleitet. Eine Salse war also mehr eine dicke Beilage, als eine dünne
Brühe. Als Sälz bezeichnete man im 15. Jahrhundert auch eine Art
Gelatine. Im »Alemannischen Büchlein von guter Speise« (Anfang
15. Jh.) kommt das Rezept eines »Süss Sälz« vor, in dem als Beilage
für kalten Fisch u. a. Fischleber, geriebener Lebkuchen, Pfeffer-
brot, Honig, Mandelkern, Weinbeeren und Feigen verarbeitet
werden.

Im 16. Jahrhundert entwickelte sich von Sälz die Bezeichnung
Ge-sälz im Sinne von Ge-Salzenes, wobei es sich dabei sowohl
um mit Salz Konserviertes, mit Salz Gekochtes oder auch um eine
dicke Sauce zu anderen Speisen handeln konnte. Der Prozess,
dass sich der Begriff Gesälz von dem Wort Gesalzenem löste und
sich in Bedeutung und Anwendung verselbstständigte, hatte begonnen.

Im »Deutschen Wörterbuch« von Jacob und Wilhelm Grimm wird das »Gesälz« schon als schwäbisches Wort für dicke Brühe oder Mus beschrieben. Es wird auch Sälz und Gsälz als Latwerge, eingekochter syrupartiger Fruchtsaft genannt, z. B. in Form von Wachholder- oder Birngsälz. Hier wird also die Bezeichnung Gsälz schon in sehr ähnlicher Weise wie heute benutzt.

Zucker hat als Konservierungsstoff eine ähnliche Funktion wie das Salz. Salz und Zucker in richtiger Dosierung bei Lebensmitteln angewendet, töten Bakterien ab oder hemmen ihr Wachstum, indem den Kleinlebewesen Wasser entzogen und so ihre Lebensgrundlage zerstört wird. Nur Schimmelpilze können sich noch weiterentwickeln, wenn ihnen nicht die Luft abgeschnürt wird, üblicherweise durch ein Vakuum zwischen Gsälz und »Gsälzglasdeckele«. Ganz clevere Schwaben, zum Beispiel meine Oma, haben zur Desinfektion zwischen Gsälz und Gsälzglasdeckele noch ein zum Gsälz passendes »Schnäpsle« beigegeben und dazwischen immer wieder probiert, ob der Schnaps eigentlich noch gut war. Mit ein Grund, weshalb schwäbische Omas gerne Gsälz einkochen und zwar immer etwa viermal so viel an Menge, wie man maximal übers Jahr hinweg essen kann.

Das Wort Gsälz, mit sprachlicher Wurzel im Mittelalter, hat sich als allgemein gebräuchliches Wort nur noch im Schwäbischen erhalten, allerdings nicht mehr für Gesalzenes, sondern als Bezeichnung für Marmelade – ein Wort, das aus dem Portugiesischen stammt. Aber im Gsälz schwingt kulinarische und deutschsprachliche Geschichte mit, es bildet eine wirkliche Besonderheit im deutschen Sprachraum, die es wert ist, gehegt, gepflegt und bewahrt zu werden. Für uns Schwaben bedeutet ein Gsälzbrot die süße Heimat, gleichgültig, wo auf der großen Welt wir uns gerade befinden!

Frage: Kennt jemand diesen marderalten netten Witz noch? Wo der Junge beim Frühstück zum Vater sagt: »He, Alter, schieb mal die Marmelade rüber!« Der Vater erhebt die Hand zum Schlag

und fragt wütend: »Wie heißt des?« Antwortet der Junge einge-
schüchtert: »Gsälz!« Der Vater, plötzlich ganz sanft: »Goht doch!«

Das Buch von guter Speise zitiert nach Hans Hajek (Hrsg.): Das buoch von guoter
spise. Aus der Würzburg-Münchener Handschrift. Berlin 1958; Anton Birlinger
(Hrsg.): Ein alemannisches Büchlein von guter Speise. In: Sitzungsberichte der
Königlich bayerischen Akademie der Wissenschaften zu München. Band II. Mün-
chen 1865

■ ■

GSCHMÄCKLE
Ein Gschmäckle hat etwas, das schlecht schmeckt

Wenn etwas schlecht schmeckt, riecht es zumeist auch schlecht.
Das führt beim Schwaben aber nicht etwa zu dem Ausruf: »Da
riecht es« sondern: »da schmeckt's, schmecksch des au?«

Ein »Gschmäckle« ist also zuallererst ein »Gerüchle«. Die Kri-
tikform »ein Geschmäckle haben« wird im Schwäbischen sofort
verstanden, weil der Schwabe Geschmack gleich setzt mit Geruch, beide Sinne sind ja auch in der Wahrnehmung verbunden.

Eine ungesetzliche oder nicht offen gelegte Nebentätigkeit eines Volksvertreters – was ja nur vereinzelt, höchstens jedes Jahrhundert einmal und wenn, dann im Ausland oder im Badischen
vorkommt – hat ein Gschmäckle. Einen kleinen Geschmack, wobei nicht erwähnt wird, nach was sie schmeckt. Sie ist anrüchig
und hat ein »Gerüchlein«.

Als ein Kinderarzt meiner Schwester erzählt hatte, dass Kuh-
milch gar nicht so gut für meine Nichte Clara sei, ist meine Schwester erschrocken und gesamthaushaltspolitisch auf Ziegenmilch
aus dem Reformhaus ausgewichen. Als dann bei ihr die Frau Pfarrer zum Kaffeetrinken war, sagte jene: »Au, der Kaffee bockelt!«

Das heißt nicht, er schlägt von innen rhythmisch gegen den
Kaffeebecher, sondern: er hat »a Gschmäckle«. Ein Gschmäckle

hätte auch, wenn Frau Pfarrer nebenberuflich als Tänzerin in einer Striptease-Bar »schaffen« täte. Was sie natürlich und zum Glück nicht tut. Dass sie dann ihren Gatten öfter zu Gesicht bekäme, ist in dem Zusammenhang nur ein kleiner Witz.

Ebenfalls ein Gschmäckle hätte, wenn ein Intendant seine Geburtstagsfeier vom Hotel geschenkt bekäme, das Hotel dann aber Raummiete für eine Sendung in Rechnung stellte, die genauso viel ausmacht wie die Party gekostet hätte – zum Glück ist so was undenkbar. Ein Gschmäckle hat auch, wenn eine polnische Kartoffel ihre Zwillingskartoffel ins zweithöchste Regierungsamt holt.

Wenn mein Verleger mich zu seinem festangestellten Lieblingsautor erklären würde und mich, egal wie viel oder wie wenig ich für ihn »schrübe«, mit einem stattlichen Monatssalär ausstatten würde, das er wiederum den anderen Autoren von deren Honorar abzieht, hätte das für *mich* kein Gschmäckle. [Aber für die restlichen Autoren! Der Verleger]

Alle anderen Autoren würden schreien: »Das stinkt zum Himmel, als ob der ↑Bodensee ein einziger ↑Gülle-Gumpen wäre!« Das ist das physikalische Gschmäcklesgesetz, nachdem Gestank immer nur von anderen ausgehen kann. Noch nie auf dieser Welt hat man einen nach seinem großen Morgengeschäft aus dem eigenen Klo rennen sehen und sagen hören: »Igitt, des stinkt ja furchtbar!«

■■■■■■■■■■■■■■■■■■■■■■■■■■■■■■■■■

GRASDACKEL → DACKEL

■■■■■■■■■■■■■■■■■■■■■■■■■■■■■■■■■

G'SUNDHEIT
Der Schwabe macht nicht krank

Das Bild des vor Gesundheit strotzenden Schwaben, der nach Feierabend zum Baumarkt fährt und sich eine Pergola über seine Terrasse baut, die er eine Woche zuvor im Baukastensystem mit dänischen Bohlen verschönert hat, ist nicht abwegig. Auch die Behauptung, er hätte nie krank gemacht, auch wenn er sich mal nicht so richtig wohl gefühlt habe, ist glaubhaft. Denn Krankheiten werden »naus g'schafft«, entweder in der Firma oder nach Feierabend oder am Wochenende zu Hause.

Dennoch jammern die gesetzlichen Krankenkassen jedes Jahr über die Kostenlawine, die sie zu bewältigen haben. Entweder entstehen die Kosten durch starke, krankheitsbedingte Ausfälle bei den Krankenkassen selber oder durch Nichtschwaben. »Anders kann das gar nicht sein!« Ein Schwabe wird nicht krank, er schafft höchstens ein bisschen langsamer.

Diesen Umstand völlig ignorierend, macht das Statistische Landesamt Baden-Württemberg Angaben zum Jahr 2004, das es zur Gänze schon zahlenmäßig erfasst hat. Dort heißt es, dass Muskel- und Skeletterkrankungen weiterhin die Hauptgründe für Fehltage durch Krankheit sind und unterstellt dabei scheinheilig, dass solche Fehltage auch Schwaben anzulasten seien.

In Baden-Württemberg entfielen in jenem Jahr nach Angaben des Landesamtes rund 56 Prozent aller Arbeitsunfähigkeitstage durch Krankschreibungen bei den Orts-, Betriebs-, Innungs- und landwirtschaftlichen Krankenkassen auf drei Gruppen von Krankheiten: Muskel- und Skeletterkrankungen, Atemwegserkrankungen sowie Krankheiten der Verdauungsorgane. Durch Krankheiten des Muskel-Skelett-Systems und des Bindegewebes wurden knapp ein Drittel der »Ausfallzeiten« verursacht, also vermutlich Tage, in denen die kranken Beschäftigten »ausfällig« wurden. Im Durchschnitt wurden pro Krankheitsfall knapp drei Wochen

Krankschreibung geltend gemacht. Männer waren deutlich stärker betroffen als Frauen, vielleicht weil die Pergola an einem Tag nicht fertig wurde. Auf 100 männliche Pflichtmitglieder entfielen rund 26 Krankschreibungen, während bei Frauen nur rund 19 Krankmeldungen gezählt wurden. Krankheiten des Atmungssystems verursachten den zweitgrößten Verlust an Arbeitstagen mit einem Anteil von rund 14 Prozent. Jahreszeitlich bedingte Erkältungskrankheiten kommen hier zum Tragen, die jedoch im Allgemeinen nicht so langwierig sind. So lag 2004 bei Erkrankungen der Atmungsorgane die Krankheitsdauer knapp unter 7 Tagen. 12,2 Prozent der gesamten Fehlzeiten im Jahr 2004 entfielen auf Verletzungen und Vergiftungen. Die Betroffenen fehlten durchschnittlich knapp drei Wochen. Insgesamt blieben die krankgeschriebenen Pflichtmitglieder der Kassen in Baden-Württemberg 2004 im Durchschnitt je Krankheitsfall ihrem Arbeitsplatz etwa 13 Tage fern. Dass der Schwabe »schaffig« ist, zeigt der Umstand, dass 65 Prozent der Arbeitsunfähigkeitsfälle bereits nach einer Woche und 83 Prozent nach zwei Wochen beendet waren. Also, wochenlang ins Bett stracken, ist nicht. Lieber krank ums Haus rum schaffen, was sollen sonst die Nachbarn denken. Vielleicht sogar, man wäre »am End« noch faul!

Im Übrigen habe ich mal gelesen, die meisten Unfälle im Öffentlichen Dienst seien durch »stolpern« verursacht. Das riecht nach Versicherungsbetrug, denn es unterstellt, dass man sich dort vor dem Unfall bewegt hat. Eine weitere Statistik sagt, dass jeder Arbeitnehmer 32 Arbeitstage im Jahr durch nutzlose Konferenzen vergeudet. Zieht man vom Jahr 104 Samstage und Sonntage ab, 52 halbe (also rechnerisch 26 ganze) Freitage, die 13 Krankheitstage von oben, 11 Brückentage, Feiertage, Inventur, Feueralarm und Betriebsausflug, bleibt nach meiner Rechnung genau ein Arbeitstag übrig. Heute. Aber heute drückt's mich irgendwie so komisch im Magen...

GÜLLE
Die Gülle ist ein großer Mist

Ein Bauernsohn soll in seinem Aufsatz, in dem er vom Wochenende erzählen sollte, geschrieben haben: Am Samstag fuhr ich mit meinem Vater aufs Feld. Wir lachten den ganzen Tag.

Mit lustigen Bauernwitzen hat das nichts zu tun, sondern der Landwirt fuhr mit seinem Sohn hinaus, um den Acker zu düngen. Wir wissen nicht, ob sie Gülle oder Jauche auf dem Acker ausgebracht haben, aber vermutlich war es Jauche, weil sie gelacht haben. Denn »lachen« meint in diesem Fall so etwas ähnliches wie »ausspritzen«. Sie sind also mit dem Jauchewagen aufs Feld gefahren, haben ihre Bahnen gezogen und dabei mit einer stinkenden Kaskade, die an den breit gefächerten Schwanz eines Pfaus erinnert, den der stolze Vogel wie eine Schleppe hinter sich herschleift, den gesammelten Harn der Tiere ihres Stalls gleichmäßig auf der fruchtbaren Erde verbreitet. Mit Kot, Streu und anderen Zutaten vermischt, hätte es sich um Gülle gehandelt. Da wäre es etwas dicker gekommen.

Nicht zum Lachen ist, dass Gülle und Jauche zu den regenerativen Energien zählen, weil bestimmte Bakterien in den leckeren Flüssigkeiten bei molligwarmen 38 Grad Celsius Methangas erzeugen können, das über technische Verfahren in elektrischen Strom umgewandelt werden kann. Manche Bauern lassen sich so das elektrische Licht in den Stall scheißen. Bauern mit mehr Kapazitäten speisen sogar Strom ins Netz ein, natürlich gegen Kohle. Die Stromgewinnung führt übrigens weder bei Gülle noch bei Jauche zu Verlusten von Nährstoffen oder Düngequalität. Ohne vorherige Stromgewinnung knistert aber das vollgelachte Feld trotzdem nicht vor Spannung, auch leuchtet es nicht.

So ein Mist, mag da so mancher Kernkraftwerkbetreiber denken, wenn er sich vorstellt, dass es möglich sein könnte, dass jeder Haushalt in Baden-Württemberg sein eigenes Stromrindvieh im

Gärtle stehen hat. Für tägliches Fernsehen würde die Energie wohl nicht reichen, aber wenigstens hätte jeder wieder etwas zum Lachen! Wenn man allerdings den Mist, der im deutschen Fernsehen täglich gesendet wird, auch in Methangas umwandeln könnte, wäre das Energieproblem weltweit gelöst. Dabei bleibe ich solange, bis ich meine eigene Sendung habe. Dann erst nehme ich es zurück, auch wenn das für meine Bühnenkollegen dann ein ↑Gschmäckle hat.

■■■■■■■■■■■■■■■■■■■■■■■■■■■■■■

HAAR → SCHWABENKNOTEN

HAFEN → LAUGENBREZEL

HÄS → FASTNACHT

■■■■■■■■■■■■■■■■■■■■■■■■■■■■■■

HÄUSLE
Jeder Schwabe wohnt im eigenen Häusle

»Schaffe, schaffe, Häusle baue, und net nach den Mädle schaue, und wenn unser Häusle steht, dann gibt's noch lang kei Ruh, denn dann sparen wir, dann sparen wir für an Geißbock und a Kuh!« Dieser lustige Refrain in angedeutetem Schwäbisch fiel einem gewissen Josua Röckelein ein, der bis in die siebziger Jahre Deutschland mit eingängigen Schlagern versorgte. Einer seiner Hauptabnehmer hieß Heino, der bis heute zu den blondesten Sängern Deutschlands zählt. Den Schaffe-Schaffe-Häusle-Baue-Hit hat Heino nicht gesungen, weil er die meiste Zeit auf hohe Berge stieg und blaue Enziane suchte. Der Schlagersänger Ralf Bendix, der als Entdecker und früher Manager von Heino gilt, landete 1964 mit dem Stimmungsknaller in den Hitparaden. Ralf Bendix kam 1924 als Karl Heinz und immerhin mit dem Nachnamen Schwab in Dortmund auf die Welt. Eine weitere Version des Schlagers wurde durch die Interpretation des schwäbischen Humoristen und Sängers Willy Seiler bekannt, der mit seiner Ehefrau, der bekannten Volksschauspielerin und Sängerin Ruth Mönch, in den sechziger und siebziger Jahren durch die TV-Volksmusiksendung »Im Krug zum grünen Kranze« führte.

Kein anderer Liedrefrain als »Schaffe, schaffe, Häusle baue ...« hat über die Jahre die Klischeevorstellung von den Schwaben stärker geprägt. Häusle bauen (↑Bausparen), sexuelle Prüderie, übertriebene ↑Sparsamkeit, ländliche Zuordnung und gleichzeitig Lächerlichmachung des Landwirts – alles steckt in diesen wenigen Zeilen. Im Liedtext beklagt ein Ehemann, dass er nie seine Ruhe hat, weil seine Frau Mathilde ihm immer mit dem Wunsch nach einem eigenen »Häusle« in den Ohren hängt. Eine ewig nörgelnde schwäbische Ehegattin? Welch völlig undenkbare Verunglimpfung!

Bald erfand der Volksmund eine Parodie: »Schaffe, schaffe, Häusle baue, Hund verkaufen, selber bellen!« Mit dem Veräußerung des Hundes wird der kostengünstige Blickwinkel des Schwaben ironisiert, dass der Schwabe dann selber bellen soll, nahm in weiter Voraussicht die Idee des Image-Slogans des Landes Baden-Württemberg vorweg: »Wir können alles, außer ↑Hochdeutsch!«

Bei der Erhebung des Haus- und Grundbesitzes der privaten Haushalte 2003 steht im Vergleich der Bundesländer Baden-Württemberg mit 60 Prozent nur auf dem dritten Platz. An zweiter Stelle landete mit 62 Prozent Rheinland-Pfalz, und den Spitzenreiter bei den privaten Haus- und Grundbesitzern stellt das Saarland mit 66 Prozent, wobei wahrscheinlich allein die Villa von Oskar Lafontaine schon gute zehn Prozent davon ausmacht. Das Deutschland-Mittel beträgt 49 Prozent, Schlusslicht in dieser Statistik ist die Stadt Berlin mit 22 Prozent.

Eine andere Perspektive bietet die Erhebung, die angibt, welchen Anteil ein Haushalt von seinem verfügbaren Einkommen für Wohnen ausgibt. In Baden-Württemberg wird rund jeder dritte Euro dafür aufgewendet, im Schnitt 739 Euro pro Monat. 73,5 Prozent entfallen auf die Miete, 17,3 Prozent auf Haushaltsenergie und 9,3 Prozent auf Wohnungsinstandsetzung. Dabei liegt Baden-Württemberg bei den Aufwendungen für Wohnungsinstandsetzung nur an vierter Stelle. Die Baumärkte werden aufhorchen.

Rund 4 877 000 Wohnungen wurden Ende 2005 als Bestand in Baden-Württemberg angenommen. Der Durchschnitts-Baden-Württemberger lebt auf 41,4 m². Sie bieten eine Vergleichsgröße zu den Quadratmetern der eigenen Wohnfläche. Quasi ein Blick genügt, und man weiß, ob man unter- oder überdurchschnittlich wohnt, zumindest was den Platz anbelangt.

Weil wir aber zu Beginn des Kapitels von Heino sprachen: Ich musste mit dem berufsblonden Barden mal in einer Fernsehsendung um die Wette Nägel in einen Holzblock hämmern. Ich habe dabei jämmerlich versagt. Als Begründung fiel mir nur ein: »Ich war so aufgeregt – das erste mal Nageln mit Heino!« Das war zwar nicht sehr originell und Heino hat, aus welchem Grund auch immer, nicht gelacht. Der Moderator aber war ganz aus dem »Häusle«, womit auch der Bogen zum Kapitel wieder geschlagen wäre.

Statistisches Landesamt Baden-Württemberg: www.statistik.baden-wuerttemberg.de

■■■■■■■■■■■■■■■■■■■■■■■■■■■■■■

HEBEL, JOHANN PETER → DIALEKT → BADENER

■■■■■■■■■■■■■■■■■■■■■■■■■■■■■■

HEILIGS BLECHLE
Das »Heilige Blechle« eines Schwaben war schon immer
sein Auto

Am 19. Mai 2006 gaben sich Angela Merkel und Ben van Berkel die
Hand. An diesem Tag eröffnete die Bundeskanzlerin in Stuttgart-
Untertürkheim das neue Mercedes-Benz Museum, das der nieder-
ländische Architekt entworfen hatte. Der Architektur-Professor
an der Staatlichen Hochschule für Bildende Künste (Städelschule)
in Frankfurt am Main war als Sieger aus einem Architekturwett-
bewerb hervorgegangen. Sein Entwurf zeigte ein metallisch glän-
zendes, rund geschwungenes Gebilde, dessen im Innern liegende
Verbindungswege eine Art verschlungene Doppel-Helix bilden.
Wie die Kurven auch verlaufen, dass die edlen Karossen nun in
einer Design-Blechbüchse ausgestellt werden, brachte in der Presse schnell den Begriff des »Heiligen Blechles« in die Schlagzeilen,
eigentlich in dreifacher Bedeutung. Für den erstaunlichen Pracht-
bau stand »Heiligs Blechle« als entzückter Ausruf der Überraschung und Anerkennung, vergleichbar mit einem kräftigen, gar
nicht so unchristlichen »Herrgottsack«.

Es galt auch dem blechernen Museum selbst und den polierten
Karossen darin. Denn als »Heiligs Blechle« bezeichnet der Schwabe sein »Autole«, das er jeden Samstag liebevoll hegt und pflegt.
Eine zärtliche Handwäsche, in anderem Zusammenhang beim
Asienurlaub mit dem Kegelverein abgeschaut, ist für das Heiligtum das Mindeste, was es jeden Samstag genießen darf, bevor es
mit dem Handstaubsauger ausgesaugt und seine Fußmatten sorg-
fältig »am Nachbar seinem Mäuerle« abgeklopft werden. Doch die
Verbindung vom »Heiligen Blechle« zum Auto ist ironisch zu verstehen, ähnlich wie »Heiligs Blechle« als Name eines bekannten
Blechbläserquintetts aus Stuttgart.

Das »Heilige Blechle« war in früheren Zeiten für viele schlichtweg lebensnotwendig, weil im Mittelalter Arme und Hungrige,

die in Wohlfahrtseinrichtungen der Kirche eine Mahlzeit einnehmen durften, eine Blechmarke als Berechtigungsausweis ausgehändigt bekamen, die vorher gesegnet worden war. Der Segen machte das Blechle nicht nur heilig, sondern es galt forthin auch auf die Marke wie auf ein Heiligtum aufzupassen.

Ob die Bundeskanzlerin, die ja bekanntlich zuerst in der DDR den Vorteil eines Zebrastreifens genoss, mit dem ironischen Begriff »Heiligs Blechle« für Automobil etwas anfangen konnte, ist nicht bekannt. Aber »Rennpappe« für Auto wäre uns Schwaben aus dem Mercedes-Benz-Daimler-Chrysler-Dunstkreis auch nicht ohne weiteres einsichtig gewesen. Im Übrigen befand sich während der Fußballweltmeisterschaft im Mercedes-Benz-Museum das »Baden-Württemberg-Haus«. Da durfte nur eine ganz ziseliert handverlesene Promiauswahl zu Besuch sein; der Einlass ins Museum des »Heiligen Blechles« war nur mit einem heiligen »Einladungszettele« möglich. So passt doch immer wieder alles zusammen!

www.mercedes-benz.com

■ ■

HEIMATVERTRIEBENE
Heimatvertriebene sind »Reingeschmeckte« und haben alles zugeschoben bekommen

Die Aufnahme der Heimatvertriebenen und ihre Integration stellte nach dem Zweiten Weltkrieg für das besetzte Deutschland eine große Herausforderung dar. In mehreren Schüben und Zügen strandeten im zerstörten Land Flüchtlinge aus dem Osten. Dort waren sie entweder aus den ehemals deutschen Ostgebieten oder als deutsche Minderheiten vertrieben worden. Teilweise hatten sie seit Jahrhunderten in osteuropäischen Ländern gesiedelt und dabei deutsche Sprache und Kultur bewahrt. Über Flucht und Vertreibung der Deutschen und die Folgen wird bis heute kontrovers diskutiert, geforscht und politisch gehandelt. Zwischen alle Stühle, die dieses komplexe Gebiet bereitstellt, möchte ich mich nicht setzen. Sozusagen im Stehen soll am Beispiel der Glasindustrie in Schwäbisch Gmünd kurz dargelegt werden, dass »Reingeschmeckte« nicht nur auf die Hilfe der »Ureinwohner« angewiesen waren, sondern auch vieles in ihre neue Heimat mitgebracht haben.

Folgt man den Zahlen der Volkszählung von 1939 so lebten in den Ostgebieten Deutschlands, die nach dem Krieg abgetreten werden mussten, rund 9 621 000 Menschen, darunter fast nur Deutsche. In den Vertreibungsgebieten, die zum Zeitpunkt der Zählung außerhalb der damaligen Reichsgrenzen lagen, lebten in der Tschechoslowakei 3,5 Millionen Sudetendeutsche, etwa 1,3 Millionen Deutsche im besetzten Polen, etwa 0,5 Millionen in Danzig und dem Memelland und über 2 Millionen in Rumänien, Ungarn und Jugoslawien. Es ist davon auszugehen, dass nach dem Krieg ca. 14 bis 15 Millionen Deutsche vertrieben wurden. Von ihnen kamen ca. 2 bis 2,5 Millionen während Flucht und Vertreibung um, so dass zwischen 12,5 und 13 Millionen Heimatvertriebene in die verbliebenen deutschen Gebiete strömten, die in Besatzungszonen unterteilt waren. Die Angaben schwanken je nach herangezogener Quelle stark, weil in den Wirren der Nachkriegszeit genaue Zahlen nur schwer zu erheben waren. 1950 waren 16,5 Prozent der Gesamtbevölkerung der Bundesrepublik Vertriebene. Bis zum Mauerbau 1961 stieg ihr Anteil auf 21,5 Prozent an, weil der Flüchtlingsstrom aus der DDR bzw. der Sowjetischen Besatzungszone ständig weiter floss.

Im heutigen Baden-Württemberg fanden vor allem Menschen aus dem Sudetenland, aus Ungarn und Südosteuropa und in geringerem Umfang aus Schlesien eine neue Heimat. Die Neuankömmlinge brachte man zunächst in Sammellagern unter, bevor sie auf umliegende Dörfer verteilt wurden. Bevorzugt wurden in ganz Deutschland die Vertriebenen auf dem Land angesiedelt. Viele, die einst selbstständige Kaufleute und Unternehmer gewesen waren, versuchten sich nun so schnell wie möglich wieder selbstständig zu machen. Nahezu jede Gemeinde bietet in dieser Zeit Beispiele für Betriebsgründungen, vom Handwerksbetrieb bis zur Firma mit Weltruf.

Nach amerikanischen Aufzeichnungen traf am 20. Mai 1946 der erste Vertriebenentransport nach Württemberg aus der Tschechoslowakei in ↑Aalen ein. Es kamen 1196 Menschen aus Müglitz im Schönhengstgau. Bis zum 22. November, als der letzte Transport aus Budweis wiederum Aalen erreichte, wurden über 88 000 Sudetendeutsche in 87 Eisenbahnzügen in die amerikanisch besetzten Teile Württembergs geleitet. Vertriebene aus Gablonz/ Nordböhmen wurden im nahe gelegene Schwäbisch Gmünd angesiedelt, das aufgrund seiner Schmuckwarentradition als Gold- und Silberstadt bekannt ist. In Schwäbisch Gmünd bauten die Gablonzer Heimatvertriebenen eine Gablonzer Glas- und Schmuckwarenindustrie auf, für die sie vor dem Krieg schon berühmt waren. Der in ihrer alten Heimat hergestellte Modeschmuck war weltbekannt. Mit der Wiederaufnahme der Produktion entstanden in Schwäbisch Gmünd 110 neue Betriebe, darunter drei Glashütten. Die Wiesenthalhütte erzielte mit ihrer 1959 entwickelten Produktserie »Design in Glas« große Erfolge. Ebenso erfolgreich war die aus dem schlesischen Riesengebirge stammende Josephinenhütte, die edles Bleikristall verarbeitete. Aber auch andere mittelständische Betriebe hatten großen Anteil an der Belebung der Schwäbisch Gmünder Industrie und Wirtschaft, die teilweise als komplementäre Produktionen und Dienstleistungen zur neu entstandenen Glasindustrie dienten.

Am wirtschaftlichen Aufbau Baden-Württembergs nach dem Zweiten Weltkrieg haben die Heimatvertriebenen einen beträchtlichen Anteil. In ihren Betrieben fanden bald auch viele Schwaben Arbeit. Mit dem ersten Schwung aus der Tschechei kam auch ein junges Mädchen namens Elsa samt ihren Eltern in die Wohnung meiner Oma, die in Waiblingen eine Schlittenfabrik betrieb. Die Eltern zogen bald in eine frei werdende Wohnung im Nachbarhaus, aber Elsa blieb vom ersten Tag an bei meiner Großmutter. Sie wuchs mit Omas eigenen Kindern auf, wurde zur Schule geschickt und kümmerte sich um Haus und Küche. Obwohl sie inmitten der Familie lebte, ließ sie es sich nicht nehmen, meine Oma und meinen Opa zu siezen. Als 50 Jahre später der Opa starb, kam Tante Elsa mit verweinten Augen zu meiner Oma und meinte: »Jetzt sagen wir aber Du, Tante Hermine!«

Ich saß dabei und wusste: Die Heimatvertriebenen sind jetzt angekommen, im Schwabenland.

www.schwaebisch-gmuend.de

HELLER
Der Heller ist ein Zehntel vom Batzen

»Ein Heller und ein Batzen, die waren beide mein«, heißt es in dem Volkslied aus dem 19. Jahrhundert. Reichte es für einen Rausch? Vielleicht für einen »Mostballen«, für einen Champagnerschwips ganz sicher nicht.

Im Jahr 1189 kaufte das Kloster Adelberg in der Nähe von Göppingen für 23 Pfund Haller ein Gut in Holzhausen. Die Kaufurkunde erwähnt zum ersten Mal den Haller oder auch Heller als Münze. In der von Kaiser Friedrich I. ↑Barbarossa in Schwäbisch Hall gegründeten Reichsmünzstätte wurden die Haller hergestellt, und Hall gab der Münze ihren Namen. Neben der Saline war die Reichsmünzprägestätte lange der andere wichtige Faktor für den Reichtum und den Aufstieg der Stadt Hall. Die letztmalige Prägung von Münzen in Schwäbisch Hall ist auf das Jahr 1545 datiert.

Ursprünglich als kupferne Münze, ab 1228 als niedrigwertige Silbermünze erfuhr der Heller im Lauf der Zeit wieder eine Abwertung durch die Verwendung von Kupfer. In der süddeutschen Region galt: 8 Heller = 4 Pfennig = 1 Kreuzer und 4 Kreuzer = 1 Batzen.

Der Batzen wurde ab dem 15. Jahrhundert bis zur Mitte des 19. Jahrhunderts in Bern geprägt. Das Wappentier des Kantons, der Bär bzw. »Bätz« oder auch »Petz«, war der Namensgeber des Batzen. Einleuchtend, wenn man die schweizerdeutsche Aussprache im Ohr hat. Bis zur Einführung des Schweizer Franken galt in Bern: 1 Krone = 25 Batzen = 100 Kreuzer.

Einige süddeutsche Staaten übernahmen den Batzen als Währung, der ursprünglich in Silber, ab dem 17. Jahrhundert in Billon geprägt wurde, einer Legierung aus Kupfer, Zinn und Zink. Im frühen 18. Jahrhundert stand der »ganze Batzen« bei 5 Kreuzern (1/12 Reichsgulden), der reguläre Batzen bei 4 Kreuzern, der Basler und Zürcher Batzen war bei 1/18 Gulden, der St. Galler Batzen bei 1/17 Gulden. Im 19. Jahrhundert wurde der Batzen in zehn Rappen unterteilt, und zehn Batzen entsprachen einem Franken. Mit der Einführung des Franken als Schweizer Einheitswährung verschwand 1850 der Batzen. Trotzdem blieb in der Schweiz lange der Begriff »Batzen« für die 10-Rappen-Münze gebräuchlich.

In Deutschland verschwanden mit der Umstellung auf die einheitliche Reichswährung Mark und Pfennig durch das Münzgesetz vom 9. Juli 1873 alle anderen alten Währungseinheiten. Doch Redewendungen blieben wie »etwas bezahlen auf Heller und Pfennig« oder »einen Batzen Geld haben«, was eben nicht mit einem Haufen Geld verwechselt werden darf. In einem direkten Wechselzusammenhang standen Heller und Batzen nicht. In heutigen Zeiten ist es den meisten egal, wie das Zeug heißt, von dem sie immer weniger in der Tasche haben, während sie immer mehr davon ausgeben müssen, um das normale Leben zu meistern.

www.schwaebischhall.de

■ ■

Herrgöttle
Gott der Herr ist das Größte, auch wenn's bloß ein Herrgöttle ist

Nein, von der blasphemischen Bezeichnung »Lattenguschtl« für ein Kruzifix wollen wir nicht sprechen, aber vom »Herrgöttle von Biberbach«, das fälschlicherweise immer nach Biberach verpflanzt wird, obwohl es »von« Biberbach ist. In größter Not und ungläubigem Erstaunen wird das »liabe Hergöttle von Biberbach« angerufen. Biberbach, das kaum ein Mensch kennt, ist bei gottesfürchtigen Zeitgenossen als Wallfahrtsort wohlbekannt. Wunder und Mirakel, welche die Anrufung des Kruzifixes bewirkt haben, sind bezeugt. Das idyllische Biberbach mit seiner schönen Barockkirche liegt etwas nördlich von Augsburg. Ein Fuhrmann wollte 1525 ein romanisches Kruzifix über den Biberbacher Berg bringen, aber seine Gäule mochten partout nicht mehr weiter. Erst als das Kreuzigungsbild abgeladen war, zogen sie den Karren wieder an. Ein »Pferdeorakel« dieser Güte nannte man damals ein Wunder und erbaute eine Wallfahrtskirche, die in Biberbach St. Jakobus und St. Laurentius heißt. Zum »Herrgöttle von Biberbach«, das in dieser Kirche über dem Altar errichtet ist, wurden im Laufe der Jahre unzählige Wallfahrten unternommen. Durch Biberbach führt auch der im Jahr 2003 ausgeschilderte Bayerisch-Schwäbische Jakobusweg von Donauwörth über Augsburg nach Lindau. Dies war ein kleiner Ausflug zum »Herrgöttle von Biberbach« im Bayerischen Regierungsbezirk Schwaben, jetzt aber wieder schnell zurück ins schwäbische Kerngebiet, bevor uns die ganzen Heiligenbilder aus Oberschwaben scheel angucken, dass wir uns nur noch wundern können.

www.biberbach.de

HOCHDEUTSCH
Wir können alles, außer Hochdeutsch

Ob die Schwaben wirklich alles können, sei dahingestellt. Doch seine Funktion hat der bekannte Image-Slogan »Wir können alles, außer Hochdeutsch!« erfüllt. Er wurde bekannt und entwickelte sich zum geflügelten Wort. Wenn ein Schwabe Hochdeutsch spricht, hört ein anderer Schwabe im Allgemeinen nach den ersten Silben seine Herkunft aus dem Süden heraus. Hochdeutsch Sprechende tun sich mit der Lokalisierung des Akzents unter Umständen schwerer. Schauspieler mit Sprechunterricht haben keine Probleme, den schwäbischen ↑Dialekt zu verheimlichen. Doch was ist mit »Hochdeutsch« gemeint?

Ungefähr einhundert Millionen Muttersprachler und ungefähr neun Millionen Zweitsprachler sprechen Deutsch. Sie sind auf der ganzen Welt verteilt, wobei der Schwerpunkt ihres »Siedlungsgebiets« natürlich in Europa liegt. Deutsch ist Amtssprache – wenn auch nicht immer die einzige – in Deutschland, Österreich, Liechtenstein, Schweiz, Belgien, Luxemburg, der Europäischen Union, in Italien und dem Vatikan (wegen seiner Schweizergarde). Die hochdeutsche Standardsprache, das »Tagesschau-Deutsch«, gilt als Weltsprache. Dieses Deutsch entwickelte sich über Jahrhunderte, wobei unter vielen Aspekten, die eine Sprache formen, die Dichtung, die Bibelübersetzung Luthers, die Amts- und Schulsprache, der Buchdruck, ostmitteldeutsche, oberfränkische und österreichische Kanzleisprachen als überregionale Schriftsprachen und letztendlich die Massenmedien Einfluss genommen haben. Sprachgeschichtlich entstand das, was wir heute Hochdeutsch nennen, in Wirklichkeit aus dem Niederdeutschen. Denn das Hochdeutsche wurde neben anderen Regionen in Süddeutschland gesprochen. Zu den hochdeutschen Sprachen gehören die deutschen Dialekte im mittleren und südlichen Deutschland, in Österreich, Liechtenstein, der Schweiz und Luxemburg nebst angrenzenden Gebieten. Das »hoch« in der Bezeichnung »hochdeutsche Sprachen« bezieht sich darauf, dass die hochdeutschen Sprachen in den bergigen Regionen des mittleren und südlichen deutschen Sprachraums gesprochen werden, im Gegensatz zu den niederdeutschen Sprachen, die in den Ebenen Norddeutschlands, der Niederlande und Belgien/Flanderns verbreitet sind. Aus der Perspektive der Entwicklung der deutschen Sprache parlieren wir Schwaben in astreinem Hochdeutsch, wenn wir uns auf Schwäbisch äußern. Und wenn die Hochdeutschen dieses Hochdeutsch nicht richtig verstehen, sollen sie sich gefälligst mal Gedanken machen – nicht wir.

HOHENZOLLERN
Die Hohenzollern in Preußen waren Schwaben mit Stammsitz auf der Burg Hohenzollern

Von den Erlauchten, die mit dem deutschen Kaiser Wilhelm II. im Hotel Esplanade in Berlin eine Zigarre rauchen durften – wobei jeder eine bekam, die Idee des Joints war im deutschen Reich noch nicht angekommen –, wurde kein schwäbischer Akzent des Monarchen kolportiert, obwohl der Stammsitz der Hohenzollern auch damals schon im Schwabenland lag. Die Hohenzollern aus Berlin gelten als Preußen schlechthin. Die Frage sei erlaubt: Sind sie genau so assimilierte Berliner Schwaben wie z. B. die vielen Kreuzberger Wehrdienstflüchtlinge aus der »demonstrativen« Studentenzeit, als Berlin noch geteilt war?

Als Stammsitz haben die Hohenzollern seit dem Mittelalter die Burg Hohenzollern bei Hechingen. Am Steilrand der schwäbischen Alb gelegen, ermöglicht die türmchen- und zinnenbestückte Märchenburg den Besuchern einen weiten Ausblick über das schwäbische Land. Der Stauferkönig Heinrich VI. belehnte 1191 den Hohenzoller Friedrich III. mit der Burggrafschaft von Nürnberg. Dieses Amt begründete die Aufspaltung des Geschlechtes der Hohenzollern in eine schwäbische und in eine fränkische Linie. Als Friedrich I. hatte er 1417 die feierliche Belehnung mit der Markgrafen-, Kur- und Erzkämmererwürde der Mark Brandenburg erhalten. Mit einem Spross der fränkischen Linie – nicht der schwäbischen – begann also die Ära der Hohenzollern in Brandenburg und auch in Berlin. Sein Sohn, Friedrich II., legte den Grundstein für den Bau des Schlosses an der Spree in Berlin um 1443 – es war nach ungefähr acht Jahren Bauzeit fertiggestellt und bezugsfähig.

Die im Zweiten Weltkrieg zerbombten Reste des mehrfach umgebauten Schlosses ließ dann die DDR-Regierung Anfang der fünfziger Jahre sprengen, um in den siebziger Jahren an gleicher Stelle den Palast der Republik zu errichten, der nach jahrelanger Asbestsanierung wieder in seine Einzelteile zerlegt wird und vom Erdboden verschwinden soll. Paläste kommen und gehen …

Am 18. Januar 1701 hatte in Königsberg die feierliche Krönung des Kurfürsten Friedrich III. zum König Friedrich I. in Preußen stattgefunden. Um sein Königtum würdevoll repräsentieren zu können, ließ er das Berliner Schloss aus dem 15. Jahrhundert von dem Baumeister Andreas Schlüter umbauen. Schlüter machte aus einer Burg das macht- und prachtvollste aller nordischen Barockschlösser. Die Königin zog im Schlossgärtchen die ersten Kartoffeln (↑Grommbira) in Preußen, allerdings als exotische Zierpflanzen. Seine zweite Gemahlin wollte sich nicht bücken und pflanzte auf der staubigen Geraden zwischen Schloss und Tiergarten die erste Linde einer Allee, die später mit dem Straßennamen »Unter den Linden« weltberühmt wurde. Mit der Thronbesteigung des »Soldatenkönigs« Friedrich Wilhelms I. im Jahr 1713 kam ein König auf den Thron, dessen Familiensinn die schwäbischen und fränkischen Hohenzollern ins Blickfeld des preußischen Hofes rücken ließen. Er siedelte Schwaben und Franken in der Uckermark an. Von den Preußen, die nachfolgten, entwickelte König Friedrich Wilhelm IV. schon als Kronprinz eine Vorliebe für die Stammburg Hohenzollern. Mitte des 19. Jahrhunderts machte er den Wiederaufbau der stark renovierungsbedürftigen Burg zur Aufgabe der ganzen Familie. Die Burg Hohenzollern erhielt ihr heutiges romantisierendes Aussehen. Der badische Aufstand im Revolutionsjahr 1848 und die Besetzung ihrer Fürstentümer durch preußische Truppen veranlassten die hohenzollerischen Fürsten im Dezember 1849 ihre Souveränitätsrechte an Preußen abzugeben. So konnten sie zumindest ihre Besitztümer wahren. Zwischen dem Großherzogtum Baden und dem Königreich Württemberg lag jetzt ein Stück Preußen. Mit der Kaiserproklamation am 18. Januar 1871 wurde der preußische König Wilhelm I. zum Kaiser gekrönt, sein Sohn, Kaiser Wilhelm II., der Zigarrenliebhaber, musste nach dem Ersten Weltkrieg mit seiner Familie ins holländische Exil.

Die Burg Hohenzollern ist immer noch der Stammsitz der preußisch-brandenburgischen wie der fürstlich-katholischen Linie des Hauses Hohenzollern. Sie zählt zu den meist besuchten Burgen Europas und wird von den Hohenzollern gerne als geeignete »Location« für Familientreffen gewählt.

Das derzeitige Oberhaupt des Hauses Hohenzollern ist der junge Prinz Georg Friedrich von Preußen (geb. 1976). In der schwäbischen Linie ist der Chef des Fürstlichen Hauses Hohenzollern Friedrich Wilhelm Fürst von Hohenzollern (geb. 1924), der als ältester Sohn von Friedrich Fürst von Hohenzollern und seiner Gemahlin Prinzessin Margarete von Sachsen, einer Tochter des letzten sächsischen Königs, geboren wurde. Am 3. Februar 1951 heiratete Erbprinz Friedrich Wilhelm die Prinzessin Margarita zu Leiningen – aus der Ehe gingen drei Söhne hervor. Mit einem von ihnen wurde ich unlängst gemeinsam zum Thema Fußball interviewt, zu dem er irgendwie nichts und ich überhaupt nichts zu sagen hatte. Da fragte die Moderatorin irgendwann verzweifelt, wie sich denn der Adel auf der Fußballtribüne verhalten würde. Und bevor der Adel Luft schnappen konnte, hatte ich endlich was zu sagen und schnappte mir das Mikro: Nach meinen Erkenntnissen schreie der Adel genauso laut auf, pöble und stänkere, bohre in der Nase und sänge unflätige Lieder wie alle anderen. Mit dem einzigen Unterschied, dass er jeweils ein »mit Verlaub« nachschiebe. An dieser Stelle war der Adel neben mir kurz baff. Mit Verlaub.

www.preussen.de

INTERROGATIVPRONOMEN → WER, WO

JA-SAGEN
Schwäbische Ehen halten lebenslang

Am Schönsten war es, als wir uns gemeinsam etwas aufgebaut hatten, hört man allenthalben Eheleute sagen, die nach vielen gemeinsamen Jahren ins Grübeln kommen. Wenn außer der großen Liebe der Ehekleister der gemeinsame »Aufbau« ist, dann müssten im Land der Häuslebauer (↑Häusle) die Ehen ewig halten. Zumindest solange gebaut wird, Mängel beseitigt werden und jahrelang Reparatur-, Verschönerungs- und Erweiterungsarbeiten anfallen. Ein fantasievoller Schwabe kann die Folgearbeiten auf Lebensdauer hinausziehen. Aus der Außensicht aufs geliebte Bundesland wird der hauseigene Ehekitt durch das Image ergänzt, dass Baden-Württemberg ein konservatives Land ist, in dem Ehe und Familie noch was gelten und Politiker im Wahlkampf mit ihrer dauerlächelnden Frau und mindestens zwei blitzgescheiten Kindern durch die Mehrzweckhallen ziehen.

Wenn nun aber »geschiedene Ehe« nicht mehr als abscheulicher Begriff aus dem Sprachengewirr Sündenbabels aufgefasst, sondern trotz gemeinsamen Aufbaus als reale Zukunftsperspektive betrachtet wird, brechen bald entweder Pech und Schwefel oder Heuschreckenschwärme über das Land herein, die unsere saftigen Wiesen und Auen kahl fressen oder der Reihe nach unsere familiären Mittelstandsfabriken aufkaufen, zerschlagen und auf asiatischen Basaren in Einzelteilen zu horrenden Preisen verhökern, ohne uns vorher am Stammtisch Bescheid zu sagen.

Oder – die Menschen in Baden-Württemberg sind modern und zeitgemäß geworden, und stellen die Ehe als Keimzelle der Familie in Frage. Aber warum zum Teufel haben sie überhaupt geheiratet? Wegen der Steuern, antworten sie dann.

Als der Zweite Weltkrieg zu Ende war und ein großes Aufrappeln durchs Ländle ging, standen im Jahr 1950 der hohen Zahl von 65 151 Eheschließungen immerhin 7862 Ehescheidungen gegenüber, oder anders gesagt, bei 10,77 Prozent der die Ehe betreffenden Amtshandlungen von Standesbeamten ging es um Scheidungen. Nun ja, waren halt noch wirre Zeiten! Zwischen dem Ende des Kriegs und heute wurden 1962 die meisten Ehen geschlossen, stolze 72 503. Darunter waren sicher einige 25-Jährige, die im gefühlsmäßigen Überschwang des Olympiasommers 1936 gezeugt worden waren. Die Scheidungsquote war gering, olympischer Teamgeist schien in die Gene geflossen zu sein. Doch wurde die geringe Anzahl der Scheidungen 1978 noch unterboten, als sich nur 4089 Paare trennten. Da auch wenig geheiratet wurde und nur 46 943 Hochzeiten zu Buche schlugen, betrug die Quote der Scheidungsamtshandlungen lediglich 8 Prozent. Von diesem Jahr an stieg die Anzahl der Eheschließung stetig, um nach der deutsch-deutschen Wiedervereinigung 1990 ihren »Höhepunkt« mit 61 448 Gemeinsam-packen-wirs-an-Paaren zu feiern. Danach ging's bergab. Im Jahr 2004 wurden in Baden-Württemberg 51 382 Eheschließungen registriert und sagenhafte 25 129 Scheidungen, das bedeutet, dass 32,84 Prozent aller eherelevanten Amtshandlungen die Scheidungen betrafen. Ja, Menschenskinder, ihr scheidungsgeilen Landeskinder, so ein Standesbeamter kostet doch auch etwas!

Und was ist dem Motto »Gemeinsamer Aufbau ist in der Ehe am Schönsten« passiert? Am Ende ist die Krise im Baugewerbe (↑Bausparen) der eigentliche Ehe-Killer und nicht der schwäbische Modern-Life-Style. Wenn nun aber das Baugewerbe wieder einen Aufschwung erlebt und parallel dazu die Zahl der Eheschließungen zunimmt, könnte das einerseits ein Signal für aufkeimende Liebe sein. Es könnte andererseits aber auch heißen, dass viele Bauunternehmer angesichts der zunehmenden Aufträge jemand fürs Büro brauchen, der günstig, diskret und im Sinne der Firma »ebbas wegschaffe« kann und sich in diesem Zusammenhang in Gottes Namen eben doch für eine Gattin entscheiden.

Statistisches Landesamt Baden-Württemberg: www.statistik.baden-wuerttemberg.de

■ ■

JUDENVERFOLGUNG
Im Schwabenland gab es keine Judenverfolgung

Es wäre sehr schön, wenn dieser Satz so wahr wäre. Doch leider verlief die Geschichte anders. Zu Anfang des 20. Jahrhunderts lebten Christen und Juden in Württemberg und ↑Hohenzollern wie seit Jahrhunderten überwiegend ohne größere Reibungen zusammen. Als am 30. Januar 1933 die Nationalsozialisten an die Macht kamen, änderte sich dies von Grund auf. Durch eine Reihe von Willkürmaßnahmen und nach Belieben erlassenen Gesetzen, wie sie den Machthabern zur Verwirklichung ihrer Rassendiskriminierungspolitik in den Kram passten, verschlechterte sich die

Lage der jüdischen Bürger extrem. Ihrer Würde beraubt und ent-
rechtet, blieb für viele nur noch die Auswanderung. In der von den
Nationalsozialisten organisierten »Reichspogromnacht« gingen
viele Synagogen durch Brandstiftung in Flammen auf oder ihre
Einrichtungen wurden demoliert. Auch jüdische Geschäfte wurden zerstört. Vor denjenigen, die in ihrer Heimat bleiben wollten,
machte die erzwungene Deportation in Konzentrations- und Ver-
nichtungslager nicht Halt. Für die meisten bedeutete dies einen
schrecklichen Tod.

Die württembergischen und hohenzollerischen Juden wurden
in der Regel vor den Transporten in ihren Wohnorten zusam-
mengetrieben, um mit dem Zug nach Stuttgart transportiert zu
werden, wo auf dem Killesberg, in der sogenannten »Halle des
Reichsnährstandes« der Reichsgartenschau 1939, ein Durchgangs-
lager eingerichtet worden war. Dort hatten die Menschen zu warten, bis ihr Zug für den Transport nach Osten, in die Lager bereit
stand. Außer Deportationen von Einzelpersonen oder kleinen
Gruppen, gab es mehrere Sammeltransporte, die von Stuttgart-
Nordbahnhof aus abgingen. Am 1. Dezember 1941 verließ der erste
Deportationstransport Stuttgart in Richtung Riga mit 1000 Juden. Zu dieser Zeit waren die Häuser im Rigaer Lager größtenteils
zerfallen, und es herrschten bis zu 40 Grad Kälte. Viele starben an
Hunger und Unterkühlung oder fielen Massenerschießungen zum
Opfer. Am 26. April 1942 ging der zweite Transport mit 350 Juden
nach Izbica bei Lublin. Niemand überlebte. Am 13. Juli 1942 ging
ein Transport mit 40 württembergischen Juden nach Auschwitz.
Auch von ihnen entkam keiner dem Lager. Am 22. August 1942
ging der größte Deportationszug mit 1100 Juden aus Württemberg, Hohenzollern und Baden auf die Reise nach Theresienstadt.
Von dort wurden sie teilweise in andere Lager weiter verfrachtet.
Nur 50 Personen überlebten den Krieg. Weitere Deportationen
folgten: Am 29. September 1942 wurden 42 badische Juden nach
Auschwitz verschleppt, am 1. März 1943 44 Juden nach Ausch-

witz, am 17. April 1943 20 Juden nach Theresienstadt, am 11. Januar 1944 60 Personen nach Theresienstadt und nur rund drei Monate vor Kriegsende ging der letzte Transport mit 177 Menschen nach Theresienstadt. Von den Juden, die nach Theresienstadt transportiert worden waren, gab es wenige Überlebende, bei den Transporten nach Auschwitz wurden alle ermordet.

Wie im restlichen Deutschland gingen auch in Württemberg und Hohenzollern die Wohnungen, Möbel, Schmuck, Geld und sonstige Besitztümer der jüdischen Mitbürger durch Beschlagnahmungen, Versteigerungen, Verkäufe oder Diebstähle unrechtmäßig in den Besitz nichtjüdischer Deutscher über. Straßennamen mit jüdischen Bezügen wurden geändert. Viele wurden teilweise bis heute nicht wieder zurückbenannt. Die Spuren der Judenverfolgung sind im ganzen Land noch sichtbar, Museen und Denkmäler informieren und halten die Erinnerung an dieses dunkle Kapitel unsere Geschichte lebendig.

Landeszentrale für Politische Bildung Baden-Württemberg (Hrsg.): »Evakuiert« und »Unbekannt verzogen«. Die Deportation der Juden aus Württemberg und Hohenzollern 1941 bis 1945. Stuttgart 2002

■ ■

KEHRWOCHE
Die regelmäßige Reinigung des Gehwegs ist in allen schwäbischen Städten Pflicht

Anlass für Hänseleien und spöttische Bemerkungen bietet in Bundesdeutschland auf und ab die schwäbische Kehrwoche – selbstverständlich nicht in Baden-Württemberg. Jeden Schwaben wundert dies, vor allem wenn er aus den Medien ständig Klagen von unzufriedenen Bürgern nichtschwäbischer Gemeinden vernimmt, die sich über den Schmutz in ihrer Kommune beschweren. Berlin scheint hier an vorderster Stelle zu stehen. Über die

Kehrwochenspießigkeit der Schwaben wird nur gelacht, doch gleichzeitig hört das Gejammer über verschmutzte und verkotete Gehwege und Grünflächen nicht auf. Schon Tucholsky soll die gesenkten Häupter der Berliner nicht als preußische, obrigkeitshörige Haltung erkannt haben, sondern als erhöhte Aufmerksamkeit gegenüber den Hundehaufen auf den Trottoirs, die in Berlin bisweilen auch Tretminen genannt werden. Zudem wird behauptet, dass der Tritt in die Hinterlassenschaft eines Hundes Glück bringt.

Trotz aller stinkenden Glücksbringer auf den Straßen landete Berlin 2005 bei der Umfrage »Perspektive-Deutschland« in der Rubrik, die die Zufriedenheit der Einwohner wiedergibt, im Vergleich von 15 deutschen Großstädten auf Platz 14, immerhin noch vor dem Schlusslicht Duisburg. Stuttgart nahm einen stolzen 1. Platz ein.

Wen wundert es, dass sich im März 2005 als Ergebnis einer telefonischen »Pro-und-Contra«-Umfrage des Berliner Tagesspiegels unter seinen Lesern 52,1 Prozent der Anrufer die Einführung der Kehrwoche in Berlin wünschten. Natürlich kann so eine Zeitungsaktion nicht repräsentativ sein, aber immerhin! Vielleicht haben aber auch nur viele nach Berlin ausgewanderte Schwaben angerufen – aus Verzweiflung und mit letztem Hoffungsschimmer.

Als »Erfinder« der Kehrwoche gilt Graf Eberhard im Bart (1445–1495), der 1492 im Stuttgarter Stadtrecht erließ, dass zur Reinheit der Stadt »jeder seinen Mist« jede Woche »hinausführen« soll und noch weitere Regeln festlegte, um die Stuttgarter Gassen vom Unrat zu befreien. Erklärtes Ziel war es, Stuttgart von der Pest zu säubern. Und das gelang bis heute! Hier bei uns gibt es weder die Pest noch andere lästige Masseninfektionen. Von gelegentlichen Auftritten der Jugendband »Tokio Hotel« einmal abgesehen. In Berlin ließ 1735 der preußische Soldatenkönig Friedrich Wilhelm I. in der Berliner Gassenordnung unter anderem festlegen, dass Hausbesitzer jeden zweiten Tag vor ihren Türen bis zur Straßenmitte kehren müssen. In anderen Städten werden wohl ähnliche, dringend notwendige Erlasse entstanden sein, denn meistens wurden in den Hinterhöfen nicht nur Kleinvieh, Schafe und Ziegen gehalten, sondern auch die Pferde der Herrschaften. Kanalisation gab es noch keine, nur langsam fließende Gossen, stinkende Kloaken und als städtische Wasserspülung wurde der Fluss benutzt, welcher die Stadt durchschlängelte. In Stuttgart gab es keinen Fluss, sondern nur Bäche wie z. B. den Nesenbach – der Neckar war weit. Dazu kam noch die Kessellage. Das reicht eigentlich schon. Außerdem war das regelmäßige Duschen noch nicht erfunden, trotzdem legte der Graf Eberhard »zum Schlafen sein Haupt den Untertanen in den Schoß«, wie es heißt. Entweder er trug einen die Nase bedeckenden Mundschutz, oder er war ein ständig verschnupfter Allergiker mit abhanden gekommenem Geruchssinn.

Verkürzt gesagt, entwickelte sich aus den Regelungen, welche die Gemeinden trafen, im Schwabenland die Kehrwoche mit direkter Bürgerbeteiligung, woanders wurde die Reinigung gegen Bezahlung auf Hauswarte oder Reinigungsfirmen übertragen. Die Kosten werden auf die Mieter umgelegt.

Im Grunde ist es jedoch so, dass die Kehrwoche dem Verursacherprinzip folgt und beim Einzelnen ein Gefühl der Verantwortung für den öffentlichen Bereich entstehen lässt, während die delegierende Variante, wie z. B. in Berlin, beim Bürger eher eine Gleichgültigkeit gegenüber allgemein nutzbaren Räumen fördert. Da gilt dann oft das Motto – ich werfe weg, wann und was und wie es mir passt, ich zahle ja und lasse kehren.

Übrigens ergäbe sich in Berlin bei Einführung der Kehrwoche der Effekt, dass laut Hartmann Vetter vom Berliner Mieterverein durch Selberputzen die »kalten« Betriebskosten der Miete um zehn Prozent gesenkt werden könnten.

Ende des Jahres 1988 war das Schwabenland in Aufruhr. Die Revolte ging von Stuttgart aus, doch hatte sie ihren Ursprung nicht auf der Straße, sondern im Rathaus. Unter Oberbürgermeister Manfred Rommel wurde die »Satzung über das Reinigen, Räumen und Bestreuen der Gehwege in Stuttgart« überarbeitet. Die Neufassung trat am 13. Januar 1989 in Kraft. Grund für die Aufregung lieferte der Paragraph 4, der um vier Wörter gekürzt worden war. Statt »mindestens jedoch einmal wöchentlich« muss seither die Reinigung der vorgeschriebenen Flächen nur »bei Bedarf« vorgenommen werden. Damit war der wesentliche Inhalt der schwäbischen Kehrwoche, nämlich die grundsätzliche Putzpflicht, gekippt worden, im Grunde hatte Stuttgart die Kehrwoche abgeschafft.

Der soziale Friede wurde im Ländle erst wieder hergestellt, als OB Rommel in der Presse klarstellte, dass unter die Bestimmungen der neuen »Satzung über das Reinigen, Räumen und Bestreuen der Gehwege in Stuttgart« lediglich öffentliche Gehwege und Straßenflächen der Stadt fallen würden. Das Sauberhalten von privaten Hausfluren, Kellertreppen, Dachböden, Höfen oder Abstellplätzen fällt nicht darunter und wird im Allgemeinen durch Mietverträge und Hausordnungen geregelt. Ebenfalls kann »privat« geregelt werden, wie oft in Stuttgart der Gehweg gefegt oder vom Schnee geräumt werden soll, obwohl er nicht schmutzig ist. Folglich macht Stuttgart immer noch einen sehr sauberen Eindruck. Und daran ist deutlich zu erkennen, wie weit sich die Politik von den wirklichen Bedürfnissen der Bürger doch entfernt hat.

Als ich in Korb in der Fritz-Klett-Straße wohnte, stellte mir der verrentete Hausmitbewohner Herr Krischke eines Tages eine Kehrwochenfalle: Als ich an der Reihe war, deponierte er fünf genau definierte Schmutzteilchen an verschiedenen Stellen des Treppenhauses, und als sie nach Ende meiner Kehrwochenpflicht immer noch da waren, stellte er mich im Treppenhaus öffentlich zur Rede. Der Schreck und die Scham sitzen mir heute noch in den Knochen.

Bei einer Freundin in Stuttgart war es Pflicht, im Rahmen der Kehrwoche den Mülleimer auszuseifen! Und als ich einmal für »Merian« ein Stadtportrait über Stuttgart schreiben durfte, wollte mich der Hamburger Redakteur auf den Arm nehmen: Er habe erfahren, es gäbe beim Stuttgarter Stadtreinigungsamt eine spezielle Kaugummi-Abkratzmaschine, das sollte ich mal unbedingt recherchieren. Also rief ich dort an und fragte nach. »Nein!« sagte mir ein freundlicher Mitarbeiter, »so ebbes hemor net. Kaugummis auffem Bode werdet zur Not von Hand abgscherrt!«

Landeshauptstadt Stuttgart, Referat Umwelt/Sicherheit und Ordnung: Neufassung der Satzung über das Reinigen, Räumen und Bestreuen der Gehwege in Stuttgart (Stadtrecht 1/8), 2003

■■■■■■■■■■■■■■■■■■■■■■■■■■■■■■■■

KNAUZEN
Als Knauzen wird ein Knauser bezeichnet

Auch bei uns ist das Wort Knauser für einen Geizkragen bekannt, obwohl wir die Bezeichnung im Allgemeinen für einen Schwaben nicht anwenden müssen, weil er weder geizig noch knauserig, sondern preisbewusst und sparsam (↑Sparsamkeit) ist. Obwohl wir also weder knauserig noch knauzig sind, ist »Knauzen« bei uns ein Begriff: So heißt eine Backspezialität aus Biberach an der Riß. Es handelt sich um besonders große Brötchen, die klassischerweise aus Dinkelteig, aber auch aus Weizenteig gebacken werden. Sie wirken unförmig und gar nicht so wohlgeformt wie Brötchen oder Semmeln. Die Teigherstellung ähnelt der der »↑Seelen«. Der weiche Teig wird mittels eines nassen, tiefen Schöpflöffels in den heißen Ofen gekippt. Der Teig bäckt sofort auf, aber halt so, wie er möchte. Das Backen von Brot oder Brötchen, bei denen die Oberfläche im Backofen mit Wasser befeuchtet wird, sei es wie oben beschrieben oder mittels Dampf, ist in Süddeutschland verbreitet. Es entsteht »genetztes« Brot, weil es beim Backen nass gemacht, also genetzt wird. »Biberacher Knauzen« sind eine Spezialität, die weit über Biberach hinaus bekannt ist.

Das Wort »Knauz« wird im Schwäbischen für einen »Knorren« gebraucht und bezeichnet einen verwachsenen Auswuchs an einem Ast oder einer Wurzel. Die Ähnlichkeit der großen, eigentlich verformten Brötchen, hat zur namentlichen Gleichsetzung mit einem knorrigen Ast geführt. Aber nicht nur in Biberach! In der Pfalz, die ja auch in großen Teilen zum ursprünglichen alemannischen Siedlungsgebiet zählt, ist der »Weinknorze« bekannt. Es ist ein großes genetztes, dunkles Brötchen mit Kümmel und Salz bestreut, das üblicherweise mit deftiger Wurst belegt bei Weinfesten gegessen wird. Zu einem verwachsenen Rebstock, einem knorrigen Auswuchs an der Rebe, sagt der Pfälzer Winzer »Knorze«. Auch in Schwäbisch Gmünd wird das stadttypische Gebäck mit einem unförmigen Ast gleichgesetzt. Der Gmünder Briegel – die lautsprachliche, schwäbische Schreibweise für Prügel – ist ein großer, genetzter ↑Wecken, der stark an einen Pfälzer Weinknorzen erinnert. In Schwäbisch Gmünd kann beim Bäcker ein Butterbriegel gekauft werden, der wie eine Butterbrezel (↑Brezel) aufgeschnitten und mit Butter bestrichen wurde. Das schmeckt schon total lecker. Natürlich gibt es ihn auch richtig belegt. Aber allen drei genannten Knauzen, Knorzen und Briegeln ist gemeinsam, dass sie so einen herzhaften, eigenen Geschmack haben, dass sie selber ohne Auflage schon eine Delikatesse sind. Ich muss jetzt kurz aufhören mit Schreiben und mir beim Bäcker einen Knauzen holen.

Hermann Wax: Etymologie des Schwäbischen. Herausgegeben von Wolfgang Schürle i. A. der Oberschwäbischen Elektrizitätswerke. 2. erweiterte Auflage 2005

▪▪▪▪▪▪▪▪▪▪▪▪▪▪▪▪▪▪▪▪▪▪▪▪▪▪▪▪▪

KNORZEN → KNAUZEN

▪▪▪▪▪▪▪▪▪▪▪▪▪▪▪▪▪▪▪▪▪▪▪▪▪▪▪▪▪▪▪

KÖNIGREICH
Schwaben begründeten das spanische Königreich

Auch der Rhein kann zufrieren, nicht nur der ↑Bodensee (↑Ritt über den Bodensee). Zwar nicht auf seiner ganzen Länge, so dass vom Rheinfall bei Schaffhausen bis Holland eine durchgängige Schlittschuhbahn entstünde, aber auf seiner Breite. Auch im Jahr 406 fror der Rhein zu, so um Silvester herum. Dies nützten germanische Stämme der Vandalen, Alanen und ↑Sueben mit ihren Verbündeten aus und überschritten den Rhein, der als »nasse Grenze« zwischen dem römischen Territorium und Germanien galt und zogen nach Gallien. Vermutlich überquerten die Germanen Vater Rhein irgendwo zwischen Mainz und Worms. Vorausgegangen war eine Schlacht zwischen Franken, die auf römischer Seite standen, gegen hasdingische Vandalen. Doch ein alanischer Fürst, der nicht auf Seiten der Römer stand, griff ein und verhalf zum Sieg über die Franken. Nach schwerer Schlacht stand den germanischen Kriegern ein Erholungsausflug nach Frankreich im Sinn. Rund zweieinhalb Jahre zogen die Barbaren in mehreren Verbänden und auf verschiedenen Wegen durch Gallien, plünderten und verwüsteten alles, was ihnen in die Quere kam. Als Vandalenzug ging diese »Tour de France« in die Geschichte ein.

Im Herbst 409 überwanden Vandalen, Alanen und Sueben die Pyrenäen und machten sich in Spanien breit, das über Jahrhunderte zum Römischen Reich gehört hatte. Doch der römische Widerstand war begrenzt. Es erfolgte eine Aufteilung der Iberischen Halbinsel unter den germanischen Stämmen: Die Silingen siedelten in Südspanien, die Alanen in Portugal, die Hasdingen zogen in das westliche und die Sueben in das östliche Galicien und in Teile des heutigen Nord-Portugals. Die Aufteilung der Balearischen und Kanarischen Inseln erfolgte wesentlich später, weniger mit Waffen, sondern eher mit Badetüchern auf reservierten Liegestühlen am Strand.

Wer glaubt, es herrschte nun unter den »iberischen« Germanen Friede, Freude und Tortilla-Eierkuchen, muss enttäuscht werden. Bald ging es unter den blonden Recken genauso schlachtenfreudig zu wie im kalten Germanien. Wobei ein paar Schwaben aus der Schwarzwälder Gegend eher klein und schwarzhaarig, aber ungemein zäh gewesen sein sollen. Die einheimische Bevölkerung wurde unterworfen. Später kamen die Westgoten ebenfalls nach Spanien und beanspruchten Land und Macht.

Die Sueben gründeten im Jahre 409 auf der Iberischen Halbinsel ein Königreich. Ein Bündnis mit Rom ermöglichte den Schwaben diesen Kraftakt. Die ersten archäologischen Quellen reichen bis 469. Mitte des 6. Jahrhunderts tauchen die Schwaben wieder in der Geschichte auf. Die nordportugiesische Stadt Braga wurde suebischer Bischofssitz und die Sueben bauten mehrere Klöster in ihrer Umgebung.

Um 575 drangen bei der Stadt Orense die Westgoten in die suebischen Gefilde ein und es kam zu einer Schlacht. Die Goten gewannen. Im Lauf der Jahre gab es noch mehrere Scharmützel, Feldzüge und Waffenstillstände, es war alles andere als eine ruhige Zeit im Zweitwohnsitz in Spanien. Die letzte suebische Rebellion gegen die Westgoten fand 589 statt, sie wurde niedergeschlagen. Damit hörte das schwäbische Königreich auf der Iberischen Halbinsel auf zu bestehen und spielte in der weiteren Geschichte Spaniens und Portugals keine Rolle mehr.

Sprachforscher führen übrigens die näselnde Aussprache im Portugiesischen auf suebische Einflüsse zurück. Wer einen Test machen möchte, kann im Urlaub in Portugal einen Portugiesen das Wort »oagnehm« nachsprechen lassen. Die Aufgabe soll für einen Portugiesen, vor allem aus der Stadt Braga, keinerlei Herausforderung darstellen.

Herwig Wolfram: Das Reich und die Germanen. Zwischen Antike und Mittelalter. Berlin 1990

■■■■■■■■■■■■■■■■■■■■■■■■■■■■■■■■■

KRIMINALITÄT
Es wird immer schlimmer!

Außer Arbeitslosigkeit, Zukunftsunsicherheit und ausländischen Investoren, die unsere Mittelstandsunternehmen wie Hennen aufkaufen, sie rupfen, die Federn einzeln auf dem Weltmarkt verhökern und das nackte Huhn als abgespeckte Nutzlosigkeit durch den Insolvenzfleischwolf drehen, beunruhigen die Bürger am meisten die bösen Menschen, die ihnen an Hab und Gut oder an den Kragen wollen.

Es ist schon bedauerlich, dass man das Gefühl bekommt, nirgends mehr sicher zu sein. Der »gute« Mensch verliert das Vertrauen in die Gemeinschaft, wenn Strafverfolgung und Gerichte auf der Stelle treten, während die Verbrecher davonrennen. Schon lange wird in den Bundesländern versucht, Gesetze und Verfahren zu entschlacken und zu verschlanken und Verwaltungsabläufe über EDV zu beschleunigen. Doch der große Komplex der Rechtspflege und Gerichtsbarkeit hat sich über die vergangenen Jahre einen solchen Umfang zugelegt, dass es Mühe macht, ihn selbst mit einer Heerschar von Beamten, Rechtsanwälten, Staatsanwälten und Richtern in einen schnellen Abführgriff zu bekommen. Sicher auch ein Grund, warum es etwas dauert, bis statistisch aufbereitete Erfolgsmeldungen über Strafverfolgung und Strafvollzug vorliegen. Die aktuellen beziehen sich auf das Jahr 2004:

Rund 125 300 Personen wurden 2004 in Baden-Württemberg rechtskräftig verurteilt, was eine leichte Steigerung bedeutet, nachdem die Zahl seit 1998 kontinuierlich gesunken war. Es zieht wieder an!

Von den Verurteilten waren 101900 Erwachsene, 14100 Heranwachsende zwischen 18 und 21 Jahren und 9300 Jugendliche zwischen 14 und 18 Jahren. Bezogen auf dieselbe Altersspanne und Einwohnerzahl von Baden-Württemberg lagen die gefällten Schuldsprüche bei Heranwachsenden am höchsten. Das lässt auf Folgen von Jugendarbeitslosigkeit schließen, zumal die Schuldsprüche bei Jugendlichen den größten Zuwachs verzeichnen. Langzeitbeobachtungen zeigen, dass der Aufwärtstrend bei Straftaten Jugendlicher und Heranwachsender nicht demografisch bedingt ist.

Auch wenn das Klischeebild der »femme fatale« durch die Gehirnwindungen der Männer kriecht, sind Frauen weniger gefährlich als Männer. Nur jeder sechste Schuldspruch richtete sich gegen eine Frau, jedoch ist seit 1994 ein leichter »Aufwärtstrend« auszumachen. Falsch verstandene Emanzipation oder steigende soziale Notlage bei Frauen?

Der Anteil Verurteilter mit ausländischer Staatsangehörigkeit ist bezogen auf die Gesamtzahl der Verurteilungen pro Jahr seit 1993 von rund 37 Prozent auf 27 Prozent gesunken. Rund 33200 ausländische Angeklagte mussten sich den baden-württembergischen Gerichten stellen. Der Zuwachs an Straftaten von Ausländern betrug 2 Prozent, der Zuwachs an Straftaten von Deutschen lag mit 5 Prozent deutlich höher. Der Trend zu relativ weniger Straftaten durch Ausländer in Baden-Württemberg ist nicht von demografischen Gründen abhängig.

Trotz der Zunahme an Diebstahls- und Unterschlagungsdelikten, alkoholbedingten Verkehrsdelikten und Drogendelikten verhängten die baden-württembergischen Richter weniger Freiheitsstrafen. Ein Hinweis dafür, dass Gewaltkriminalität wie Mord, Totschlag, Vergewaltigung, schwere und gefährliche Körperverletzung u. a. gegenüber 2003 im Jahr 2004 nur noch leicht angestiegen waren. Kräftig zugenommen hatten die Betrugsstraftaten, um ganze 17 Prozent. Das bedeutet einerseits, dass die Schwaben wachsamer wurden und mehr Anzeigen erstatteten, aber andererseits ist bekannt, dass in diesem Bereich, ähnlich wie bei Sexualdelikten, eine hohe Dunkelziffer vorliegt. Die Scham ist zu groß, vor der Öffentlichkeit als Betroffene oder Betroffener dazustehen. Ein Ländervergleich war bei Redaktionsschluss nicht möglich, weil noch keine gesamtdeutschen Statistiken vorlagen.

Anzumerken wäre noch, dass Verurteiltenzahlen kein hinreichender Indikator zur Abbildung von Kriminalität in einem Land sind, da nicht jedes Delikt oder jeder Kriminelle angezeigt und verurteilt werden. Nur die gefällten Gerichtsurteile sind erfassbar, alles andere zählt zur Dunkelziffer. Und Ziffern, die im Dunkeln liegen, lassen sich nun mal sehr schlecht addieren. Um Goethes letzte Worte zu zitieren: »Licht, mehr Licht!«

Ich selbst war einmal Opfer eines Kapitalverbrechens, aber nicht in Stuttgart, sondern in Berlin. Selbst diese lebensbedrohliche Geschichte hatte ihre lustigen Seiten, was Sie in meinem Buch »Wenn der Mostmann zweimal tingelt« nachlesen können. Verzeihen Sie bitte diese Art des Direktmarketings, aber ich möchte zwei Gründe dafür anführen. Erstens: Wenn ich Sie angerufen hätte, hätten Sie das als noch lästiger empfunden. Zweitens: Das Buch ist wirklich gut, ich kann es Ihnen also getrost empfehlen.

Aber noch ein Wort zu Stuttgart: Wir haben im Vergleich zu anderen Großstädten eine wirklich geringe Kriminalitätsrate. Ich glaube, es liegt daran, dass unsere Ganoven kehrwochenerprobt (↑Kehrwoche) sind. Sie sprechen dich nachts um drei im Schlossgarten an: »Ach, Entschuldigung, ich tät sie gern überfalle, ausraube und zammeschlage. Dädet Sie dazu bitte gschwind aufs Gras rüberkomme? Wisset se, damits keine ekelhafte Flecke aufs Trottoir na gibt!«

■■■■■■■■■■■■■■■■■■■■■■■■■■■■■■■

KUMULIEREN
Die Ämteranhäufung von Politikern nennt man kumulieren

Eine Eselsbrücke zu der Bedeutung des Wortes »kumulieren« bildet die Kumuluswolke am Himmel, auch Haufenwolke genannt, die als Schönwetterwolke gilt. Cumulus ist lateinisch und bedeutet so viel wie Anhäufung. Oft türmt sich die Haufenwolke zu einem beeindruckenden Gebilde, bei dem nicht mehr genau zu erkennen ist, welche Einzelhaufen ineinander verflochten und verwoben sind. Allein, wohin der Wind die Wolken verfrachtet, ist zu erkennen. Dabei wäre es wichtig zu sehen, woher eigentlich der Wind bläst, der den ganzen Haufen bewegt.

Nun sind Politikern per Gesetz Nebentätigkeiten erlaubt, sie müssen sie lediglich deklarieren und transparent machen. Doch manchmal blickt der Politiker in seinem »Nebenverdiensthaufen« einfach nicht mehr durch und vergisst einen Job. Meist ist dies einer, den die böse Presse als »Lobbyismus« bezeichnet, dann muss er unter Umständen die Windrichtung angeben und ein Wölkchen sausen lassen. Macht aber nichts, wenn im Vorfeld gut gehäufelt wurde und der Wind aus der richtigen Richtung bläst. Gleichwohl, kumulieren ist das nicht, obwohl durchaus von »jobkumulativen« Politikern gesprochen werden könnte.

Kumulieren ist ein Begriff aus dem Wahlrecht. Bei Kommunalwahlen, die dem Gemeinderats- und Kreistagswahlrecht unterliegen und mehr als die anderen Wahlen Persönlichkeitswahlen sind, dürfen in Baden-Württemberg Stimmen panaschiert und kumuliert werden. Als Wahlsystem dient die Verhältniswahl auf der Grundlage freier Listen, die von Parteien und Wählervereinigungen für das Wahlgebiet eingereicht werden. Während beim

↑Panaschieren Stimmen für bestimmte Kandidaten von einer Liste auf eine andere übertragen werden können, besteht beim Kumulieren die Möglichkeit zur Stimmenhäufung. In Baden-Württemberg kann im Regelfall beim Kumulieren der Wähler einem Bewerber bis zu drei Stimmen geben, allerdings darf er seine Gesamtstimmenzahl nicht überschreiten.

Ein Beispiel soll Aufklärung bringen. Angenommen, in einem Dorf hat jeder Bauer vor dem Haus eine sieben Mistgabeln große Miste (↑Gülle) an der kürzlich neu kanalisierten und mit Blumenkübeln verschönerten Dorfstraße. Die Miste des Dorfes soll zum gemeinschaftlichen Misthaufen im Rathaus abgefahren werden. Sieben Kandidaten haben sich gemeldet und stehen an einem bestimmten Tag mit ihren Schubkarren bereit. Sie fahren los und jeder Bauer darf in einen Schubkarren von seinen sieben Portionen entweder keine oder bis zu drei Ladungen häufeln. Er wird voraussichtlich seinem Lieblingskandidaten, der seinen Schubkarren elegant, leutselig und trotz ↑Gschmäckle und Gestank mit strahlendem Lächeln schiebt, am meisten Mist aufbürden. Der Kandidat wird sich später dafür erkenntlich zeigen. Im Regelfall ist nach diesem Tag die Straße wieder sauber und das Leben geht unverändert weiter, genau so wie vorher auch. Stellt sich aber nachträglich heraus, dass ein Schubkarrenschieber eine Schippe zuviel abgekriegt hat, wird dieser naive Korruptionsversuch mit der ersatzlosen Verkompostierung des gesamten Mists dieses Falschhäuflers geahndet. Langfristig trägt dies aber keine Folgen, bei der nächsten Mistfuhre darf er wieder mitmachen. Mist, nun ist auch das Mistbeispiel ein bisschen komplizierter geworden. So ist das nun mal.

Was panaschieren und kumulieren ist, lernt jeder Baden-Württemberger im Gemeinschaftskundeunterricht, aber kurz vor der Gemeinderatswahl denkt er sich: Mist – wie war das nochmal? Wer früher aus gutem Grund nicht den Mut hatte, seinen Gemeinschaftskundelehrer anzurufen, ist einfach der Wahl ferngeblieben. In unseren modernen Zeiten kann man sich das Wissen darüber ja er-googeln. Um dann doch der Wahl fernzubleiben. Ist ja eh wieder nur Mist, was da aufgestellt wurde.

www.baden-wuerttemberg.de

■■■■■■■■■■■■■■■■■■■■■■■■■■■■■

LACHEN → GÜLLE

LAGO DI CONSTANZA → BODENSEE 3

■■■■■■■■■■■■■■■■■■■■■■■■■■■■■

LÄNDLE
Das Ländle Baden-Württemberg ist klein, sonst wäre es ein Land

Das Ländle als Verkleinerungsform von Land weist sprachlich in erster Linie darauf hin, dass Baden-Württemberg ein kleines Land ist. Das stimmt zwar, aber nur, wenn als Vergleich z. B. die Volksrepublik China (ca. 9,5 Millionen km², 1,3 Milliarden Einwohner) herangezogen wird. Ansonsten sind wir natürlich alle sehr stolz auf unser starkes und großes Land. Denn neben dem Größenvergleich gibt es die Verkleinerungsform bei uns als liebevolle Bezeichnung für etwas, das man gerne mag wie Häusle, Autole, Hondle oder Fraule. In dieser zärtlichen Verwendung des Diminutivs möchte der Schwabe keine Vergleiche anstellen, denn da ist ihm sein Ländle das Liebste – oder er wandert gleich aus.

Zuneigung ist schlecht in Zahlen auszudrücken, aber dass das Ländle »Baden-Württemberg« durchaus mit anderen Ländern mithalten kann, lässt sich sehr wohl aufzeigen. Im Deutschlandvergleich – Vergleiche mit Stadtstaaten wie Berlin, Hamburg und Bremen hinken statistisch und werden hier nicht gezogen – ist das

Ländle mit 35 752 km² der drittgrößte bundesdeutsche Flächen-staat, vor ihm kommen nur Bayern und Niedersachsen. Belgien ist von der Fläche her kleiner als Baden-Württemberg, die Schweiz nur ca. 5,5 km² größer. Mit rund 10,7 Millionen leben im Ländle mehr Menschen als etwa in der Schweiz, Österreich, Finnland, Dänemark und Luxemburg. In der Bevölkerungsdichte liegt Ba-den-Württemberg mit 300 Einwohner/km² ebenfalls an dritter Stelle hinter Nordrhein-Westfalen und dem Saarland. Am dünns-ten besiedelt ist übrigens das Bundesland Mecklenburg-Vorpom-mern mit lediglich 74 Einwohner/km². Was mich überhaupt nicht wundert, denn dort liegt schließlich die Müritz (↑Bodensee).

Die einwohnerreichsten Städte des Landes sind Stuttgart (ca. 590 000), Mannheim (ca. 310 000), Karlsruhe (ca. 280 000) und Freiburg (ca. 210 000). Zum Vergleich: Bern (ca. 128 000), Brüssel-Stadt (ca. 136 000, allerdings Brüssel als Verwaltungsgroßraum ca. 1 Million), Helsinki (ca. 560 000), Kopenhagen (ca. 500 000), und Luxemburg Stadt (ca.78 000).

Baden-Württemberg hat auf einer Länge von 1124 Kilometer gemeinsame Grenzen mit den Bundesländern Bayern (860 km), Hessen (171 km) und Rheinland-Pfalz (93 km). Die Rheinmitte bildet auf einer Länge von 179 Kilometer die gemeinsame Grenze mit Frankreich. Die Grenzen zu Österreich und der Schweiz sind auf der Bodenseefläche nicht festgelegt (↑Bodensee). Die Länge des Bodenseeufers von Konstanz bis zur Landesgrenze nach Bay-ern beträgt ohne die Uferlänge des Untersees 86 Kilometer. Die Landesgrenze zur Schweiz ist 316 Kilometer lang. Ab Konstanz hat das Land 437 Kilometer Anteil am Rhein, wovon 289 Kilome-ter schiffbar sind.

Höchster Berg in Baden-Württemberg ist der Feldberg mit 1493 Meter Höhe, obwohl manche behaupten, es wäre der Ho-henasperg, der sich um 90 Meter auf 355,5 Meter über Normalnull erhebt, weil es bei ihm oft Jahre dauert, bis man wieder unten ist. Seit 1968 aus dem Gefängnis das Justizvollzugskrankenhaus Hohenasperg wurde, hat sich dies aber geändert, manche bleiben seither wieder länger auf dem Feldberg.

Übrigens habe ich mal bei einem Auftritt in Sigmaringen einen Saxophonisten kennen gelernt, der gar kein so schlechter Musiker war. Später habe ich mitbekommen, dass er ein stinkereicher Erbprinz von und zu irgendwas sei, ein geschätztes Vermögen von Hunderten von Euromillionen besäße und – jetzt kommt's – darüber hinaus Ländereien in Kanada sein Eigen nenne, die zweimal so groß wie Baden-Württemberg seien. Da habe ich mich dann im Nachhinein geärgert, dass ich ihn beim Auftritt nicht nach seiner Visitenkarte gefragt habe, was ich seither bei allen Saxophonisten vorsorglich tue.

Statistisches Landesamt Baden-Württemberg: Baden-Württemberg 2005. Ein Standort im Vergleich. Stuttgart 2005; Justizvollzugskrankenhaus Hohenasperg: www.jvkh-hohenasperg.de

LANDJÄGER
Schwäbische Landjäger jagen im Wald

Zum Vespern (↑Vesper) eines Landjägers muss nicht unbedingt der Landjäger-Marsch, eine Komposition von Josef Rixner aus den zwanziger Jahren des letzten Jahrhunderts, aufgelegt werden, es schmeckt auch so. Viele wird erstaunen, dass die beliebte, flache, eckige Hartwurst, die es einzeln gar nicht zu geben scheint, sondern nur als Paar, mit einem eigens für sie komponierten Marsch gewürdigt wird; doch muss an dieser Stelle eingestanden werden, dass der Marsch die Landjäger des 5. Infanterie-Regiments, Kronprinz 104, in die Stiefel bringen sollte.

Im Königreich Württemberg wurde 1869 durch Erlass des Königlichen Ministeriums des Innern geregelt, dass das Königlich Württembergische Landjägerkorps und die Ortspolizeibehörden

durch ihre Tätigkeit die Strafrechtspflege zu unterstützen »häben«.
Schon vorher waren die Angehörigen des Königlich Württembergischen Landjägerkorps bei der Verfolgung von Verbrechern
eingesetzt worden. Die in gewissem Maße staatlichen Landjäger
erfüllten neben der Polizei der Städte polizeiähnliche, übergeord-
nete Funktionen, die später u. a. in die Entwicklung der Kriminal-
polizei mündeten. Die Landjäger waren uniformiert und bewaff-
net, anfangs mit Säbel, später auch mit einer Pistole. Sie galten als
sachlich korrekte, steif wirkende und aufrechte Erscheinungen.
Vermutlich ging aufgrund des Auftretens der Landjäger ihr Name
auf die flache, steife Hartwurst über, die in Baden-Württemberg
unter dem Namen Landjäger bekannt ist.

Als Kind wurde ich mal von einem Mitschüler aus nun wirklich
gehobenen Kreisen spontan auf dem Schulhof zu ihm nach Hause
eingeladen. Meine Mutter rief vorsichtshalber dort an, um sich zu
vergewissern, ob ihr fantasiebegabter Sohn ihr nicht wieder einen
Streich spielte. Bevor ich dort hindurfte, wurde ich eine gute
Stunde von meiner Mutter »gebrieft«, wie man heute sagen würde. Jaja, Mama, sagte ich, schwang mich aufs Rad und fuhr zum
Himmel auf Erden; es gab ein Hallenbad mit elektrisch hochfahr-
barer Glaswand, einen riesigen Garten und, da die Eltern weg waren, ein Dienstmädchen, das eigentlich nur zu unserer Verfügung
stand und in sehr lustige Spiele eingebunden werden konnte, die
mein Schulkamerad alle nicht kannte und laut lachend goutierte,
während das arme Dienstmädchen den ganzen Nachmittag immer wieder den Tränen nahe war. Später kam ich auf die Idee, im
großen Garten ein Feuer zu entfachen, und wir schickten das
Mädchen in die Küche, um »Grillbares« zu holen, während wir die
Äste der sehr seltenen und teuren Gartenpflanzen mit meinem
mitgebrachten Fahrtenmesser zu passablen Grillstöcken zurecht
schnitzten. Was sie »daherbrachte« waren Landjäger, also grillten
wir eben Landjäger. Das schmeckte so unnachahmlich köstlich,
dass ich seither immer wieder zum Erstaunen aller anderen zu

einem Grillabend Landjäger daherbringe. Es war jedenfalls ein unvergesslicher, herrlicher Nachmittag, an den ich mich heute, über 30 Jahre später, immer noch in vielen Details erinnere.

Auch das weiß ich noch, dass meine Mutter anderntags beschloss, Ulrichs Mutter anzurufen und zu fragen, ob sich ihr Sohn Christoph denn auch gut benommen habe. Ich sehe noch ihren Blick, während sie die Antwort vernimmt, sich irgendwie entschuldigt und betreten auflegt.

»Und?«, fragte ich, »was hat sie gesagt? Wie habe ich mich benommen?«

»Ulrichs Mutter sagte: Wie meiner halt auch!«

Nach diesem herrlichen Nachmittag durfte ich dort leider nie mehr hin, und ich hätte wohl auch von Mamas Seite her nicht mehr hingedurft. Also hat es sich doch gelohnt, an dem einen Tag so in die Vollen zu gehen!

www.die-kriminalpolizei.de

LAUGENBREZEL
Im Schwabenland gibt es nur Laugenbrezeln

Wenn von süddeutschen Brezeln die Rede ist – süddeutsch umfasst in diesem Fall die Pfalz, Baden, Württemberg und Bayern – sind üblicherweise Laugenbrezeln gemeint. Zwar unterscheiden sich die Brezeln aus den verschiedenen Regionen in Herstellung und Form, doch wird allgemein von Laugenbrezeln gesprochen. Die Unterschiede liegen, um nur die wesentlichen zu nennen, in der Teigzusammensetzung oder dem Ausbund am Brezelbauch, wie das Aufbrechen der Form während des Backens heißt. Bei der bayerischen Brezel geschieht dies ohne Vorbereitung, bei der badischen und schwäbischen Brezel durch einen Schnitt des Bäckers, bevor das Backblech in den Ofen geschoben wird. Weitere Unterscheidungsmerkmale sind, ob die Brezel mit grobkörnigem oder feinem Salz bestreut wird und nicht zuletzt die äußere Form. So haben badische und schwäbische Brezeln einen dicken Bauch und dünne Ärmchen, während bei der bayerischen Brezel Bauch und Ärmchen nahezu gleich dick sind. Schwäbische Brezelärmchen sind dünner als badische und werden mehr als die badischen gebogen, bevor sie angeklebt werden. Die pfälzischen Brezeln liegen in der Nähe der badischen Brezeln. Aber Laugenbrezeln sind sie alle!

Wie kam die gefährliche Lauge auf die süddeutsche Brezel? Denn lange wurde sie laugenfrei hergestellt, indem sie vor dem Backen statt in Lauge in Wasser »gesotten« wurde, backtechnisch um eine geschmeidige Haut zu erhalten, die nicht reißt. Hinzu kommt, dass bei der Herstellung von Laugenbrezeln der Bäcker äußerste Vorsicht walten lassen muss, was im Vergleich zum Backen ohne Lauge keine Erleichterung darstellt.

Freiwillig macht sich kein Bäcker das Leben schwer. Warum er ab dem 12. Jahrhundert trotzdem die Gefahr einging, neben dem Verknoten der Arme beim Schlingen der Brezel auch noch durch Laugenspritzer Verätzungen auf der Haut davonzutragen oder das Augenlicht zu verlieren, weiß man letztendlich nicht. Ein historisches Geheimnis wabert durch die Brezellauge. Die Vorstufe der Laugenanwendung begann vermutlich mit einer Salzlösung, in der die Brezeln statt in Wasser gesotten wurden. Ein Back-Cleverle tauchte irgendwann die Brezel vor dem Backen in eine wässrige Natronlauge. Das kam bei den Leuten gut an. Die Bäcker begannen für die Zufriedenheit ihrer Kunden laugenmäßig volles Risiko zu backen und entwickelten in gewissem Sinn die Grundlagen für die heutige Lebensmittelchemie.

Doch zum Glück verliert die Lauge beim Backen ihre Gefährlichkeit und kann problemlos mitverzehrt werden. Seit dem 12./ 13. Jahrhundert stellten die Bäcker ihre Lauge her, indem sie Buchenasche mit Ätzkalk oder Zwiebel- und Eierschalen in kochendem Salzwasser auslaugten.

Zur Anwendung kommt heutzutage die seit den zwanziger Jahren des 20. Jahrhunderts gebräuchliche flüssige, mit Wasser verdünnte Natronlauge (ätzend, 36-prozentiger NaOH-Anteil) in einer Konzentration von lediglich 4 Prozent. Beim Backen reagiert die Natronlauge mit dem aus dem Brezelteig kommenden Kohlendioxid und wird umgewandelt in Natriumkarbonat, das auch unter dem Namen Soda bekannt ist. Einen übersäuerten Magen kann eine gute Laugenbrezel also durchaus beruhigen, die schwäbische Seele sowieso. Der richtige Einsatz der Lauge sagt viel über die Brezelbackkunst des Bäckers aus. Von ihm hängt ab, ob die Brezel ihre matt glänzende, rehbraune Farbe erhält, ob der feine Geschmack auf der Zungenspitze »bizzelt« – oder ob die Brezel faltig, hellbeige und mit Bläschen übersät in einem vitrinenähnlichen, sonnenbeschienenen Plexiglassarg einer Tankstelle liegt, als ob sie gerade als Anschauungsmaterial eines »Seucheninstitutes« aus dem Formalin geschöpft wurde.

Es wird vermutet, dass die Verwendung von Lauge in der esskulturellen Fuktion von Brot begründet liegt. Im Vergleich zu Weißbroten im Süden, die oft eine würzige Kruste besaßen, wurde das norddeutsche Brot eher dunkel und aus Roggen gebacken. Dies wiederum brachte im Norden die Gewohnheit hervor, Brotscheiben mit damals zur Konservierung gesalzener Butter zu bestreichen und zu belegen. Dunkles, ungewürztes Brot eignete sich dafür geschmacklich besser, so dass das belegte Brot in Norddeutschland und in den Niederlanden aufkam. Im 17. Jahrhundert fing man in nördlichen Regionen an, gesüßte Heißgetränke zu schlürfen. Auch dazu passte gewürztes Brot wenig. Noch heute kann in Norddeutschland traditionell ein Frühstück aus Wurstbroten mit Kaffee bestehen, oder zum Nachmittagskaffee werden mit Käse und Wurst belegte Schnittchen gereicht. Im Süden dagegen wurden dem Brotteig Gewürze wie Kümmel, Fenchel oder

Anis hinzugefügt, was durchaus als Einfluss aus Italien, vielleicht sogar noch von den Römern gesehen werden kann. Das Brot bekam soviel Eigengeschmack, dass es Beläge nicht mehr so recht zulassen wollte, das Brot wurde gebrochen und zu den anderen Speisen verzehrt. Brot behielt seine Eigenständigkeit als Nahrungsmittel. Die Verwendung von Lauge und Salz kann der traditionellen süddeutschen Brotkultur entsprechen, die Brot und besonders der Brezel einen eigenen »würzigen« Geschmack gab, um sie dann ohne Belag zu essen. Unverfälscht und bibelhaft gebrochen, doch statt zum Abendmahl meist zum ↑Vesper mit Leberwurst und Essiggurke. Brotforscher meinen, dass die Laugenbrezel ihren weltweiten Siegeszug von Süddeutschland aus antrat, wobei wir Schwaben ganz genau wissen, dass es weder die Pfalz, noch Baden und schon gar nicht Bayern war.

Doch Schwaben essen nicht ausschließlich Laugenbrezeln. Brezeln aus Hefegebäck als Neujahrsbrezeln werden ebenfalls gerne verzehrt, wenn nicht mit Butter bestrichen, so doch in die große Tasse Milchkaffee getaucht, die weder Pott, noch Schale, sondern Hafen heißt. Wie auch an Neujahr, sind in vielen Regionen Baden-Württembergs bestimmte Kalendertage oder Feste ohne Brezelgenuss nicht denkbar. Dabei huldigt das Brauchtum nicht immer Laugenbrezeln, sondern auch Brezeln ohne Lauge, wie in Biberach an der Riß, wo nur zur Fastenzeit helle Brezeln gebacken werden. Statt in Lauge getaucht, werden diese knusprigen Brezeln vor dem Backen wie in früheren Zeiten in Wasser »gesotten«. Wer sie mal gegessen hat, ist begeistert! So was kriegst du an der Müritz nirgendwo!

Irene Krauß: Gelungen Geschlungen. Das große Buch der Brezel. Herausgegeben vom Museum für Brotkultur. Ulm 2003

LIMES
Der Limes wurde von den Alemannen überrannt

»Dann überrannten die Alemannen den Limes!« ist eine Feststellung, die sich in das kollektive Gedächtnis in Baden-Württemberg eingegraben hat. Doch wo haben sie Anlauf genommen? Wie lange sind sie gerannt? Wie viele waren es? War der Limes so niedrig? Sind alle angekommen, oder haben sich welche verlaufen?

Die Beantwortung dieser Fragen wurde von einigen Geschichtsforschern bisher sturbockig verweigert. Sie hatten Angst, ihr Geschichtsbild könne zusammenbrechen, wenn neueste Ausgrabungen belegen, dass die Alemannen weder gerannt noch geritten, sondern mit dem Fahrrad gefahren sind.

Die Reste des Obergermanisch-Rätischen Limes wurden im Jahr 2005 in den Kreis der Unesco-Weltkulturdenkmäler aufgenommen, als so bedeutend und wertvoll wird der Limes als Teil der europäischen Geschichte erachtet. Lange wurde die 548 Kilometer lange Grenzbefestigung, die vom Rhein nördlich von Andernach bis nahe Eining in der Nähe von Regensburg an der Donau reichte, als Bollwerk gegen die Abwehr germanischer Angriffe verstanden, die in die obergermanische oder rätische Provinz eindringen wollten. Erst wurde eine Schneise durch die germanischen Wälder geschlagen, die in Abständen mit Wachposten besetzt wurde. Um rund 100 n. Chr. begann der Ausbau des Limes als befestige Grenze mit Wachtürmen, Palisade, Wall und Kastellen im Hinterland. Der Ausbau vollzog sich über Jahre hinweg und nicht überall gleich. Die verschiedenen Abschnitte waren unterschiedlich gefährdet. Viele Limesbereiche dienten weniger als militärische Befestigung, sondern eher als Zollmauer. Bei einer Länge von 550 Kilometer konnte es nicht ausbleiben, dass in bestimmten Abschnitten germanische Stämme mit den Römern in Gutem lebten und mit ihnen Handel betrieben, andere Händel anfingen. Dabei wird die militärische Bedeutung des Limes allgemein überschätzt. Die Grenztruppen bestanden übrigens meist aus germanisch besetzten Hilfstruppen. Erfolgreiche römische Schlachten wurden unter der Leitung von Germanen geschlagen, die in römischem Dienst standen. In Rom lebten viele Germanen, vom Sklaven oder Gladiator bis zum geachteten Militär. Die Vorstellung einer hermetisch abgeschlossenen Grenze mit Fortifikation, gegen die jahrelang ununterbrochen germanische Stämme »anrannten« und an der am Schluss um 260 den heldenhaften Alemannen auf 550 Kilometer Länge auf einen Schlag der Durchbruch gelang, ist ein Mythos.

Die Aufgabe des Limes und die Zurückverlegung der römischen Grenze an den Rhein erfolgten nach neuer Forschung aus politischen und wirtschaftlichen Gründen, die an den Bau der innerdeutschen Mauer und ihre kostenintensive Unterhaltung und Erweiterung erinnern. Ein Projekt, das letztendlich als unproduktiver Geld- und Personalfresser zum Ruin der DDR mit beigetragen hat.

Heute geht man davon aus, dass die personelle Unterbesetzung der Kastelle und Wachtürme aufgrund innerpolitischer Machtkämpfe in Rom zwischen Kaiser Gallienus und dem Usurpator Postumus den wirklichen Grund für den Untergang des Limes darstellt. Beide suchten zu ihrer eigenen Stärkung Truppen an sich zu binden und zogen sie vom Limes ab. Dadurch wurde der Limes nicht nur militärisch, sondern auch in seiner Infrastruktur geschwächt. Der Limes durchlöcherte sich gewissermaßen selbst wie ein suizidöser Käse.

Nun war einer Landnahme germanischer Stämme aus dem Norden im Gebiet des heutigen Baden-Württemberg Tür und Tor geöffnet. Die Neuankömmlinge vermischten sich mit den Stämmen, die schon unter den Römern vor Ort gelebt hatten.

In keiner Quelle wird erwähnt, dass die Neuen, die an leeren römischen Wachtürmen vorbei ins Land getrottet kamen, mit der Frage begrüßt wurden: »Warum rennt ihr denn so?« Und aufgefordert wurden: »Hört endlich mit der Sauerei auf, hocket na und vespert en Presskopf!«

Im Gegensatz zur zweiten Mauer, die in der Geschichte Deutschlands überrannt wurde, wurde den Ersten bei ihrer Ankunft kein Begrüßungsgeld gezahlt. Ebenso ist nicht bekannt, ob es eine Art Solidarbeitrag und den »Limes in den Köpfen« gab. Mit Sicherheit gab es auch damals Rückwärtsgerichtete, die beim ↑Vesper hin und wieder seufzten: »Es war älles besser, wie dor Limes no do war!«

www.limesstrasse.de; Thomas Flemming, Hagen Koch: Die Berliner Mauer. Geschichte eines politischen Bauwerks. Berlin 1999

■ ■

MARMELADE → GSÄLZ

■ ■

MAULTASCHEN
Maultaschen haben die Mönche vom Kloster Maulbronn erfunden

Ähnlich wie die ↑Brezel, wird die Maultasche als typisch schwäbisches Nahrungsmittel vereinnahmt, das entweder im Ländle erfunden wurde oder als Nationalgericht schon in den Höhlen der Alb von den Steinzeitmenschen zwischen die zahnfäuligen Kiefer geschoben wurde.

Doch Brezeln gibt es in unzähligen Varianten auf der ganzen Welt. Sogar im Weißen Haus hat schon ein störrisches Brezelärmchen, das sich im Hals von Präsident Bush jun. quergestellt hatte, den Großen Weißen Mann in Washington, D. C. anno 2002 vom Sofa gehauen. Was der Beweis war, dass vierjährige Schwabenkinder dem »Dabbeljuh« eindeutig überlegen sind: Jedes Kind in einer schwäbischen Krabbelgruppe kann schließlich fernsehen und nebenbei völlig gefahrlos eine Brezel essen! Übrigens isst man die Brezeln in New York mit Senf! Ich habe das selbst erleben müssen! Es gibt einen Film darüber, wie mir einer in Manhattan so etwas andrehen möchte, fürchterlich! Kein Wunder kann man so einem Volk einen unsinnigen Krieg aufzwängen! Doch zurück zur Maultasche:

Gefüllte Teigtaschen gibt es auf der ganzen Welt, überall dort, wo der Mensch einen Teig herstellen kann, den er, ohne dass er reißt, zu einem Fladen walzen oder ziehen kann. Erinnert sei daran, dass viele von uns nach dem Fall des Eisernen Vorhangs das östliche Europa neu kennen lernten, das ja bekanntlich bis zum Ural reicht. Piroggen, gefüllte Teigtaschen nach verschiedenen Rezepten, gehören nicht nur in Russland zu den täglichen Nahrungsmitteln.

Einen besonderen Reiz hat selbstverständlich die Tatsache, dass die mit Fleisch-Spinatmischung gefüllte Maultasche an Tagen und Feiertagen gegessen wurde und wird, an denen die Nahrungsaufnahme durch fleischlose Kost ein »Hennentäpperle« auf dem langen Weg ins Paradies bedeutet. Sprachlich nahe liegend kamen bekanntlich Mönche aus dem Kloster Maulbronn auf die Idee, an als »fleischlos« bestimmten Tagen das Fleisch vor den Augen des Allmächtigen in undurchsichtige Teigfladen einzuschlagen. Es ist erstaunlich, für wie einfältig die schwäbischen Gläubigen über Jahrhunderte ihren lieben Gott halten mussten. Schlechten Gewissens beteten sie ihm verschämt lächelnd vor, dass sie nur einen Scherz mit ihm machen würden, mit »Herrgottsbscheißerle«, gell. In Wahrheit hat der liebe Gott wahrscheinlich anerkennend den Hut vor soviel Raffinesse gezogen, anders ist nicht zu erklären, dass unser Bundesland so gesegnet ist. Und beispielsweise unsere großen Seen auch viel, viel tiefer sind als anderswo (↑Bodensee).

Ich hänge der Theorie an, dass der Name für gefüllte schwäbische Maultaschen von ihrer Ähnlichkeit mit schwäbischen gefüllten Backen herrührt. Als Maul wurde vor nicht allzu vielen Jahren und wird noch in vielen Gegenden der Mund bezeichnet. Es ist nichts Unhöfliches dabei, die Tante beim Zwetschgenkuchenessen höflich vor großer Gefahr zu warnen, indem man sie darauf aufmerksam macht, dass »an ihrem Maul eine Wespe hockt«. Backen oder Wangen werden nicht zuletzt oft im medizinischen Bereich als Taschen bezeichnet, als Mundtaschen eben. Ersetzt man den hochdeutschen Mund mit dem schwäbischen Maul, ist man bei der Maultasche angelangt. Tatsächlich bietet auch die bildnerische Assoziation Vergleichsmöglichkeiten, man stelle sich nur mal frische Maultaschen aus der Brüh vor, sofort denkt man an ein gesundes schwäbisches Gesicht, dass nur deswegen nicht an die ↑Sonne kommt, weil es nach dem »Geschäft« abends noch Heimarbeit macht. Mit geschmälzten braunen Zwiebeln erinnert die Maultasche an den krauslichen Bart eines Theologiestudenten aus Tübingen. Liegt sie schon eine Weile, weil sie am nächsten Tag in Streifen geschnitten und angeröstet werden soll, kann es sein, dass sie bleiche Falten wirft wie die eingefallenen Backen eines schwäbischen Rekordschwimmers, der seit Tagen kreuz und quer den erstaunlich tiefen Bodensee durchschwimmt, weil ihm der Eintritt ins Mineralbad Leuze in Bad Cannstatt zu teuer ist und sich die Hin- und Rückfahrt an das Schwäbische Meer auf jeden Fall lohnen soll.

Eine Frage sei erlaubt, wenn der liebe Gott nicht sehen soll, was in der Maultasche drin ist, auch in Maulbronn nicht, warum wird sie dann zum Essen aufgeschnitten? Ich freue mich immer über den dämlichen Gedanken, wie wohl ein Franzose zur schwäbischen Maultasche sagt: »Le sac de la gosch!«

Hans-Georg Schramm: Tübinger Gogenwitze. Gerlingen 1980

■■■■■■■■■■■■■■■■■■■■■■■■■■■■■■■■

MERCEDES
Mercedes hieß die Tochter von Gottlieb Daimler

Mal wird die Tochter, mal die Nichte und ein anderes Mal die Frau
vom Gottlieb aus Schorndorf – der als Däumler geboren und als
Daimler (↑DaimlerChrysler) bekannt wurde – genannt, aber keine
von den drei Damen war Namensgeberin für den weltbekannten
Markennamen Mercedes.

Seit 1897 drängte der Geschäftsmann, Automobilhändler und
Rennfahrer Emil Jellinek (1853–1918), der später u. a. österrei-
chisch-ungarischer Generalkonsul und Konsul von Mexiko wurde, den Autobauer Gottlieb Daimler, schnellere Automobile zu
bauen, mit denen er an Autorennen teilnehmen wollte. Die Strategie war, über Rennerfolge bei Wettbewerben die »Flitzer« aus
Stuttgart bekannt zu machen und so das Geschäft anzukurbeln.
Um Autohandel und Autorennen zu trennen, trat er ab 1899 bei
den Rennen als »Monsieur Mercédès« auf, nach dem Vornamen
seiner 10-jährigen Tochter. Nach mehreren Siegen in Nizza war
der Name in Frankreich sehr bekannt und begann sich als Marken-
name zu verselbstständigen. In einem Vertrag legten Jellinek und
Daimler im Jahr 1900 fest, dass ein neu zu entwickelnder Motor
den Namen »Daimler-Mercedes« führen soll. Im Dezember 1902
wurde »Mercedes« als Markennamen gesetzlich geschützt.

Aber was bedeutet nun Mercedes eigentlich?

In Spanien, wo unter dem Diktator Franco und bis vor nicht allzu langer Zeit Kinder nur mit Namen aus der Bibel getauft werden durften, wie z. B. Mädchen als Ascensión oder Encarnación,
das eine heißt Himmelfahrt und das andere Fleischwerdung, ist
Mercedes ein gängiger Mädchenname. Im Grund ist es die Abkür-

zung von »Maria de las Mercedes«, was in diesem Fall nicht als »Maria von Mercedes« übersetzt werden darf, sondern als »Maria voller Gnaden« oder »Barmherzige Maria«. Am 24. September feiern katholische Gläubige das Fest »Barmherzige Maria« oder »Mercedes«. Mercedes ist die Schutzpatronin von Barcelona und wird dort katalanisch »Mercè« gerufen. Aber auch »Maria vom Loskauf der Gefangenen« wird sie genannt, weil alles auf den Orden der Mercedarier zurückgeht, die in ganz früher Zeit versklavte Christen von Sarazenen zurückzukaufen versuchten, tatsächlich oft mit Erfolg. Deswegen wird »Mercedes« auf Gemälden auch mit einem weiten geöffneten Mantel dargestellt, unter dem die Gläubigen Schutz suchen. Sie ist bekannt als die »Schutzmantelmaria«.

Und hier schließt sich der Kreis. Kaum eine andere Firma neben Mercedes-Benz betreibt soviel Aufwand zum Schutz ihrer Autofahrer, die statt langsam und sicher, schnell fahren möchten. Diese robuste Karosserie, diese ausgefuchsten Knautschzonen, dieser stabile Rahmen und die vielen Airbags um den Fahrer herum – bilden sie nicht einen einzigen Schutzmantel?

Wie sonst können wir die Panzerungen von Diplomatenfahrzeugen verstehen, wenn nicht als Schutzmantel für freigekaufte Politiker, die, losgelöst von der Versklavung durch Recht und Gesetz, in demütiger diplomatischer Immunität den ultimativen Schutz unter dem Mantel eines dicken Mercedes suchen?

Doch das scheint nicht immer zu klappen, denn seit dem russischen Pipeline-Oligarchen Gerhard Schröder lassen sich die Politiker zunehmend gern auch mit Edelkarossen aus Ingolstadt und München ummanteln. Und auch die Strategie, über Rennerfolge das Geschäft anzukurbeln, sei mäßig und erstaunlich, sagt ein Freund, der im Rennsport arbeitet und sich auskennt: mäßig erfolgreich und erstaunlich teuer. Erstaunlich mutig war, wie der schwäbische Autohersteller rasch und kompetent auf die Elchtestproblematik beim Smart reagiert hatte. Als später die A-Klasse anfangs ähnliche Probleme zeigte, kursierte folgender kleiner Witz: Treffen sich ein A-Klasse- und ein Smartfahrer vor der Kneipe und sagen: »Komm, gehen wir schnell einen kippen!«

www.mercedes-benz.com

■■■■■■■■■■■■■■■■■■■■■■■■■■■■■■

MAYBACH, WILHELM → DAIMLERCHRYSLER

■■■■■■■■■■■■■■■■■■■■■■■■■■■■■■

MINERALWASSER
Baden-Württemberg ist arm an Quellen

Der im Vergleich zu anderen Pfützen erstaunlich tiefe ↑Bodensee und die großen Flüsse Rhein, ↑Neckar und Donau, dazu die Europäische ↑Wasserscheide, welche das Land durchquert, lassen den vorschnellen Schluss zu, dass in Baden-Württemberg das Wasser schneller den Bach hinunterläuft, als man gucken kann. Durch Seenplatte oder Sumpfgebiet hat es keine Berühmtheit erlangt. Das ist aber überhaupt nicht schlimm, denn es gibt heute anderswo noch Seenplatten, die auch nicht sonderlich berühmt sind und darüber hinaus mit sehr sehr flachen Wassertiefen und gefälschten Rundfahrten operieren ... Jedenfalls: Die ↑Sueben und Alemannen lebten damals gerne in unserem verwilderten Landstrich, in dem es nicht einmal Kläranlagen gab. Sie huldigten Flussgöttern und lasen aus dem Wellengeplätscher Sachen heraus. Schreiben konnten sie aber nicht, auch nicht mit Wasserfarben. Die Römer planschten nach getaner Limeskontrolle (↑Limes) in ihren Bädern, die sie mit regelrechten Wellness-Angeboten und Fußbodenheizungen betrieben. Also Wasser gab es schon damals zur Genüge!

Noch heute gilt Baden-Württemberg als bedeutende Bäderregion in Deutschland. An die 50 Kurorte und Heilbäder sind im Land verteilt, nahezu 25 einheimische Mineral- und Heilbrunnen sind Mitglied im Verband Deutscher Mineralbrunnen e. V., in dem alle 250 Mineralbrunnen Deutschlands vertreten sind. Insgesamt werden in Deutschland rund 500 verschiedene Mineralwässer abgefüllt. Der Pro-Kopf-Verbrauch an deutschem Mineral- und Heilwasser beträgt in Deutschland 127 Liter, hinzukommen noch einfache und importierte Trinkwässer. Wasser ist der Deutschen liebstes Getränk.

Wasser ist nicht gleich Wasser, es wird genau unterschieden. Mineralwasser hat seinen Ursprung in einem unterirdischen, vor Verunreinigungen geschützten Wasservorkommen, wird aus natürlichen oder künstlich erschlossenen Quellen gewonnen und muss am Ort der Quelle abgefüllt werden. Aufgrund seines natürlichen Gehaltes an Mineralien, Spurenelementen und sonstigen Inhaltsstoffen besitzt es besondere ernährungsphysiologische Wirkungen. Natürliche Mineralwässer müssen amtlich anerkannt werden. Bei Heilwasser muss eine gesundheitsfördernde Wirkung nachgewiesen und offiziell bestätigt sein. Dem Quell- und Tafelwasser dürfen im Vergleich zu natürlichem Mineralwasser Stoffe, wie natürliches salzreiches Wasser, Meerwasser und Kochsalz zugesetzt werden. Folglich müssen auch keine Mindestgehalte an Mineralien enthalten sein. Tafelwasser muss im Unterschied zum Quellwasser seinen Ursprung nicht in einem unterirdischen Wasservorkommen haben. Jegliches Trinkwasser kann als Tafelwasser abgefüllt und an den Verbraucher abgegeben werden. Auf Autobahnen geschieht dies gerne im 0,3 Liter Gebinde für drei Euro. Dagegen muss Quellwasser wie Mineralwasser am Quellort abgefüllt werden.

Einen herausragenden Platz nimmt unter allen Mineralwasservorkommen Bad Cannstatt bei Stuttgart ein, das eine stolze Vergangenheit als Kurbad der Aristokratie hinter sich hat. Die in Brunnen gefassten Mineralquellen in Stuttgart-Bad Cannstatt und Stuttgart-Berg sind mit über 22 Millionen Litern täglicher Quellschüttung die ergiebigsten in Westeuropa. In ganz Europa besitzt nur noch Budapest ein größeres Mineralwasservorkommen. Hätte beispielsweise München diesen Schatz, so würden mindestens 150 Schilder auf den Einfallstraßen in die Stadt davon berichten. Der Bayerische Rundfunk würde monatliche Eventshows in den Bädern organisieren, abfilmen und versenden. Wir aber gehen da hin und halten unsere »Gosch« – nicht, dass andere aufmerksam werden und am Ende noch in unsere Mineralbäder kommen! Nach neuesten Forschungsergebnissen sprudeln aus dem gesamten Stuttgarter Mineralwassersystem, teils in Heil- und Mineralbrunnen gefasst, teils im Flussbett des Neckars und in den Talkiesen der Neckaraue frei austretend, sogar über 40 Millionen Liter Mineralwasser täglich. Von 19 Mineralquellen sind 13 als Heilquellen mit unterschiedlichen Wirkungen staatlich anerkannt. Heil- und Mineralquellen speisen Schwimmbecken, Therapieeinrichtungen und öffentliche Trinkbrunnen, die in der Stadt verteilt sprudeln. Andere lassen das Wasser für teuer Geld, mit San Pellegrino »Bäpper« drauf, aus Italien ankarren. Bei uns druckt es den Bodenschatz so heftig aus der Tiefe, dass er überall rausspritzt! Die hohe Quellschüttung erlaubt, dass das prädikatisierte Heilwasser den Wannenheilbädern und einigen großen Schwimm- und Badebecken direkt aus der Quelle naturbelassen zufließen kann. Man badet gewissermaßen direkt im Mineralbrunnen. Mir hat mal ein alter Stammgast im Bad Berg erzählt, das sei das einzige Schwimmbad Deutschlands, das ohne jede Chlorierung auskäme, weil es immer soviel frisches Wasser nachdrückt, dass es gar nicht ins Gewicht falle, wenn ein Opa mit Blasenschwäche mal nicht an sich halten könne. Im großen, gerade mal brusttiefen Becken vom Bad Berg strömt in der Mitte aus einem Rohr mit gut dreißig Zentimeter Durchmesser das frische Quellwasser ins Becken, so dass man hin schwimmen und direkt vor Ort trinken

kann. Die Haut fühlt sich nach dem Bad an wie gesalbt und einge-
ölt. Durch Bad Cannstatt läuft jeder zweite mit leeren Flaschen im
Rucksack, weil man an jedem Eck ein anderes Heilwasser abfüllen
kann. Ohne zu zahlen! Kaum zu glauben, gell?

Beim Erdaushub für große Baustellen kann es vorkommen, dass
eine Mineralquelle angebaggert wird. So geschehen z. B. beim Bau
des neuen VfB-Vereinsheims, das ganz modern Clubzentrum
heißt (↑VfB). Schon glänzten die Augen des Präsidiums ob der un-
geahnten Möglichkeiten eines VfB-Kur- und Wellnessbades. Doch
ergaben Überprüfungen, dass die Quelle mit einer schon vorhan-
denen verbunden war. Sie musste wieder zugeschüttet werden.

Kurz: Wo die Iraki Öl haben, haben wir Mineralwasser. Ich bin
froh, dass Mineralwasser nicht brennt. Sonst wär der Bush wahrscheinlich längst auch bei uns eingefallen. Mit einem Feldzug namens: Soda-Storm oder Soda-Stream. Oder: Soda-le.

*Verband Deutscher Mineralbrunnen e.V. (VDM): www.mineralwasser.com; www.
stuttgart.de*

· ·

Müritz → Bodensee

· ·

Neckar
Am Neckar siedelte der schwäbische Stamm der Necken

Der schwäbische Schauspieler, Sänger und Kabarettist Willy Rei-
chert (1896–1973) bemängelte, dass es sich auf Donau und Rhein
schöne Reime für Volkslieder und Schlager machen ließe, aber auf
Neckar kein gescheiter passen würde. Als unglückliches Beispiel
schlug er in schwäbischem ↑Dialekt vor: »Ein junger Bursch, ein

kecker, der sprang in den Necker.« Von volksliedgeeigneter Romantik keine Spur!

Der Name des Neckars wird nicht auf die Necken, die es gar nicht gab, zurückgeführt, sondern auf die Kelten. Sie zählen zu den vorchristlichen Bewohnern des Donau- und Neckarraums. Der Name des Flusses soll so viel wie »Wildes Wasser« bedeuten und über Nikros, Niacarus, Neccarus und Necker zu Neckar geworden sein.

Die offizielle Neckarquelle ist ein Brunnen in Schwenningen. Von hier fließt der Neckar als Bach und Flüsschen durch den Schwarzwald, bis er durch den Zufluss der Eschach zu einem Fluss wird. Lange schlängelt er sich durch wald- und wiesenreiches Gebiet. Bei Plochingen vor Stuttgart wird er durch den Zufluss der Fils schiffbar. Von da an ist der Neckar, auch wenn er teilweise malerisch durch Weinberge fließt, ein für die Schifffahrt nutzbar gemachter Fluss, dessen Wasser für Brauchwasser, Wasserkraftgewinnung und Kühlwasser für Atomkraftwerke Verwendung findet. Hinter Stuttgart nimmt der Neckar das Wasser von Rems, Murr und Enz auf und wird so noch breiter. Der Neckar fließt kurvenreich in Richtung Norden und beschreibt einen Bogen durch den Odenwald. Bei Hirschhorn überschreitet er kurz die Grenze nach Hessen und bildet anschließend wenige Kilometer lang die Grenze zwischen Hessen und Baden-Württemberg. Nachdem er das romantische Heidelberg durchflossen hat, tritt er in die Rheinebene ein und mündet bei Mannheim in den Rhein. Das Neckarwasser hat nun von Quelle (706 Meter ü. N. N.) bis Mündung (95 Meter ü. N. N.) einen Höhenunterschied von 611 Meter überwunden und 367 Kilometer zurückgelegt. Mit einem mittleren Abfluss von 145 m³/s ist der Neckar der zehntgrößte Fluss Deutschlands und der viertgrößte Nebenfluss des Rheins. Zwischen Plochingen und seiner Rheinmündung zählt der 202 Kilometer lange schiffbare Neckar zu den Bundeswasserstraßen mit großen Neckarhäfen in Plochingen, Stuttgart, Heilbronn und Mannheim.

Bekannt war der Neckar einstmals als Flößerfluss. Ab 1100 wurden rund 800 Jahre lang Brenn- und Nutzholz bis nach Holland geflößt. Flussaufwärts wurden Schiffe als Treidelkähne von Pferden gezogen, die am Ufer entlang trotteten. Flusspferde, wie man vielleicht denken könnte, kamen nicht zum Einsatz. Mit der Erfindung der Dampfmaschine veränderte sich alles. Mit der Eisenbahn und dem Ausbau des Schienennetzes hatte es sich am Neckar immer mehr ausgeflößt und ausgetreidelt. Es begann die Zeit der »Kettenschlepperei«. Zwischen Mannheim und Heilbronn konnten Kähne an einer im Strom verlegten, maschinenbetriebenen Kette flussaufwärts gezogen werden. Seit der Entwicklung der Dampfschifffahrt durchschnitten tuckernde Lastkähne die Neckarwellen. Heute treibt der »Diesel« an.

Ich habe oft den Eindruck, andere Metropolen haben ihre Stadt entlang des Flusses gebaut, damit sie an seinen Ufern joggen, skaten und lustwandeln können. Wir haben unsere Hauptstadt quer zum Fluss gelegt, damit er uns nicht auffällt und vom Schaffen ablenkt. Man könnte heulen, wenn man beispielsweise in Straßburg sieht, wie vielfältig die Menschen dort die Ill immer geliebt und genutzt haben, mit ihr leben und sich an ihr erfreuen und dagegen unseren Neckar um den Hafen herum mit seinen betonierten Ufern betrachtet. Es gibt aber inzwischen Initiativen, zum Beispiel »Grünzug Neckar«, in der ich mich auch engagiere und die sich für einen Rückbau der schlimmsten Sünden einsetzt, um den Bürgern ihren Fluss zurückzugeben.

Ganz anders schilderte der amerikanische Schriftsteller und Reiseautor Mark Twain den Neckar. In seinem Buch »A Tramp Abroad«, erschienen mit dem deutschen Titel »Bummel durch Europa«, schildert er seine Eindrücke u. a. vom Schwarzwald, dem Schwabenland, Heidelberg und vom Neckar. Er beschreibt in dem Reisebericht über seine 1878 unternommene Deutschlandtour die Lage Heidelbergs »an einer engen Schlucht (...) auf deren Grund der reißende Neckar fließt« und ist voller Bewunderung über die

Flöße aus Fichtenstämmen, die er in Heilbronn unterhalb einer Brücke entdeckt. Er entschließt sich, auf einem Floß den Neckar hinunter bis nach Heidelberg zu fahren und schwärmt: »Deutschland ist im Sommer der Gipfel der Schönheit, aber niemand hat das höchste Ausmaß dieser sanften und friedvollen Schönheit begriffen, wirklich wahrgenommen und genossen, der nicht auf einem Floß den Neckar hinabgefahren ist.«

Mark Twain: Bummel durch Europa. Berlin 1984

■■■■■■■■■■■■■■■■■■■■■■■■■■■■■

NONNENFÜRZLE
Nonnenfürzle sind Silvesterkracher, die statt nach Pulverdampf nach Weihrauch stinken

Thema Nonnen: Bitte mal strecken, wer an dieser Stelle sofort an irgendeinen hundert Jahre alten dämlichen Softporno, ausgestrahlt bei Kabel 1, gedacht hat? Aha, keine Frau meldet sich, aber ... lassen wir das. Nonnen sind einfach geheimnisvolle Wesen, die die Fantasie anheizen. Sie bilden die Brückenfunktion zwischen irdischer und göttlicher Sphäre. Das muss zwangsweise das Körperliche völlig durcheinander bringen. Es ist schlichtweg unvorstellbar, dass eine Nonne kräftig und laut vernehmbar einen fahren lassen kann. Die Ehrfurcht vor dem Unvorstellbaren führt wiederum zu der schwäbischen Verkleinerungsform des Nonnenfurzes, gleichzeitig wird zum Ausdruck gebracht, dass es bei einem Nonnenfurz weder mit Masse noch mit Klasse weit her sein kann. Lediglich von einem vom Materiellen befreiten »Pfuchzen« wie ein leises Schluchzen kann ausgegangen werden.

Jedoch können Nonnenfürzle auf keinen Fall Silvesterkracher sein, weil sie nicht in der Lage wären, durch lautes Knallen die bösen Geister des Winters und des alten Jahres zu vertreiben. Bei

Nonnenfürzle handelt es sich um kleine, sehr feine und luftige im heißen Fett ausgebackene Brandteigkrapfen, die mit Puderzucker bestäubt oder auch mit Kompott oder Vanillesauce gegessen werden. Welche Ergänzung die leckeren Nonnenfürzle erfahren dürfen, ist reine Glaubensfrage der Hausfrau oder des Kochs. Gerne werden Nonnenfürzle auch zur ↑Fastnacht gegessen.

Um die Herkunft der Nonnenfürzle und ihren Namen ranken sich Legenden, und wie immer, wenn es sich um Themen handelt, die selbst im weitesten Sinn das Religiöse berühren, ist der Streit um die Deutungshoheit entbrannt.

Die einen meinen, Nonnenfürzchen würde sich von »Nonnenfürtchen« ableiten, das wiederum vom mittelhochdeutschen »Nunnekenfurt« hergeleitet wird und soviel bedeutet wie »von den Nonnen zubereitet«. Einleuchtender scheint die Erklärung zu sein, welche den Namen über »la farce – die Füllung« und »farcir – füllen« erklärt, denn es gab das Gebäck früher auch in gefüllter Form. Aus »farce« wurde »färze«, da war es bis zum Nonnenfürzle nicht mehr weit.

Schon im Mittelalter ist das Nonnenfürzle als »Nonnenvürzelin« belegt. In Sebastian Sailers (Prediger und Dichter, 1714–1777) in schwäbischem ↑Dialekt verfassten Singspiel »Die Schwäbische Schöpfung« von 1742, in dem der einfachen, oberschwäbischen Bevölkerung die biblische Schöpfung erklärt und nahe gebracht wurde, indem sie in das Alltagsleben der schwäbischen Bauern übertragen wird, heißt es an einer Stelle »(…) Zuckerzealta und Zibeba, Leackerla vom beschta G'wüz, Ulmerschnitta, Nonnafüz (…)«, ein frühes Zeugnis aus der schwäbischen Literaturgeschichte.

Übrigens: Die kleinen Knaller mit winzigkleiner Zündschnur, mehrere Dutzend an einem Strang zusammengekettet, an die jeder, der in den siebziger Jahren Junge war, beim Begriff »Nonnenfürzle« auch denken musste – die hießen damals im Kinderfachjargon und politisch völlig unkorrekt: »Judenfürzle«. Wir haben uns nichts dabei gedacht und ständig nach ihnen verlangt. Wer einen Strang besaß, war den ganzen Nachmittag lang ein Held, denn man knotete sie auf, zündete sie einzeln und hatte unzählbare Möglichkeiten der Spaßausbeute: Man konnte sie Hunden und Omas vor die Füße werfen, in den Fingern und zwischen den Zähnen explodieren lassen, sie ließen sich angezündet leicht den Mädchen in den Schulranzen schmuggeln und so weiter. Das Geld für sie aufzutreiben war nicht die schwerste Übung, denn man konnte an den vielen Baustellen leere Bierflaschen sammeln oder an der alten Rems Kaulquappen fangen und gewinnbringend verkaufen. Nein, das Problem war, dass die Dame im Kolonialwarenladen mit der Warze am Kinn, aus dem ein Furcht erregend langes schwarzes Haar herauswuchs, die Unterschrift der Eltern für den Kauf verlangte. Als es meinem Schulkamerad Michael Gasper – heute ein angesehener Chirurg – und mir nach diesen Dingern verlangte, die Unterschrift der Eltern aber aus familienstrategischen Gesichtspunkten bei uns beiden momentan nicht zu bekommen war – da setzten wir uns hin mit unserem Schulfüller und schrieben in feinster Schrift:

»Wir erlaupen unseren Kindern hirmitt, das sie sich solche Judofürze kaufen!«

Wie auch immer, sie hat den Schwindel bemerkt.

www.brotmuseum-ulm.de; CD: Die schwäbische Schöpfung von Sebastian Sailer. Gespielt, gesprochen und gesungen von Walter Frei. Theaterei Schloß Erbach. Geschäftsstelle: Eichengrund 84, 89075 Ulm

OBERLAND → OBERSCHWABEN

OBERSCHWABEN
Oberschwaben liegt auf der Schwäbischen Alb

Eines von vielen schwäbischen Volksliedern ist das Lied »Drunten im Unterland« von Gottfried Weigle (1816–1855), das nach einer Melodie von Friedrich Silcher (1789–1860) gesungen wird. In dem Lied werden die Vorzüge des schwäbischen Unterlands gegenüber dem schwäbischen Oberland hervorgehoben, obwohl das Unterland ein armes Land ist. In der ersten Strophe werden als Metaphern die bitteren Schlehen des Oberlands den süßen Weintrauben des Unterlandes gegenüber gestellt (↑Wein): »Drunten im Unterland, da ist's halt fein! Schlehen im Oberland, Trauben im Unterland; Drunten im Unterland, möcht' i wohl sein!« Es stellt sich wirklich die Frage, was der Dichter Weigle aus Esslingen am Neckar und der Komponist Silcher aus Schnait im Remstal mit Unter- und Oberland gemeint haben.

Das Stadtarchiv Heilbronn meint: »(…) dass die beiden Begriffe historisch irgendwann im Herzogtum Württemberg (1495–1806) gebildet wurden, wo es für einige Verwaltungszweige eine räumliche Gliederung in ein ›Land ob der Steig‹ (Oberland) und ein ›Land unter der Steig‹ (Unterland) gab. Die Grenze bildete die alte Weinsteige in Stuttgart. Der Begriff Unterland hat sich dann für den Raum um Heilbronn eingebürgert. Die Ausdehnung ist nicht genau anzugeben, umfasst aber sicher den Raum zwischen Lauffen, Löwenstein, Gundelsheim und Eppingen.« Im Standardwerk »Süddeutschland« von Robert Gradmann (1931) heißt es im Abschnitt über das Neckarland: »Innerhalb Württembergs (…) wendet der wissenschaftliche Sprachgebrauch den im Volksmund ziemlich unbestimmten und verschieden angewendeten Ausdruck ›Unterland‹ (…) auf das Neckarland in unserem Sinne an und stellt ihn dem Schwarzwald, der Alb und Oberschwaben gegenüber.«

Aus mangelnder geografischen Abgrenzung oder politischer Grenzziehung bringen manche in das schwäbische Unterland noch heute den Mittleren Neckar-Raum mit Stuttgart, den Tau- bergrund und den Schwäbischen und Schwäbisch-Fränkischen Wald (↑Schwäbischer Wald) ebenso Teile Hohenlohes mit hinein.

Das »ungefähre« Unterland steht in gewissem Sinne als Pendant zu Oberschwaben, denn von einem Unterschwaben als Land- strich zu sprechen, ist nicht üblich.

Oberschwaben ist aber genauso wenig klar umrissen. An der Stuttgarter Weinsteige fängt es nach heutiger Auffassung auf je- den Fall nicht an, denn der Stuttgarter Stadtteil Degerloch, der oberhalb der Weinsteige liegt, wird definitiv nicht zu Oberschwa- ben gerechnet. Richtig ist, dass dort oben Schwaben wohnen, die mehr Geld für Miete oder Baugrundstück übrig haben als einer im Stuttgarter Osten; insofern handelt es sich doch wieder um eine Art Degerlocher Oberschwaben. Grob umrissen wird als Ober- schwaben oder Schwäbisches Oberland die Landschaft zwischen der Schwäbischen Alb, der Donau und dem ↑Bodensee bezeichnet, östlich begrenzt vom Fluss Iller oder vom Lech, das ist umstritten. Zu den wichtigsten Städten Oberschwabens zählen Biberach an der Riß, Ravensburg und Friedrichshafen. Die Schwäbische Alb zählt irgendwie weder zum einen noch zum anderen. Vielleicht, weil sie früher wirtschaftlich eine untergeordnete Rolle spielte, oder weil das Land nicht in einen Verwaltungsbezirk Mittel- schwaben aufgeteilt wurde. Auf keinen Fall liegt Oberschwaben auf der Schwäbischen Alb, sondern im Südosten Baden-Würt- tembergs, so viel steht fest.

Das landwirtschaftlich geprägte, hügelige und eher katholische Oberschwaben gilt auch als »Herrgottswinkel« des Landes, weil es eine außergewöhnlich hohe Anzahl schöner, barocker Kirchen aufweist. Die Oberschwäbische Barockstraße ist eine der bekann- testen Straßen Baden-Württembergs. Von der A8 Stuttgart– München bei Beginn der Sommerferien einmal abgesehen.

www.stadtarchiv-heilbronn.de

OBST
Obst ist schwäbisch für Früchte

Ein kleiner, kaum beachteter Unterschied zwischen Süd- und Norddeutschland tut sich in der Bezeichnung eines der nahrhaftesten Lebensmittel auf. Während wir im Schwabenland Obst essen, verzehren die anderen Früchte. Zweifelsohne haben wir dasselbe gegessen, da kann man einem Schwaben keinen Apfel für eine Birne vormachen. Trotzdem wird man im Café nachdenklich, wenn einer nach Obstkuchen fragt oder ob noch ein Vierfruchtkuchen da wäre. Was jetzt? Für einen Schwaben ist klar, dass unter Obstkuchen alle Kuchen fallen, die mit Äpfel, Birnen oder Zwetschgen belegt sind. Aber dann fällt sein Blick auf Kuchen mit Aprikosen, Mandarinen oder Bananen, und er würde sie ebenfalls unter Obstkuchen einordnen, obwohl er weiß, dass seine schwäbische Heimat für Orangenhaine keine Berühmtheit genießt. Südfrüchte oder Südobst, das ist auch nicht die Frage, denn Südobst gibt es nicht. Und ein Obstgärtle als Früchtegärtle zu bezeichnen, würde als eine schwäbisch-dialektische Unverschämtheit hochdeutscher Dialektverhunzer eingestuft werden.

Italien-, Spanien- oder Frankreichurlauber finden schnell die Ähnlichkeit der lateinisch verwurzelten Begriffe frutta, fruta oder fruit mit Frucht und Früchte heraus. Das Wort wurde aus dem lateinischen »fructus« für die deutsche Sprache entlehnt. Nun ist aber Obst tatsächlich kein Wort des ↑Dialekts, sondern wird als deutsches Wort mit germanischer Sprachwurzel geführt. Der Begriff Obst stammt, je nach Quelle, von dem althochdeutschen Wort »ob-az« oder »obez« ab, was soviel wie »Zukost« bedeutet. Darunter fiel alles, was außer Brot und Fleisch verzehrt wurde. Auch Sättigungsbeilagen wie Gemüse und Ähnliches.

Obst wird heute als Sammelbegriff verstanden, der alle genießbaren Früchte von Bäumen und Sträuchern einschließt, der sogenannten Obstgehölze. Im Großen und Ganzen handelt es sich um

Beerenobst, Kernobst, Steinobst, Schalenobst, Südfrüchte und Zitrusfrüchte. In gewissem Sinne wären Gemüsesorten wie Paprika, Tomaten, Kürbisse oder Gurken als Obst zu bezeichnen, weil sie aus einer Blüte entstehen. Doch fehlt es ihnen an der für Obst typischen Süße oder Säure. Gurken oder Kürbisse zählen übrigens botanisch zu den Beeren. Eine originelle Ausnahme nimmt der Rhabarber ein, der als Pflanzenstängel deutlich ein Gemüse ist, aber wie Obst verwendet wird, z. B. als Rhabarberkompott oder Rhabarberkuchen. Zu Gemüse, das wie Obst verwendet wird, können auch alle Arten von Melonen gezählt werden.

In Baden-Württemberg besitzt der Obstbau eine lange Tradition. Die ersten urkundlichen Belege über »Baumgärten« und »Baumpflanzungen« gehen bis in das 8. Jahrhundert zurück. Typisch sind die südwestdeutschen Streuobstlandschaften, die Mitte des 18. Jahrhunderts entstanden sind. Streuobst meint, dass keine an der Schnur gezogenen Plantagen entstanden, sondern die Bäume verstreut auf der Wiese stehen. Damals wurden die Baumfrüchte von den Baumbesitzern größtenteils selbst genutzt – zum Rohverzehr, als Dörrobst sowie zur Bereitung von vergorenem Apfel- oder Birnenmost und Obstbränden. Nach dem Ausbau der Eisenbahnstrecken (↑Bahnstationen) nahm der Marktobstbau zu. Güterzüge mit Bodenseeäpfeln, Neckarobst und Bühler Zwetschgen rollten durch ganz Deutschland. Leider ist der Streuobstbau rückläufig – die Pflege ist zu aufwändig. Während 1965 noch fast 18 Millionen Streuobstbäume gezählt wurden, waren es 1990 nur noch knapp 11,4 Millionen. Streuobstgürtel um Gemeinden und Städte fielen neuen Wohn- und Gewerbegebieten, dem Straßenbau, Flurbereinigungen oder einem Generalobstbauplan zum Opfer, der in der Nachkriegszeit entwickelt wurde. Baden-Württemberg ist der größte Obstproduzent und -vermarkter in der Bundesrepublik. Jeder zweite Apfel, der in Deutschland erzeugt wird, kommt aus Baden-Württemberg. Bei manchen Obstarten wie Pflaumen und Zwetschgen oder Beerenobst beläuft sich der

Landesanteil sogar auf 60 Prozent. Dennoch haben viele Betriebe die Produktion aufgegeben, bei gleichzeitiger Zunahme der Anbaufläche. Obstkulturen können in Nebenerwerbstätigkeit von Familienbetrieben nicht mehr lohnend bewirtschaftet werden. Zur Ernte in spezialisierten Unternehmen müssen deswegen Saisonarbeitskräfte, meist aus dem Ausland, hinzugezogen werden.

Über 100 Fruchtsafthersteller verarbeiten in Baden-Württemberg jährlich rund 50 Prozent des in Deutschland anfallenden Mostobstes, das sind bis zu 200 Millionen Liter pro Jahr. Auch die Verwertung von Mostobst im Rahmen des Branntweinmonopols liegt im Ländle nicht flach. Von den 30 000 Klein- und Obstbrennern in Deutschland befinden sich rund 24 000 in Baden-Württemberg. Keiner von den Brennern würde von sich sagen, dass er einen »Früchtler« brennt, alle brennen »Obstler«.

Mit dem Stückle meiner Oma habe ich schnell erkannt, in welchem Dilemma ein pietistisch geprägter schwäbischer Gütlesbesitzer steckt: Einerseits ist beispielsweise das »Auflesen« der Äpfel, meist Ende Oktober, wenn das Gras schon Rheuma fördernd nasskalt ist, sehr zeitaufwändig und beschwerlich. Hernach müssen die schweren Säcke im überladenen Auto zur Saftpresse gefahren werden, wo man dann als Tageslohn für die ganze Familie gern einmal 10 Mark und 35 Pfennig in den Händen hielt. Andererseits konnte und durfte man diese Gottesgabe auch nicht einfach so liegen und verkommen lassen. So war es immer herrlich, wenn der Mai noch mal einen Spätfrost brachte und die ganzen Blüten an den Bäumen vernichtete. »Oma«, sagte ich im Jahr 1974 zu ihr, nachdem ich mit meinem Vater in ihrem Stückle war, »der Papa hat gesagt, alles ist erfroren, es gibt dieses Jahr überhaupt keine Äpfel und keine Kirschen!« »Ach«, antwortete Oma Hermine da erleichtert, »do benne aber froh!«

Ministerium für Ernährung und Ländlichen Raum Baden-Württemberg: www.mlr.baden-wuerttemberg.de

OFENSCHLUPFER
Ofenschlupfer sind faule Gesellen, die im Winter hinter den
Ofen schlupfen

Zwar kann es vorkommen, dass faule Gesellen hinter dem Ofen
auf einen Ofenschlupfer warten, doch handelt es sich dann sicher-
lich um einen Nachtisch der schwäbischen Küche. Der Ofenschlupfer ist ein süßer Auflauf, der aus der ländlichen Resteküche
stammt. Als Basis werden Zutaten genommen, die üblicherweise
in einer bäuerlichen Küche zu finden waren. In manchen Gegenden und bei einigen Familien werden auch salzig-pikante Ofenschlupfer als Hauptspeise gegessen, doch ist das Gericht eher als
süße Nachspeise mit Vanillesauce bekannt.

Beim süßen Ofenschlupfer werden übrig gebliebene, alte oder
harte ↑Wecken, Weißbrot oder Hefezopf in Scheiben geschnitten.
Zusammen mit Apfelscheiben werden sie schichtweise in eine
gefettete Auflaufform gelegt. Als Zutaten kommen gehackte Man-
deln, Nüsse, Rosinen und Zucker hinzu, die zwischen die einzelnen Schichten gestreut werden. Über das Ganze wird eine
Mischung aus Milch und Ei gegossen. Je nach gewünschter Ge-
schmacksrichtung, kann der Anteil an Ei und Milch variieren. Im
Ofen überbacken, wird der Ofenschlupfer noch warm mit Vanillesauce serviert. Der Ofenschlupfer »lappt« nahtlos in die Berei-
che: Schwäbischer Erfindungsgeist, ↑Sparsamkeit, Ökologisches
Bewusstsein und Tiefenpsychologische Schwabenphilosophie
über. Er ist eine geniale Idee der Wieder- oder Weiterverwertung;
er lässt Kinder nicht jammern, sondern jubeln. Der Ofenschlupfer
ist die vierte, bestüberlegte und schwäbisch-genialste Antwort
auf die Frage: »Was macht man am besten mit altem Brot oder
Hefekranz?«

Antwort eins – für Schwaben völlig indiskutabel: Wegschmei-
ßen.

Antwort zwei: Ans Vieh verfüttern. »Waaas? Den Hefekranz,

wo soviel Butter mit neiverbacken ischt? Spennet ihr?« Der Groß-
bauer hat Recht.

Antwort drei: Die heulenden Kinder zum Aufessen zwingen.

Antwort vier: Der Ofenschlupfer.

Da es sicher bis heute noch nicht geschehen ist, werde ich ihn
jetzt gleich im Namen aller Schwaben beim Patentamt anmelden
(↑Fleiß).

Frank Gerhard: Kulinarische Streifzüge durch Schwaben. Siegloch 1998

■ ■

PANASCHIEREN
Schnitzel werden panaschiert

Schon in kulinarischer Hinsicht kann ein Schnitzel so gut wie nie
panaschiert auf den Tisch kommen, weil es einfarbig leckerbraun
auf dem Teller liegt. Unter Panaschieren (frz.: panacher; bunt machen, mischen) wird es generell immer bunter, als es vorher war.
Ein buntscheckiges Schnitzel ist so gut wie unbekannt. In manchen Gegenden, wie z. B. in Österreich, wird ein gemischtes Kompott oder Speiseeis als Panaschee bezeichnet. In früheren Zeiten,
in denen beim Militär keine Tarnanzüge, sondern grellbunte, Kar-
nevalskostümen ähnliche Uniformen getragen wurden, die man
gut und gerne als zielsicher und feindfreundlich bezeichnen
konnte, kam es vor, dass zur besseren Ortung der Soldaten, ihre
glänzenden Helme noch einen großen, aus farbigen Federn bestehenden Busch trugen, der Panasch genannt wurde. Auch in der
Botanik taucht der Begriff auf, wenn Laubblätter weiße Flecken
bekommen, weil es ihnen an Grün mangelt. Hier könnte eine
Verbindung zum baden-württembergischen Gemeinderats- und
Kreistagswahlrecht, wo das Panaschieren zum Wahlverfahren
zählt, bestehen.

Alle fünf Jahre finden in den 1110 Gemeinden Baden-Württembergs Kommunalwahlen statt. Mehr als 20 000 Mandate werden in den Gemeinderäten neu vergeben. In 35 Landkreisen sollen rund 2200 Kreistagssitze mit alten und neuen Kandidaten besetzt werden. Wobei wir alle aus Erfahrung wissen, dass es bei allen Wahlen, egal ob Kommunalwahlen, Landtagswahlen, Bundestagswahlen oder Europawahlen, immer nur um die »Besetzung« von Parlamentssitzen geht, sie aber bei Sitzungen selten »besessen« werden. Es ist wie am Strand, wo lauter leere Liegestühle stehen, die aber alle, z. B. durch ein Handtuch, »besetzt« sind.

In Baden-Württemberg gibt es ein kompliziertes Gemeinderats- und Kreistagswahlrecht, das bei jeder Wahl gleichzeitig einen Intelligenztest für die Wähler darstellt. Der Intelligenzquotient des Wahlvolkes spiegelt sich in der Sitzverteilung wider.

Wie funktioniert panaschieren? Lesen Sie bitte aufmerksam weiter. Zitat von der Webseite www.baden-wuerttemberg.de:

»Als Wahlsystem dient die Verhältniswahl auf der Grundlage freier Listen, die von Parteien und Wählervereinigungen für das Wahlgebiet eingereicht werden. Jedem Wahlberechtigten stehen so viele Stimmen zu, wie Mandatsträger zu wählen sind. Die Zahl der Gemeinde- bzw. Stadtratsmitglieder ist gesetzlich geregelt – je nach Gemeindegröße sind es zwischen acht und sechzig. Der Wähler kann am Wahltag einen einzelnen Stimmzettel unverändert in die Wahlurne werfen. Dann gilt jeder Bewerber auf der Liste als mit einer Stimme gewählt. Daneben hat er die Möglichkeit zur Stimmenhäufung (Kumulieren) und zur Übertragung von Kandidaten von einer Liste auf eine andere (Panaschieren). Damit weist das Wahlsystem eine ungewöhnliche Durchlässigkeit für die Wünsche und Vorstellungen der Wähler auf, die hier mehr als anderswo bestimmen können, wie ihr ›Wunschgemeinderat‹ als Kommunalvertretung aussehen soll.«

Nachdem Sie alles genau verstanden haben, bei »panaschieren« aber noch leicht mit dem Kopf wiegen, hierzu eine Erläuterung:

Sie haben eine bestimmte Anzahl von Stimmen, nämlich für jeden zu besetzenden »Sitz« eine. Die Anzahl der Sitze richtet sich nach der Gemeindegröße. So hat z. B. der Wähler in Stuttgart ganz sicher mehr Stimmen zur Verfügung als im wunderschön gelegenen Böllen im Landkreis Lörrach, das mit 104 Einwohnern als kleinste Gemeinde in Baden-Württemberg gilt. Trotz der geringen Größe ist mit dem Verein »Tauziehfreunde Böllen e. V. 1989« ein Zug in das Dörflein gekommen. Die Tauziehfreunde aus Böllen ziehen in der Bundesliga und sind mehrmalige Deutsche Meister im Tauziehen, dies nur, wenn sie einmal einen Aktiv-Urlaub im Südschwarzwald buchen möchten, Seile werden gestellt.

Zurück zum Panaschieren. Sie nehmen nun z. B. einen 4-kugeligen Erdbeereis-Becher, lassen wieder 2 Kugeln herausnehmen und dafür 1 gelbe Vanille-Kugel und 1 grüne Waldmeister-Kugel reinlegen. Jetzt haben Sie wieder einen vollen Becher mit den Farben rot, gelb, grün. Er sieht bunt aus, sprich: panaschiert. Jetzt essen Sie diesen. Ob das Panaschee Ihnen bekommt, merken Sie erst hinterher. Wenn Sie vor dem Essen statt 4 Kugeln eine Kugel mehr in den Becher drücken möchten, läuft er über, wird schmierig und rutschig. Er fällt Ihnen aus der Hand, versaut Ihnen Hemd oder Bluse und platscht so auf Ihre Schuhspitzen, dass die Spritzer die Hosenbeine total verschmutzen. Das bedeutet, dass Ihre Stimmenabgabe ungültig ist. Was lernt man beim Panaschieren? Nicht nur die optischen Reize sind wichtig, sondern auch ihre Anzahl, sonst wird's ganz einfach zu viel. Zu bunt kann's einem sowieso werden. Also: Lesen Sie vor der nächsten Gemeinderatswahl einfach noch mal die Kapitel »Panaschieren« und »↑Kumulieren« dieses Buches und seien Sie beim Wählen stinkig und eiskalt: Denken Sie an Eis und Mist, dann kann praktisch nichts mehr schief gehen!

PORSCHE
Ferdinand Porsche war Schwabe

Es wäre zu schön, wenn die zweite Autofabrik in Stuttgart-Zuffen-hausen, auf die wir genauso stolz sind wie auf die andere in Stutt-gart-Untertürkheim, von einem tüfteligen Schwaben gegründet worden wäre, der – wenn man es irgendwie einrichten könnte – jahrelang verkannt und belächelt, aber mit fleißiger Frau und schwäbischem Dickkopf bei Trollinger und ↑Maultaschen seine Vi-sion verfolgte und dann eines Tages das beste Auto der Welt baute, aber trotzdem weiterhin totaaaal bescheiden blieb und in seiner Stamm-Weinstube an der Ecke ein Viertele trank (↑Wein). Doch jetzt müssen wir wieder auf den sauber gekehrten Boden der Stutt-garter Tatsachen herunterkommen. Das schwäbische Klischee klebt, der Mythos lebt – doch Ferdinand Porsche war Österreicher!

Professor Dr. Ing. h. c. Ferdinand Porsche wurde am 3. Septem-ber 1875 in Maffersdorf/Böhmen (heute: Vratislavice/Tsche-chien) als drittes von fünf Kindern geboren. Der Vater Anton Por-sche war Inhaber einer Flaschnerei, wie der Schwabe zu einer Spenglerei sagt, wenn er eine Klempnerei meint. Vom Vater nicht unbedingt gerne gesehen, zeigte Ferdinand schon als Kind techni-sches Interesse und Experimentierfreude, z. B. mit Elektrizität, die zu dieser Zeit zu den wirklichen Neuerungen zählte. Ferdi-nand lernte Flaschner, suchte aber später Arbeit in einer Elektro-firma. Die beruflichen Stationen und Erfindungen von Ferdinand Porsche sind zahlreich, unter anderem konstruierte er 1897 einen elektrischen Radnabenmotor. Im selben Jahr wechselte Porsche zur k. u. k. Hofwagenfabrik Jacob Lohner & Co., Wien, die 1900 den Lohner-Porsche, ein transmissionsloses Fahrzeug mit dem Porsche-Radnabenmotor als Antrieb, auf der Pariser Weltausstel-lung als epochale Neuheit vorstellte.

Ferdinand Porsche heiratete 1903 Aloisia Johanna Kaes. Aus der Ehe gingen die Kinder Louise und Ferdinand Anton Ernst (»Ferry«) hervor. Louise heiratete später den Wiener Rechtsanwalt Dr. Anton Piëch, so kam dieser bekannte Familienname zu den Porsches hinzu. Nach dem Krieg machte Sohn Ferry das Konstruktionsbüro zu einem weltweit anerkannten Sportwagenhersteller. Unter seiner Leitung wurde 1948 in Gmünd/Kärnten ein Sportwagen auf Basis von Volkswagenteilen realisiert: der 356. Dieser wurde unter der Leitung von Ferry Porsche entwickelt und als Typ 356/1 am 8. Juni technisch abgenommen. Es war der erste Sportwagen, der den Namen Porsche trug, ein Roadster mit Leichtmetallkarosserie.

Doch Jahre zuvor war Ferdinand Porsche 1906 als technischer Direktor zu Austro-Daimler in Wien gewechselt. Außer Autos, die viele Rennen gewannen, konstruierte Porsche bei Austro-Daimler auch leistungsstarke Flugmotoren, große Zugmaschinen, Feuerwehrfahrzeuge, Oberleitungsbusse und Transportsysteme mit benzin-elektrischem Antrieb. 1923 wechselte Ferdinand Porsche zur Daimler-Motoren-Gesellschaft in Stuttgart. (↑Daimler-Chrysler) Nach sechs Jahren voller großer Konstruktionserfolge, wie den Mercedes-Kompressorwagen, verließ Ferdinand Porsche die Firma Daimler-Benz und ging nach Österreich zur Steyr-Werke AG. Eineinhalb Jahre später gründete Ferdinand Porsche in Stuttgart sein unabhängiges Konstruktionsbüro, das am 25. April 1931 als »Dr. Ing. h. c. F. Porsche GmbH, Konstruktionen und Beratung für Motoren und Fahrzeuge« ins Handelsregister eingetragen wurde. Am 22. Juni 1934 wurde ein Vertrag zwischen dem Porsche-Konstruktionsbüro und dem Reichsverband der Automobilindustrie geschlossen. Es war die Geburtsstunde des Volkswagens. Im Herbst 1944 wurde das Porsche Konstruktionsbüro von Stuttgart nach Gmünd/Kärnten verlagert. Zum Ende des Krieges lebte Ferdinand Porsche in Gmünd/Kärnten und Zell am See in Österreich. Professor Dr. Ing. h. c. Ferdinand Porsche starb am 30. Januar 1951 im Alter von 75 Jahren in Stuttgart, begraben wurde er in Zell am See.

Nicht einmal ein Zuffenhausener war er. Der derzeitige Porsche-Geschäftsführer Wendelin Wiedeking ist bekanntermaßen auch kein Schwabe. Das macht aber nichts, denn ich hatte schon mehrmals das Vergnügen, da zu sein wo er auch war und umgekehrt. Und eines habe ich dabei gelernt: Wo Wiedeking ist, da sind auch die guten Weine. Kurz: Der Mann ist zwar leider kein Schwabe, aber so ganz falsch nun auch wieder nicht!

www.porsche.com

■■■■■■■■■■■■■■■■■■■■■■■■■■■■■■

PREUSSISCHE SCHWABEN → HOHENZOLLERN

QUELLEN → MINERALWASSER

■■■■■■■■■■■■■■■■■■■■■■■■■■■■■■

QUETSCHKOMMODE
Eine Quetschkommode ist ein schwäbisches Möbelstück, das in jede Wohnung passt

Man erbt von der Tante eine geschichtsträchtige Kommode, die mit Erinnerungen an Schulferien, Sonntagnachmittage und Zwetschgenkuchen mit Sahne verbunden ist. Und dann passt sie – so als antiquarischer dunkler Solitär zwischen hellen Naturholzmöbeln, einfach so als kontrapunktisches Objekt in der Wohnung – wegen zwei Zentimetern nicht zwischen die Ikea-Regale. Am liebsten würde man die ehrwürdige Kommode, die Verwandte, Nachbarn und Geschäftskollegen mit Mühe drei Geschosse die Treppe hoch geschleift haben, etwas zusammenquetschen, aber sie ist aus Eiche. Vollholz, nicht furniert – keine Chance! Man wünscht sich eine Quetschkommode, aber nicht mal der Ikea-Katalog weist eine aus. Ist die Geschichte realistisch? Nein! Denn auch bei eBay ist eine Quetschkommode als wahrhaftige Kommode nicht zu bekommen – und was es bei eBay nicht gibt, ist nicht von dieser Welt.

Aber unter dem Keyword »Quetschkommode« werden Akkordeons angeboten. Weitere Synonyme, die auftauchen können, sind Ziehharmonika, Ziehorgel, Handorgel, Riemenorgel, Handharmonika oder auch Schifferklavier. Wenn weltweit eine schwäbische Quetschkommode bei eBay angeboten wird, dann meist eine der Marke Hohner aus Trossingen, die auch Mundharmonikas schmückt.

Die Quetschkommode wurde schon 1829 von Cyrill Demian in Wien als »Accordion« patentiert. Als Musikinstrument zählt es zu den Handziehinstrumenten, was nur zur Hälfte stimmt, weil es auch wieder zusammengedrückt werden muss, falls man mehr als einen Seufzer darauf spielen möchte. Beim Ziehen wird Luft in einen Zickzack-Blasebalg gesaugt und dadurch werden Töne erzeugt, beim Drücken entweicht die Luft und bildet wieder Töne, vorausgesetzt, auf Tastaturen werden Knöpfe oder Tasten dabei gedrückt. Geschickt betätigt, können die Töne zu einer Melodie moduliert werden. Die meisten Musiker können das, aber nicht wirklich alle. Dies ist nur das Grundprinzip, in Wahrheit ist die Quetschkommode ein technisch und spieltechnisch sehr anspruchsvolles Instrument. Es gibt viele Varianten und Klassifikationen, nicht nur aus technischer Sicht, sondern auch nach Verbreitung in den Ländern der Welt.

Einer der weltweit bedeutendsten Akkordeon-Hersteller, die Matth. Hohner AG aus Trossingen, als kleine Werkstatt 1857 von Matthias Hohner (1833–1902) gegründet, wurde Ende der 1990er Jahre an taiwanesische Investoren verkauft, so dass heute ein Teil der »schwäbischen« Instrumente, insbesondere die Komponenten für Akkordeon, Mundharmonika, Blockflöten, Gitarren, Flügel, Digital Pianos und Melodicas, in Asien gefertigt wird. In Trossingen ist noch ein Stamm von Mitarbeitern verblieben, in der Kantine soll noch schwäbisch gegessen werden. Dennoch ist Trossingen durch die Bundesakademie für musikalische Jugendbildung, die Staatliche Hochschule für Musik, das Hohner-Konservatorium, die Musikschule Trossingen und durch internationale Musikfestivals immer mit dem Akkordeon und der Musik untrennbar verbunden.

Die Beliebtheit der Quetschkommode als Freizeitinstrument beweist der Deutsche Harmonikaverband e. V. (1931), der mit rund 120 000 Mitgliedern einer der größten deutschen Laienmusikverbände ist. Sein Hauptsitz ist in Trossingen. Schwer vorstellbar, dass als Folge der Globalisierung asiatische Akkordeonvereine den Verband übernehmen werden. Nicht überall lassen Schwaben es zu, dass sich andere dazwischenquetschen.

Hartmut Berghoff: Zwischen Kleinstadt und Weltmarkt: Hohner und die Harmonika 1857–1961. Paderborn 1997

Rapunzel → Ackersalat

Reichtum
Das Schwabenland war schon immer eine reiche Gegend

Nach der Wende setzte erneut eine innerdeutsche Wanderungsbewegung von Nord nach Süd ein. Waren es vor Jahren die Werften- oder Stahlkrisen, so galt nun die desolate Wirtschaftslage in den neuen Bundesländern als Auslöser. Ziele der neuen Wanderarbeiter waren und sind die wirtschaftsstarken und wohlhabenden Bundesländer Bayern und Baden-Württemberg, die so kleine

Seen haben, dass der Bau von Werften schon in sehr frühen Zeiten in Frage gestellt wurde. Selbst wenn dazu der Bodensee in Betracht gezogen worden wäre, hätte die Überwindung oder Kanalumgehung des Rheinfalls von Schaffhausen mit gleichzeitiger Ausbaggerung des gesamten Rheintals die Finanzen dermaßen strapaziert, dass an den Ausbau von märchenhaften Schlössern mit traumhaften Parkanlagen nicht mehr zu denken gewesen wäre. Auch hätte man aus Kostengründen auf den einen oder anderen Krieg verzichten müssen. Zwar gibt es Hüttenwerke in Baden-Württemberg und auch Bergbau, doch besteht die Auffassung im Land der Häuslebauer, dass nicht in den Berg hinein »gebaut« wird, sondern dass Hüttenbau vielmehr als Bau von exklusiven Hütten »auf« Bergen mit schöner Aussicht verstanden wird. So konnten die beiden Süd-Länder von typischen west- und norddeutschen Strukturkrisen nicht erfasst werden.

Niederschlag findet der Standortvorteil einer Gegend, die von einschneidenden Wirtschaftskrisen nicht direkt berührt wird, unter anderem in den Zahlen des Jahres 2004, die das verfügbare Einkommen je Einwohner benennen. Der bundesdeutsche Durchschnitt betrug 17 544 Euro im Jahr, das macht 1462 Euro im Monat. Das Schlusslicht stellte Mecklenburg-Vorpommern mit 13 950 Euro, also 1162,50 Euro im Monat. Wir ahnen es, an erster Stelle stand Baden-Württemberg mit 19 233 Euro im Jahr, gleich 1602,75 Euro im Monat. Das waren 2004 im Durchschnitt pro Einwohner und Monat 440,25 Euro mehr zum Ausgeben oder Sparen als in Mecklenburg-Vorpommern.

Wen wundert es, wenn Mecklenburg-Vorpommern immer stärker entvölkert wird, während die Baden-Württemberger eher in der Heimat bleiben. Doch es war nicht immer so. Auch Schwaben sind schon in Scharen ausgewandert. Zum eigentlichen »Jahrhundert der Auswanderung« wurde das 19. Jahrhundert. Von der in der Verfassung garantierten Freiheit auszuwandern machten ↑Badener, ↑Hohenzollern und Württemberger in großem Maß

Gebrauch. In der ersten Jahrhunderthälfte galt der Südwesten als Hauptauswanderungsgebiet im Deutschen Bund, schätzungsweise 800 000 Menschen verließen ihre Heimat. Nicht Abenteuerlust oder religiöse Gründe, wie noch oft im 18. Jahrhundert, waren die häufigsten Motive, sondern schlicht und einfach Not, ↑Armut und Hunger. Die Landwirtschaft konnte aufgrund erblich bedingter Kleinteilung der Güter (↑Erbe), unterentwickelter Methoden und vom Klima verursachter Missernten die Ernährung nicht mehr sicherstellen. Eine Negativspirale setzte ein. Immer nach dem Anstieg der Getreidepreise, der Verteuerung von Brot und aller anderen Lebensmitteln bildeten sich vor den Auswanderungsbüros Menschenschlangen. Erst als die beginnende Industrialisierung in der zweiten Hälfte des 19. Jahrhunderts neue Erwerbsquellen bot, ebbte die Auswanderungsbewegung langsam ab, versiegte aber nie gänzlich. Die Zielländer der Auswanderer aus dem Südwesten, die nach heutiger Begrifflichkeit größtenteils nichts weiter als Wirtschaftsflüchtlinge waren, hießen Australien, Algerien oder Brasilien. Auch osteuropäische Länder an der Donau waren begehrt. Schon damals opferten viele ihr letztes Geld, um am Ende auf falsche Versprechungen und Betrüger hereinzufallen. Am Beliebtesten waren die Vereinigten Staaten von Amerika. Politischen Flüchtlingen gelang nach der gescheiterten Revolution 1848/49 die Flucht über den Ozean. Unter der Herrschaft der Nationalsozialisten verließen politisch Verfolgte und Juden, die sich noch Ausreisepapiere beschaffen konnten, das Land. Nach dem Zweiten Weltkrieg strömten viele ↑Heimatvertriebene nach Baden-Württemberg, doch veranlasste die desolate Lage auch viele in die USA oder nach Südafrika auszuwandern.

Eine Auswanderungswelle aus Baden-Württemberg ist zurzeit nicht zu befürchten, bei der geringen Geburtenquote im Lande der »Schafferle« käme sie einer Katastrophe gleich. Gleichwohl wird sich so manche junge Familie eine Alternative überlegen, lag doch 2004 bei 27,8 Prozent der Familien mit Erwachsenen zwischen 35 und 45 Jahren und einem Kind das Nettoeinkommen unter 1700 Euro. Da kann es am Monatsende schon knapp werden. Wie bei der Völkerwanderung vor Hunderten von Jahren, wird Europa immer mehr in Bewegung kommen, diesmal entweder wegen der Suche nach Arbeitsmöglichkeiten oder wegen Last-Minute-Angeboten der Reiseveranstalter.

Haus der Geschichte Baden-Württemberg (Hrsg.): Landesgeschichten. Der deutsche Südwesten von 1790 bis heute. Das Buch zur Dauerausstellung im Haus der Geschichte Baden-Württemberg. Stuttgart 2002
Statistisches Landesamt Baden-Württemberg

▪ ▪

RELIGIONSZUGEHÖRIGKEIT
Das Schwabenland ist eine katholische Hochburg

Je südlicher, desto katholischer! Mit dieser einfachen Formel wird versucht, Bodenständigkeit und Konservatismus in Baden-Württemberg zu erklären. Dabei wird völlig übersehen, dass es sich um eines der zwei fortschrittlichsten Länder in Süddeutschland handelt. Nun wachsen Glauben und Kirchenzugehörigkeit ja nicht wie Sauerampfer auf der grünen Wiese, sondern werden uns im Elternhaus und in der Schule beigebracht, sodass wir als Kinder, selbstverständlich zu unserem Wohl, keine Chance haben, uns dem zu entziehen. Je nachdem, welche Religionszugehörigkeit früher ein Herrscher hatte, der mit gerechter Güte seine Schäfchen an die strenge Kandare nahm, folgten sie ihm auch in die Kirche, die er zwingend vorschlug.

Lange Zeit waren aber Baden und Württemberg Flickenteppiche von kleinen Ländereien und territorialen Besitztümern auswärtiger Blutsauger. Bei Gelegenheit wurde auch schon mal eine Stadt verscherbelt oder gegen eine andere eingetauscht. Manchmal verschoben auch Hochzeiten oder Kriegshändel die Eigentumsverhältnisse. Erst nach der Neuordnung durch Napoleon um 1806 wurden aus dem Patchwork zwei große Fetzen, die nach dem Zweiten Weltkrieg zu einem einzigen zusammengeflickt wurden.

Noch heute spiegelt sich in der Religionszugehörigkeit die kleinstaatlerische Geschichte Baden-Württembergs wider. Oft ist die eine Stadt mehrheitlich katholisch und schon bei der Nachbarstadt überwiegt das Evangelische. Allgemein gesagt, ist in Baden ein katholisches Übergewicht gegenüber Württemberg geblieben. Dennoch ist ↑Oberschwaben für seine Klöster, barocken Kirchen, christlichen Bräuche, Wallfahrten und Prozessionen besonders bekannt.

Für 2004 gibt die Evangelische Landeskirche in Württemberg 2 335 722 Mitglieder an, in Baden wesentlich weniger, nämlich 1 311 992. Die badische Erzdiözese Freiburg nennt 2 081 157 Katholiken, die württembergische Diözese Rottenburg-Stuttgart 1 989 165 Mitglieder.

In Summe ergibt das 3 647 714 evangelische und 4 070 322 katholische Bürger. In Prozenten ausgedrückt waren von christlichen Baden-Württembergern 47,26 Prozent Mitglied der evangelischen und 52,74 Prozent Mitglied der katholischen Kirche.

Im Großen und Ganzen und mit christlicher Toleranz kann man das Ergebnis als ausgeglichen bezeichnen. Eine heimliche, feindliche Übernahme, wie im Börsengeschäft, scheint nicht zu befürchten zu sein, egal von welcher Richtung.

Meine Oma Hermine wohnte in Waiblingen, einer Pietistenhochburg. Pietisten sind die, denen der evangelische Glaube zu wenig lustfeindlich ist. Spötter sagen zum Remstal auch »Pietcong«. Oma besaß ein Stückle zwischen Waiblingen und dem Ortsteil Hegnach. Dort ging sie gerne spazieren, aber immer so, dass ihr Fuß dabei keine Öffinger Gemarkung betreten musste. Öffingen ist die Gemeinde, in der unser Ex-Außen-(Turnschuh-)minister Joschka Fischer wohnte, bevor es ihn nach Frankfurt zog, und Öffingen ist katholisch. Oma war stolz darauf, diese Enklave des falschen Glaubens zeitlebens nicht betreten zu haben. Dass mein Violinlehrer ausgerechnet dort seinen Unterricht gab, nahm sie mir sehr übel. Wenn aber in Waiblingen und Umgebung die Kneipen allmählich schließen, geht man als Jugendlicher auch heute noch gerne auf einen Abstecher, sagen wir, bis morgens um sechs Uhr (wenn die Nacht beginnt) nach Öffingen, zum Beispiel ins »Kreuz«. Dort sind sie katholisch, da haben die Kneipen länger auf und die Stimmung ist insgesamt – ja, intensiver. Mich trifft man dort übrigens auch ab und an. Aber nicht weitersagen! Nicht, dass es meine Oma Hermine im Himmel mitbekommt!

Statistisches Landesamt Baden-Württemberg: www.statistik.baden-wuerttemberg.de

Reingeschmeckte → Heimatvertriebene

Resteküche → Ofenschlupfer

Ritt über den Bodensee
Der »Ritt über den Bodensee« ist eine Legende, weil der Bodensee nicht zufriert

Der Dichter Gustav Schwab (1792–1850) beschreibt in seiner Ballade »Der Reiter und der Bodensee«, wie ein Reiter im tiefen Winter alles daran setzt, zum Bodensee zu kommen, um mit einem Schiff noch vor Dunkelheit ans andere Ufer überzusetzen. Er prescht aus dem Wald hervor auf eine weite, schneebedeckte Ebene und reitet und reitet. Nach langer Zeit sieht er Bäume und Häuser. Der eilige Fremde fragt eine Magd, wie weit es noch zum Bodensee sei. Sie antwortet, dass der See hinter ihm liege, da, wo er herkäme. Er sei über den zugefrorenen Bodensee geritten. Das Dorf läuft zusammen, um das Wunder zu bestaunen. Der Fremde aber erschrickt vor der tödlichen Gefahr, der er gerade ohne es zu wissen, entkommen ist, so sehr, dass er tot vom Pferd sinkt. Das Ross hat nichts mitgekriegt und lebt weiter.

Es könnte sich so zugetragen haben. Der Bodensee kann tatsächlich auf seiner ganzen Fläche zufrieren, was gleichwohl eine echte Seltenheit darstellt. Das letzte Mal kam es 1963 zu einer Seegfrörne. Es müssen allerdings ganz besondere klimatische Bedingungen herrschen, damit sich dieses Naturschauspiel ereignen kann. Bekannt sind Seegfrörne in den Jahren: 875, 895, 1074, 1076, 1108, 1217, 1227, 1277, 1323, 1325, 1378, 1379, 1383, 1409, 1431, 1435, 1460, 1465, 1470, 1479, 1512, 1553, 1560, 1565, 1571, 1573, 1684, 1695, 1788, 1830, 1880 und 1963.

Zu seiner Ballade wurde Gustav Schwab von der Überlieferung inspiriert, dass am 5. Januar 1573 der Elsässer Postvogt Andreas Egglisperger mit seinem Ross den zugefrorenen Bodensee nach Überlingen überquerte. Bei der Seegfrörne 1573 entstand ein Brauch, der wie eine Dauer-Performance moderner Kunst anmutet. Es fand eine erste Eisprozession zwischen dem schweizerischen Münsterlingen und dem deutschen Hagnau statt.

Die Münsterlinger stifteten eine geschnitzte Büste des Evangelisten Johannes und brachten sie mit einer Prozession übers Eis ans andere Bodenseeufer nach Hagnau. Bei Seegefrörnen und tragfähigem Eis sollte sie wieder ans andere Ufer hinüberwechseln. Im Jahr des Herrn 1684, 1830, 1880 und 1963 wechselte sie ihren Aufbewahrungsort. Die feierliche Eisprozession am 12. Februar 1963, bei der 2500 Menschen teilnahmen und ein Reiter vorausritt, holte den Johannes wieder von Hagnau zurück in die Klosterkirche nach Münsterlingen. In Hagnau hatte er 83 Jahre hospitiert. Tausende säumten an diesem Tag in Hagnau und Münsterlingen den Weg. Die Prozession dauerte knapp drei Stunden.

Wie war es zu der Seegfrörne 1963 gekommen? Schon im November 1962 hatte eine lang anhaltende Kälte eingesetzt mit strengen Nachtfrösten. Im Dezember sanken die Temperaturen bis auf 14 Grad unter Null, die Lufttemperatur sank im Durchschnitt 4 Grad unter den üblichen Wert. Der Januar wurde klirrend kalt. An 15 Tagen gab es unter zehn Grad minus, die tiefste Temperatur lag bei minus 22 Grad. Dazu kamen ein in diesem Jahr niedriger Wasserstand und kaum Luftbewegung. Die Eisdecke, die sich anfänglich gebildet hatte, nahm Mitte Februar wieder ab, jedoch ereignete sich erneut ein Kälteeinbruch zum Ende des Monats. Der See fror zu. Als die Eisdecke am stärksten war, bis zu 80 cm, wagten sich Tausende aufs Eis, einschließlich Autofahrer. Als sogenannter Beginn der Seegfrörne wird der 6. Februar genannt, weil an diesem Tag sechs Hagnauer, zur Sicherheit mit Seilen verbunden, über den See ans schweizerische Ufer gekommen waren. Mitte März wurde dann das Begehen des Eises zu gefährlich, und langsam nahm die Schifffahrt wieder ihren Betrieb auf. Es war die längste Seegfrörne, die dokumentiert ist.

Rechnerisch ereignet sich ca. alle 70 Jahre eine Seegfrörne. Die nächste also ungefähr 2033. Nach den neusten Daten der globalen Klimaerwärmung dürften die Münsterlinger ihren Johannes aber länger behalten dürfen.

Verlag der Schwäbischen Zeitung (Hrsg.): Seegfrörne 63. Das Tagebuch vom Großen Eis. Verlag der Schwäbischen Zeitung. 1963

▪ ▪

ROTLING → SCHILLER → WEIN

SAUERKRAUT → FILDERKRAUT

SCHATTENWIRTSCHAFT → FLEISS

SCHILLER
Friedrich Schiller liegt in Stuttgart unter dem Schillerplatz begraben

Bevor wir uns damit beschäftigen, wo der großartige Dichter begraben liegt, wollen wir zunächst seine Geburt beleuchten: »Unser Schiller« kam am 10. November 1759 in einem kleinen Fachwerkhaus in Marbach am Neckar zur die Welt. Er wurde auf Johann Christoph Friedrich Schiller getauft. Den Adelstitel bekam er erst 1802. Von diesem Zeitpunkt an konnte er sich auf die Frage, wer er sei, statt in schwäbischer Manier mit den Worten »i bin dr Friedrich von Marbach« mit »i bin dr Friedrich von Schiller« vorstellen. Gestorben ist Friedrich von Schiller am 9. Mai 1805 in Weimar, wohin er am 3. Dezember 1799 mit seiner Familie gezogen war. Dort wurde er auch bestattet.

Doch es ranken sich wirre Gerüchte um seine alten Knochen. Spät in der Nacht vom 11. auf den 12. Mai 1805 wurde Schillers Sarg im Weimarer Landschaftskassengewölbe auf dem Jakobskirchhof unter Ausschluss der Öffentlichkeit abgestellt. Natürlich ohne Grabstein, denn es war ein Sarggewölbe für Beamte und Adelige, deren Familien sich kein Erbbegräbnis leisten konnten. Bürger empörten sich, weil sie diese Art von Bestattung für einen großen Dichter nicht für angemessen hielten. Schillers sterbliche Überreste ruhten 21 Jahre lang in dem Gewölbe. Dann war die Zeit reif, um dem berühmten Schiller mit einem angemesseneren Bestattungsort die Ehre zu erweisen. Weimars Bürgermeister Carl Leberecht Schwabe (sic!) stieg 1826 mit Helfern in die Gemeinschaftsgruft hinab, um die Knochen des schwäbischen (sic!) Dichters zu suchen. Von 23 Schädeln, die sie bei den Skeletten fanden, bestimmten sie den Schädel des mächtigsten Skeletts als Schillers Schädel, denn der Dichter war etwa 1,80 Metern groß. Sie packten auch noch ein paar Skelettknochen mit in ihr »Säckel«. Am 17. September 1826 fanden Schädel und Knochen in der Weimarer Anna-

Amalia-Bibliothek im Sockel der Schillerbüste des Bildhauers Dannecker eine Ruhestätte. Allerdings unter Protesten der Kirche, denn eine Bibliothek sei nun mal kein Friedhof. Im Herbst 1826 entlieh sich Goethe den Schädel Schillers zu Studienzwecken und bewahrte ihn bei sich zu Hause eine Zeit lang auf einem blauen Kissen auf. Spätestens als König Ludwig I. von Bayern im Jahr 1827 anlässlich von Goethes Geburtstag auch den Überresten Schillers einen Besuch abstatten wollte, und dazu in eine Bibliothek geführt wurde, was ihn sehr empörte, ließ der Herzog von Weimar Schädel und Gebeine Schillers in seine neu erbaute Fürstengruft überführen. Noch heute befinden sie sich dort in einem Eichenholz-Sarkophag. Fünf Jahre später wurde Goethe an gleicher Stelle beigesetzt, die beiden großen Dichter liegen nebeneinander.

Kein Irrtum ist, dass es nur bei uns den legendären »↑Schillerwein« gibt, der daherkommt wie ein stinknormaler Rosé, aber eben einzigartiger Weise eine Melange aus Weiß- und Rotwein darstellt, den man zudem idealerweise in rauen Mengen und im »Schiller« in Fellbach zu sich nimmt (↑Wein).

Kein Irrtum ist auch, dass meine Tante Ute, also die Frau vom Bruder meiner Mutter, eine geborene Schiller war und einen Stammbaum daheim hängen hatte, der direkt auf den guten alten Dichterfürst zurückführte! Es ist aber ein Irrtum, dass meine Tante Ute geborene Schiller geschrieben hätte – sie hat gemalt. Das auch sehr schön. Und Friedrich Schiller liegt in Weimar begraben. Das ist zwar nicht perfekt, aber besser als an der Müritz (↑Bodensee). Und unter dem Schillerplatz ist eine Tiefgarage. Aber die ist genauso vollgestopft wie die anderen.

www.weimar.de

SCHILLERWEIN
Schiller trank gern Schillerwein

Darüber, dass unser Dichterfürst Friedrich Schiller aus Marbach am Neckar schielte, ist nichts bekannt. Dennoch ließ das traditionsreiche Weingut Vincenz Richter in Meißen im deutschen Weinanbaugebiet Sachsen die Bezeichnung »Schieler« schützen. Unter dieser Bezeichnung vermarktet es einen »SACHSEN SCHIELER Qualitätswein b. A. trocken«, hellrote Farbe, fruchtig, frisch und mit feinem Aroma. Es handelt sich um einen Rotling, wie inländische Weine genannt werden können, die aus einer Rotweintraube zusammen mit einer Weißweintraube hergestellt werden, aber nur eine »blass bis hellrote« Farbe haben. Roséweine werden dagegen nur aus einer einzigen Rotweinsorte gekeltert. Der sächsische Schieler wird in gleicher Weise hergestellt wie unser württembergischer Schillerwein, nur mit der Einschränkung, dass seine Trauben ausschließlich aus dem sächsischen Weinanbaugebiet stammen müssen. Geregelt wird dies alles durch die deutsche Weinverordnung, die sich an den Richtlinien der EU orientiert und diese auf deutsches Recht umsetzt.

Woher der Name Schillerwein, oder nur Schiller stammt, wovon dann wiederum Schieler abgeleitet wurde, ist nicht geklärt. Er könnte sich auf Friedrich Schiller beziehen – aber mit größerer Wahrscheinlichkeit hat die rosa schillernde Farbe des Weines mehr zur Namensgebung beigetragen.

Viele meinen ja, dass beim Roséwein oder Schiller einfach Rotwein und Weißwein so lange zusammengeschüttet werden, bis die Farbe stimmt. Das ist natürlich Unsinn, in der EU ist der Verschnitt von Weiß- und Rotweinen verboten. Nur der Verschnitt der Trauben ist gestattet. Die rote oder rötliche Farbe eines Weines kommt von der Schale der Traube. Der helle Most wird mit der Maische, der zerstampften Schale, angegärt und nimmt so die Farbe an. Bei Roséweinen oder Rotlingen geschieht dies nur kurz, der sozusagen »angefärbte« Wein wird in der Weiterverarbeitung dann wie Weißwein behandelt.

Eine Spezialität unter den deutschen Weinen ist der Weißherbst, der gerne in Baden getrunken wird. Auch er schillert. Doch zum Unterschied zum württembergischen Schiller wird der Weißherbst nur aus einer einzigen roten Rebsorte gewonnen, die auf dem Etikett ausgewiesen sein muss, wie z. B. Spätburgunder Weißherbst. Ein Weißherbst muss Qualitätswein b. A. sein. Auch der Badisch-Rotgold ist ein Rotling aus dem Anbaugebiet Baden, der durch den Verschnitt der Trauben von Grauburgunder und Spätburgunder entsteht.

Der Schillerwein, als traditionsreicher Wein in Württemberg, wird aus einer Rotweintraube und einer Weißweintraube gewonnen, die aus dem Anbaugebiet Württemberg stammen und zur gleichen Zeit geerntet und zusammen gekeltert werden müssen. Eine kurze, gemeinsame Maischegärung ergibt die rosé schillernde Farbe des Weines. Der Schillerwein hat mindestens die Qualitätsstufe Q. b. A. – Qualitätswein bestimmter Anbaugebiete. Anfang des 18. Jahrhunderts tauchte zum ersten Mal die Bezeichnung Schillerwein auf. Spielte der Tod Schillers 1805 doch eine Rolle? Fragen über Fragen, über die am besten bei einem Glas Schiller nachgedacht werden sollte, doch die Antworten werden schillernd sein, denn nichts ist schwieriger festzumachen als ein Schiller. Am besten trinkt man den »Schiller« im »Schiller« in Fellbach. Zumindest habe ich ihn dort vor vielen Jahren kennen gelernt und weiß heute noch nicht, wer mich danach wann und wie heimgebracht hat. (↑Wein)

BGB – Bürgerliches Gesetzbuch/Weinverordnung – WeinV

SCHLÄGLE
Ein Schlägle ist ein Klaps

Die schwäbische Verkleinerungsform, die durch Anhängung eines »le« gebildet wird, das wiederum für hochdeutsch »lein« steht, gilt für viele als unverwechselbare Eigenart des schwäbischen ↑Dialekts. Tatsächlich reden wir Schwaben viele große Dinge klein, aber kleine Dinge können durch die Verkleinerungsform wie durch Zaubermund auch größer werden.

Ein Haus wird durch Häusle klein, aber ein Schneckle wird groß, wenn der Heiner damit sein flottes Häsle meint, »die wo so nett lacht« und im Supermarkt an der Kasse sitzt. Zwar ist ein Gütle von der Ausdehnung kleiner als ein Gut, aber dennoch ist für einen Schwaben sein Gütle das größte Stückle von allen. Da gibt's nix, aber koi bissle! Was ungefähr gleich groß ist wie ein weng. (Für Unkundige: A weng, oder, noch weniger: a wengle kommt von wenig, ist aber verkleinert, wörtlich übertragen also ein weniglein, was wirklich nicht viel, aber auch nicht gerade »a Nixle em a Bixle« ist.)

Ganz klein dagegen wird's beim Abschätzen eines Abstandes, wenn z. B. die mehrteilige Schrankwand eines Abholmarktes ins frisch tapezierte Wohnzimmer montiert werden soll, oder wieder so ein Grasdackel so dackelhaft eingeparkt hat (↑Dackel), dass keine Sau mehr raus kommt. Dann geht es um ein Muckenseckele (Fliegenpenis/↑Seckele), oft sogar um »a klois Muckenseckele« (Fliegenkinderzipfelspitzle), das aber immerhin noch größer ist, als ein Hennenvötzle (Hühnervagina). Letztere Maßeinheit wenden schwäbische Männer gerne an, in der Regel aber nicht, wenn ihre Frauen dabei stehen. Oft wird das »le« für Dinge, Geschehnisse und Phänomene gebraucht, die entweder über einen hereinbrechen oder einfach nicht ins rational denkende Oberstüble passen möchten, weil sie sonst im Dachkämmerle gegen die Wände der anderen Doppelhaushälfte bockeln würden (↑Bausparen).

Als Ausdruck für etwas, das trotz ↑Bruddeln und Grübeln nicht im Geringsten begreifbar ist, sondern nur dem rechten Glauben unterliegt, muss das »liabe ↑Herrgöttle« genannt werden, egal woher es kommt, vom Himmel hoch oder aus Biberbach.

Unfälle oder schwere Krankheiten sind immer Schicksalsschläge, die einen überfordern. Hilfreich ist, wenn die Gehirnblutung eines nahe stehenden Menschen, auch Gehirnschlag genannt, als Schlägle bezeichnet wird. Wenn der Ausgang so glücklich war, dass keine größeren Lähmungserscheinungen oder Sprachstörungen aufgetreten sind, sondern nur Gedächtnisverlust, aber das Testament schon geschrieben ist, kann auch von einem kleinen Schlägle gesprochen werden. In diesem Fall zeigt sich eine mögliche Doppelfunktion der Verkleinerung: entweder ist tatsächlich ein kleines Schlägle gemeint, oder die doppelte Verkleinerung weist auf die körperlich sichtbaren Anzeichen einer nicht zu fassenden, herannahenden Erbschaft hin. Oft ist hierbei die umgekehrt proportionale Vergrößerung des Unbegreiflichen nicht von der Hand zu weisen. Immerhin könnte es sich um ein ↑Häusle mit Gärtle handeln, zusammen mit einem Gütle, draußen, wo bald das neue Industriegebiet oder die Umgehungsstraße gebaut werden soll, und das Stückle mitten im Bauerwartungsland liegt.

Was haben wir in diesem Kapitel gelernt?: »Grüß Gottle« ist keine Blasphemie, und »Adele Adele« kann bei uns durchaus auch: »Tschüssle Adele«! heißen. Heißt das Mädchen nicht Adele, sondern Almut, sagt man halt: »Adele Almut! Ciao-le!«

Aber noch ein Wort zum Schlägle. Ein entfernter Großonkel hat seinerzeit eines erlitten, was man seinem Bewegungsstil danach durchaus ansehen konnte. Ab diesem Schicksalsschlägle hat man ihn bei uns sehr offen »Dulledabb« genannt, was einen Menschen umschreibt, der seltsam tappt, also einen komischen Gang an den Tag legt. Die Fortbewegung vom Dulledabb war so tappig, dass man auf das verkleinernde »Dulledäbble« bis zu seinem Tod im hohen Alter verzichtet hat.

SCHUPFNUDELN → BUBENSPITZLE

SCHUTZMANTELMARIA → MERCEDES

■■■■■■■■■■■■■■■■■■■■■■■■■■■■■

SCHWABENKNOTEN
Der Schwabenknoten ist ein verschlungenes Laugengebäck

Bei den vielen Gebäcksorten, die im Südwesten angeboten werden, könnte es sich bei einem Schwabenknoten durchaus um ein
brezelartiges Brotgebilde (↑Brezel) handeln. Auch das Autobahn-
kreuz bei Ulm, das württembergische und bayerische Schwaben
verbindet, wäre gut als Schwabenknoten zu bezeichnen.

Doch der Schwabenknoten war eine typische Haartracht der
↑Sueben, auch Sweben genannt. So spricht man auch vom Swe-
benknoten. Der germanische Stamm der Sueben ist ein Vorläu-
ferstamm der Schwaben, die Sueben gelten als die Ur-Schwaben,
deren Stammesbezeichnung in dem Wort »Schwaben« weiterlebt.
Ihr Stammesgebiet lag im Elbe-Havel-Raum (das hat aber nichts
mit der Müritz zu tun!) (↑Bodensee), deswegen werden sie auch als
Elbgermanen bezeichnet. Erst die Völkerwanderung brachte sie in
den Süden. Die Römer beschrieben die Schwaben als gefürchte-
ten, germanischen Kriegerstamm. Als typisch für die Sueben galt
eine besondere Haartracht der Männer und nicht, wie aus heutiger
Sicht zu vermuten wäre, saubere und aufgeräumte Wege zwischen
den Hütten des Dorfes und gut ausgebaute Grillplätze auf Wald-
lichtungen. Durch römische Beschreibungen und Darstellungen
wusste man um den Schwabenknoten, der – auch das war den His-
torikern bekannt – von anderen germanischen Stämmen übernommen wurde und als eine Art schwäbischer Massenexport in
Mittel- und Nordeuropa große Verbreitung erfuhr. Die Chance zu
einer genauen Erforschung der Haartracht ergab sich 1948, als

Schwabenknoten

Torfstecher in Osterby in Schleswig-Holstein im Moor den gewaltsam abgetrennten, männlichen Kopf eines etwa 50 bis 60-jährigen Schwaben fanden, der aber auch von einer anderen, modebewussten Germanensippe stammen könnte. Das Skelett oder größere Teile der Kleidung, die weitere Erkenntnisquellen hätten sein können, wurden nicht gefunden. Aber dafür war das blonde Haar des alten Germanen sehr gut konserviert – und mit ihm der erste Schwabenknoten im Original, der je gefunden wurde.

Demnach trugen die Männer langes Haar, aber nicht shampoolocker im Wind wallend, sondern glatt an den Kopf gestriegelt. Am Hinterkopf wurde ein senkrechter Scheitel gebürstet, der aber nicht in der Mitte lag, sondern seitlich zum linken Ohr hin. Die linke Haarpracht wurde stramm gekämmt, mit der Hand gerafft und über das linke Ohr und den Kopf hinweg bis auf die rechte Hälfte gespannt. In etwa so, wie manche Männer mit schütterem Haarwuchs gelungen unauffällig volles Haar vortäuschen. Die rechte Hälfte der Haare wurde nun am rechten Ohr vorbei nach oben an die rechte Schläfe geführt, wo sich die beiden Haarbündel trafen. Diese wurden nun gemeinsam vom Kopf weggezogen und dabei verdreht. Und zwar in einer Rechtsdrehung, welche das Haar heftig über den Kopf spannte. Dieser Haarstrang musste, um den Knoten damit ausführen zu können, mindestens 28 cm lang sein. War der Haarstrang fest verzwirbelt, wurde an der Schläfe eine eng am Kopf anliegende Verschlaufung gebildet, der Schwabenknoten. Die vorherige Verdrehung des Haaresstranges zog den Knoten zu einer erstaunlichen Festigkeit zusammen, so dass er außergewöhnlich kunstfertig erschien. Haarnadeln oder Bänder sind nicht erforderlich. Das Gesamtbild ergibt einen misstrauisch dreinblickenden Schwaben, der das Haar vom Hinterkopf herkommend »hauteng« um den Kopf gespannt hat und an der rechten Schläfe einen kunstvollen Haarknoten trägt.

Heute würde dies jederzeit auch bei schwäbischen Frauen durchgehen. Zu gewissen Epochen oder in bestimmten Stämmen wurde auch ein Band mit verflochten, oder bei Haarmangel ein Knoten mitten auf dem Kopf gebildet.

Gewisse Theorien gehen soweit, dass im Brauchtum des germanischen Schwabenknotens und dessen Verschlingung der direkte Vorläufer der Brezel gesehen werden kann. Schwäbische Bäcker, die als Hinweis auf ihren Meistertitel wieder brezelähnliche Schwabenknoten im Haar tragen würden, könnten in Zeiten europäischer Schwächung der Meisterbetriebe durchaus zu einer Stärkung und zu einem internationalen Imagegewinn des Bäckerhandwerks in Baden-Württemberg beitragen.

Ich bin übrigens immer noch der Meinung, mit »Schwabenknoten« wird vor allem die Zunge eines jungen Schwaben bezeichnet, wenn er vor einer aus dem Norden zugereisten Mitschülerin steht, um sie zu fragen: »Du Mädle, willsch mit mir gange?«

P. Cornelius Tacitus: Germania. Bericht über Germanien. München 1975; Herwig Wolfram: Das Reich und die Germanen. Zwischen Antike und Mittelalter. Berlin 1990

■■■■■■■■■■■■■■■■■■■■■■■■■■■■■■■

SCHWABENKORN
Schwabenkorn ist ein schwäbischer Klarer

Bei Ausgrabungen aus der Bronzezeit in Süddeutschland fand man Überreste von Dinkel, gut nachweisbar auch bei der Erforschung der Pfahlbauten am ↑Bodensee. Über Holzfunde kann die Geschichte des Ackerbaus in Süddeutschland sehr genau datiert werden. In der Bronzezeit (Ende 3. Jh. v. Chr. bis Beginn 1. Jh. v. Chr.) entwickelte sich der Dinkel (lat. *Triticum spelta*) zur wichtigsten Weizenart unserer Vorfahren. Der Dinkel stellt eine Urform des Weizens dar und gilt als ein Getreide, das in der Vorzeit weit verbreitet war, z. B. gibt es Funde in China. Er trägt mehrere Namen wie Spelz, Spelt, Fesen, Vesen oder »Schwabenkorn«.

Er war das bevorzugte Getreide der ↑Sueben und Alemannen, in Südbaden erinnert noch der Höhenzug »Dinkelberg« an diese Tradition. Dinkel ist nahrhaft, gesund, robust. Er erträgt raues Klima, ist aber nicht so ergiebig wie Weizen. Bei der Verwertung muss im Unterschied zum Weizen ein weiterer Arbeitsschritt vorgenommen werden, um das Korn freizulegen. Wildformen von Dinkel sind nicht bekannt. Es wird angenommen, dass Dinkel irgendwann durch Mutation aus älteren Weizenarten entstanden und eine reine Kulturpflanze ist. Über Pilgerväter wurde das halt- und lagerbare Getreide weit verbreitet. Dinkel kann auch vor der Reife noch grün geerntet und zu »Grünkern« getrocknet werden, aus dem Suppen oder Grünkernküchle zubereitet werden.

Im Norden Spaniens wurde »Espelta« in manchen Regionen traditionell angebaut. Im letzten Jahrhundert ging der Anbau zwar zurück, aber er ist auch auf der Iberischen Halbinsel in letzter Zeit in »moda« gekommen. Das Hauptanbaugebiet von »Schwabenkorn« in Spanien war das frühere Siedlungsgebiet der germanischen Einwanderer während der Völkerwanderung, vornehmlich der Sueben (↑Königreich). Gewohnheiten können sich lange halten. Bei uns sind typische Dinkelmehlprodukte in ↑Oberschwaben »Seelen« und »↑Knauzen«.

Über einige Jahre hinweg hat ein großes Stuttgarter Brauhaus »Dinkelweizen« angeboten. Ich offenbare hiermit, dass ich in jener Zeit nichts anderes getrunken habe: Das Dinkelweizen war irgendwie süffiger als Hefeweizen und hatte dabei nur halb so viel Alkohol, man konnte also doppelt soviel davon trinken, um danach noch halbwegs heimwärts fahren zu können. Ich appelliere hiermit an sämtliche mitlesenden Bierbrauer, dieses herrliche Urgesöff aus Schwabenkorn wieder herzustellen – ich verspreche, ein treuer Abnehmer zu werden!

Hermann Bausinger: Die bessere Hälfte. Von Badenern und Württembergern.
Stuttgart/München 2002

SCHWABENSTREICHE
Schwabenstreiche sind schwäbische Torheiten

Was für ein Irrtum! Man dachte beim Irren wohl irrtümlicherwei-se an das fabelhafte Städtchen Schilda, dessen Bürger für seine Schelmereien, die als Schildbürgerstreiche zum geflügelten Wort wurden, legendären, lächerlichen Ruhm ernteten und assoziierte munter weiter »Schwabenstreiche«.

Klar ist, dass so etwas im südwestdeutschen Lande der »Clever-les« nicht vorkommen kann. Und tatsächlich ist auch von keiner schwäbischen Stadt bekannt, dass ihre Bürger Dummheiten ma-chen, noch dass der Gemeinderat hirnrissige Beschlüsse fasst, als wären sie nicht im Rathaus, sondern im Tollhaus verabschiedet worden! Vor allem, wenn so etwas noch eine Menge Geld kostet, dessen Verausgabung dann später der Rechnungshof in seinem jährlichen Bericht als hervorragendes Beispiel für Geldverschwen-dung herausstellt. Des gibt's bei ons fei net!

Der Ausdruck »Schwabenstreiche« muss eine andere Bedeu-tung haben. Und wie kann es im Ländle der Dichter und Denker auch anders sein – es handelt sich um eine poetische Hymne auf Mut und Kraft des Schwaben schlechthin, und zwar am Beispiel eines christlichen Einzelkämpfers. Der schwäbische Dichter Lud-wig Uhland (1787–1862) beschreibt in seinem Gedicht »Als Kaiser Rotbart Lobesam« eine Episode aus einem Kreuzzug nach Jerusa-lem. Es muss wohl der 3. Kreuzzug gewesen sein, denn an diesem nahm Kaiser Friedrich I., der wegen seines Rotschopfs ums Kinn herum Rotbart oder ↑Barbarossa genannt wurde, neben dem eng-lischen und französischen König als deutscher Reiseleiter teil.

Die Mühen und Entbehrungen der Kreuzfahrer werden in der Ballade drastisch geschildert. Sie ziehen durch ein »Gebirge wüst und leer«, wo es »nur Steine gab und wenig Brot«. Manche meinen, dass hier die Münsinger Alb gemeint ist, aber dies wird nach weni-gen Zeilen widerlegt, als dem Schwaben, der sein schwaches Ross nicht im Stich lassen will (jedes PS zählt!) und deswegen mit Abstand hinter dem Kreuzzug herzockelt, folgendes widerfährt: »Da sprengten plötzlich in die Quer, fünfzig türkische Ritter daher«. Wir befinden uns also mit größter Wahrscheinlichkeit in einem Gebirge in der Türkei, dessen Fuß noch kein einziger schwäbischer Kleingärtner – nicht mal einer aus Münsingen – betreten hat, denn dann sähe es dort anders aus. Die türkischen Ritter betrachteten die christlichen Kreuzfahrer offenbar als Eindringlinge, denn auf den »oizechten« Schwaben »huben an sie zu schießen«. Zu ihrer Überraschung jedoch »der wackre Schwabe forcht sich nicht, ging seines Weges Schritt vor Schritt«. Und ließ sich sogar »den Schild mit Pfeilen spicken, und tät nur spöttisch um sich blicken«. Kein Zweifel, ein schwäbischer Schild! Wahrscheinlich nicht der eigene, sondern vom Schwager geliehen. Das ist dem Schwaben bis heute geblieben: Holperige Feldwege befährt man auch heute nicht mit dem eigenen Autole, sondern nur mit dem Mietwagen. Oder mit dem vom Nachbarn (↑Heiligs Blechle).

Doch zurück zu den Osmanen: Das reizt natürlich die türkischen Ritter bis aufs Blut, sodass einer von ihnen seinen krummen Säbel gegen den Schwaben schwingt, *das* hätte er besser bleiben lassen, denn jetzt ärgert sich der Schwabe, was ja bekanntlich zum Schlimmsten führen kann. Er wird granatenmäßig grätig und schlägt dem türkischen Pferd »mit einem Streich, die beiden Vorderfüß' zugleich« einfach rundweg ab. Hier taucht zum ersten Mal das Wort Streich auf im Sinne von Hieb und auch die interessante sprachliche Vignette, dass Ludwig Uhland die Vorderbeine des Pferds als Vorderfüße bezeichnet (↑Fuss). Jedenfalls: Als Pferd und Reiter vor ihm in die Knie gehen, beziehungsweise auf die Pferdestompen sinken, umklammert er sein Schwert etwas fester und »schwingt es dem Reiter auf den Kopf, haut durch bis auf den Sattelknopf«, und schlägt auch noch den Sattel entzwei bis tief in »des Pferdes Rücken«. Dieser martialische Schwertschlag hat schreckliche Folgen. »Zur Rechten sieht man wie zur Linken, einen halben Türken heruntersinken.« Die anderen türkischen Ritter suchen nun das Weite, vermutlich weil der schwäbische Kreuzfahrer schon wieder gegrinst hat.

Diese Zeilen lassen vermuten, dass der schwäbische Ritter Abkömmling eines verarmten Landadels war, vielleicht sogar aus dem Hohenlohischen, und zum Winter hin beim Holzhacken selbst Hand anlegen musste.

Der Kaiser schwäbischer Herkunft Rotbart-↑Barbarossa lässt den Schwaben zu sich kommen und fragt ihn, wer ihm solche Streiche gelehrt habe. Daraufhin antwortet der schwäbische Kreuzfahrer-Ritter in bescheidener Manier: »Die Streiche sind bei uns im Schwang; sie sind bekannt im ganzen Reiche, man nennt sie halt nur Schwabenstreiche.«

Den letzten Dialog zwischen den beiden Schwaben hat Ludwig Uhland ins ↑Hochdeutsche übertragen, denn in dieser Form hat das Gespräch garantiert nicht stattgefunden.

Übrigens vertragen sich Türken und Schwaben seither bestens. Bei uns in Stuttgart sind viele von ihnen wohnhaft und sehr friedlich integriert. Es ist ein Türke, der mich immer wieder beharrlich aber freundlich darauf aufmerksam macht, wenn man bei uns mal wieder die Hecke schneiden, den Gehweg kehren oder den Schnee schippen muss. »Sonntag!« sagt er dann immer wieder Verständnis heischend, »Sonntag – gucken! Wie sieht aus!«

Armin Gebhardt: Schwäbischer Dichterkreis. Uhland, Kerner, Schwab, Hauff, Mörike. Marburg 2004

■ ■

SCHWÄBISCHE AUSTERN → ALBSCHNECK

SCHWÄBISCHES MEER → BODENSEE

Schwäbischer Gruss
Unter dem »Schwäbischen Gruß« versteht man ein freundliches
»Grüß Gott«

Der südwestdeutsche und schwäbisch-bayerische Sprachraum
zeichnet sich dadurch aus, dass zur Begrüßung nicht der »Tag«
sondern »Gott« zu Hilfe genommen wird. Eine lediglich sprachliche Ersetzung wird nicht vorgenommen. So kann zur Begrüßung statt »Guten Tag« nicht einfach »Guter Gott« gesagt werden,
sondern es muss schon ein »Grüß Gott« sein. Lustige Schwaben fassen in einem marderalten Witz augenzwinkernd »Grüß«
als Imperativform auf und antworten »Wenn ich ihn sehe.« Im
Grunde ist »Grüß Gott« eine Abkürzung von »Ich grüße Euch
mit Gott«, aber das dauert eindeutig zu lang. Auch das bayerische »Grüß di Gott« ist eine Abkürzung von »Ich grüße Dich mit
Gott«.

In Richtung Allgäu wird mit »Pfueti« begrüßt und verabschiedet, was die abgekürzte Form »Behüt Euch« von »Behüte Euch
Gott« ist. Das »i« am Schluss der kümmerliche Rest von »Euch«, im
↑Dialekt ausgesprochen »Üch«, von dem das »i« übrig blieb. Ähnlich ist es mit dem nordschweizerischen »Gruezi«, dessen Vorläufer in Badisch- und Bodensee-Alemannisch in Form von »Grüßt
Euch« zu hören ist. Es wäre einleuchtend, wenn »Grüß Gott« als
schwäbischer Gruß verstanden werden würde, doch wird das berühmte »Leck mich am Arsch«-Zitat aus dem bekannten Theater-
stück »Götz von Berlichingen« von Johann Wolfgang von Goethe
als »Schwäbischer Gruß« bezeichnet.

Der wirkliche Gottfried »Götz« von Berlichingen (1480–1562)
war ein schwäbischer Ritter aus Jagsthausen, der bekannt wurde,
weil er sich im Bauernkrieg mit den Aufständigen verbündete und
im Landshuter Erbfolgekrieg zwischen Rheinpfalz und Bayern im
Jahr 1504 seine rechte Hand durch einen Kanonenschuss verlor.
Eine kunstvolle, eiserne Handprothese, eine Art Handschuh mit

gegliederten Fingern, die mechanisch beweglich waren, verhalfen ihm zu der Fähigkeit, weiterhin die rechte »Hand« zu gebrauchen und sogar ein Schwert zu führen. Diese Handprothese brachte ihm den Beinamen »Ritter mit der eisernen Hand« ein.

Die Lebensgeschichte dieses Ritters nahm Goethe als Stoff für sein Stück, allerdings nicht getreulich der Biografie Götz von Berlichingens folgend. Im dritten Aufzug überfällt der gute Götz reiche Kaufleute und verteilt die Beute unter den Armen. Er leidet offensichtlich unter einem Robin-Hood-Syndrom, das aber damals psychologisch noch nicht behandelt werden konnte, die Krankenkasse hätte es sowieso nicht bezahlt. Er soll verhaftet werden und ein Soldat kommt mit Schergen an das Burgtor und möchte ihn ohne Hausdurchsuchungsbefehl verhaften und abführen. Berlichingen behandelt den Soldaten-Büttel wie einen GEZ-Vertreter und lässt ihn nicht herein. Ein Wortwechsel ergibt sich, in dem Götz von Berlichingen von den Zinnen seiner Burg herunter ruft: »Mich ergeben! Auf Gnad und Ungnad! Mit wem redet Ihr! Bin ich ein Räuber! Sag deinem Hauptmann: Vor Ihro Kaiserliche Majestät hab ich, wie immer, schuldigen Respekt. Er aber, sag's ihm, er kann mich im Arsche lecken!«

Diese deutliche Botschaft wurde als »Götz-Zitat« bekannt. Der Name des schwäbischen Ritters »Götz von Berlichingen« steht seither synonym für »Leck mich am Arsch!« Weil der Ausspruch literarisch durch Goethe gewissermaßen geadelt und einem Schwaben zugeschrieben wurde, ging er ironischerweise als »Schwäbischer Gruß« in den Volksmund über. Das wirkliche schwäbische Leben hat mit einer Alltags-Anwendung der Ironie nicht auf sich warten lassen. In größter Überraschung und Freude kann ein Schwabe einen anderen Schwaben begrüßen, ohne ihn zu beleidigen: »Ja, leck mich doch am Arsch, du bisch's, Karle!«

Vor kurzem hatte ich einen Auftritt im Götzentheater in Jagsthausen. Ein typisch deutsches Open-Air: es goss in Strömen. Die Leute steckten alle in am Eingang für 50 Cent gekauften, wasserdichten Ganzkörperkondomen und hatten ihren Spaß an mir, meiner Aufführung und meiner triefenden Ganzkörpernässe. Ich war Wochen später noch begeistert. Und erkältet.

■ ■

SCHWÄBISCHER WALD
Der Schwäbische Wald ist ein besonders sauberes Stück Wald

Der Blauen Raute, dem Roten Punkt oder dem Grünen Rechteck folgen, bei der Kreuzung auf das Gelbe Dreieck einschwenken. So wandert man im Schwabenland. Mit 200 000 Mitgliedern ist der Schwäbische Albverein der größte Wanderverein in Europa. Die Folge: Kaum ein anderes Bundesland dürfte ein besser ausgebautes Wandernetz mit markierten Wegen besitzen als Baden-Württemberg, wo es quasi unmöglich ist, vom rechten Weg abzukommen. Geisterwanderer, die einem entgegenkommen, werden sogar freundlich begrüßt. Die Wege sind sauber, die Papierkörbe neben den Aussichtsbänken geleert und überdachte Grillplätze sind mit TÜV-geprüften Kinder-Spielgeräten ausgestattet. Kein Wunder, dass Baden-Württemberg mit rund 40 Millionen Übernachtungen im Jahr nach Bayern das zweitstärkste Land im Übernachtungstourismus der Bundesrepublik Deutschland ist und 200 000 Arbeitsplätze direkt vom Fremdenverkehr abhängen, etwa in Reiseunternehmen, in der Hotelbranche, in der Gastronomie oder beim Nachmalen von verwitterten Wanderzeichen.

Eine der vielen württembergischen Urlaubsregionen ist der 900 km² große Schwäbische Wald. Er heißt so, weil er das größte Waldgebiet der Region bildet. Dass seine Wald- und Wanderwege der ↑Kehrwoche unterliegen, ist eine Verleumdung. Sie werden bei sogenannten Waldputzeten gleich mitgesäubert.

Der Naturpark Schwäbischer Wald umfasst den Welzheimer, den Murrhardter und den Mainhardter Wald sowie die Waldenburger und die Löwensteiner Berge und die Frickenhofer Höhe. Er gilt als Lunge der Region Stuttgart, deren Bewohner jedes Wochenende in die Lungenflügel brausen, denn ein Teil des Waldes ist der im Nord-Osten liegende Schwäbisch-Fränkische Wald. Weitläufige Täler, dunkle Mischwälder, Stauseen, dazwischen kleine Dörfer und Obstbaumwiesen wechseln sich in der hügeligen Landschaft ab. Wer nach erholsamer Wanderung an die alten Römer denkt und einen Cappuccino trinken oder ein italienisches Eis essen möchte, findet sein Ziel in Städten wie z. B. Heilbronn, Schwäbisch Hall, Öhringen, Crailsheim, Ellwangen, ↑Aalen, Schwäbisch Gmünd, Lorch, Schorndorf, Backnang, Gaildorf, Gschwend oder Großbottwar.

Denn schon die Römer wählten bei der Streckenführung für den ↑Limes die Durchquerung des Schwäbischen Waldes, weil sie aufgrund der hervorragenden Beschilderung der Wege durch die Alemannen immer wieder zu ihren Wachtürmen und Kastellen zurückfanden, falls ihnen bei einer berittenen Patrouille auf holprigem Untergrund der Helm ins Gesicht rutschte.

Noch vor nicht allzu ferner Zeit zählte der Schwäbische Wald zu den verarmten und einsamen Gegenden Württembergs. Blaue Raute, Roter Punkt oder Grünes Rechteck halfen Wunder. Es kann so einfach sein.

■■■■■■■■■■■■■■■■■■■■■■■■■■■■■■■

Schwäb'sche Eisenbahn
Die Bahnstationen im Volkslied »Auf der Schwäb'schen Eisenbahne« sind frei erfunden

Damals wie heute gilt: je schwachsinniger der Text, umso größer der Erfolg. Von daher hat das gute alte Volkslied viel mit Marius Müller-Westernhagen gemeinsam. Was dem einen ein Pfefferminzprinz, ist dem anderen ein schwäbischer Bauer, der dem

Kondukteur, heute Zugbegleiter, den abgerissen Kopf seines Geißbocks ins Gesicht schmeißt und dabei dessen Antlitz als »Rüssel« bezeichnet. Vor der Fahrt hatte der Bauer sein liebes Tier, statt mit in den Waggon zu nehmen oder es im Gepäckwagen unterzubringen, an einem Seil an den letzten Wagen angebunden. Der einzige Grund dafür kann sein, dass für den Bock ein Fahrschein (Billetle) zu lösen gewesen wäre. Während der Fahrt rauchte der Bauer auf einer Holzbank neben seiner Gattin, die offensichtlich überhaupt nichts zu melden hatte, gemütlich eine Pfeife und betrachtete die wunderschöne oberschwäbische Landschaft.

Also handelte es sich bei dem Zugbegleiter damals um einen richtigen Bock, was viele Reisende in heutiger Zeit von ihrer Fahrt im ICE auch berichten. Der Volkssong existiert in vielen Versionen und mit ergänzenden Versen, was letztendlich auf ein häufig gesungenes Lied hindeutet. Auf den Tatbestand an sich bezogen spielt es aber kaum eine Rolle, ob das Wurfziel der Rüssel oder der Ranzen des Kondukteurs war. Zu klären wäre lediglich, wie das Tier gestorben ist! Wenn der Kopf nach wenigen Sprintmetern durch einen kräftigen Ruck auf einmal abgerissen wurde, ist das durchaus mit humanen Tötungsmethoden in heutigen Schlachtbetrieben zu vergleichen. Alles andere wäre illegales Schächten. Und in jedem Fall müsste der Rumpf des Tieres aus Sicherheitsgründen von den Gleisen entfernt werden. Wobei zuvor die Polizei kommen, den Zugverkehr für viele Stunden lahm legen und viele Fotos machen würde, um aufzuklären, ob sich der Bock mit suizidaler Absicht von seinem Kopf getrennt hat. Aber zurück zum aufzuklärenden Irrtum: Die im Refrain des Liedes genannten Bahnstationen zeigen den möglichen Streckenverlauf des geplanten Tiertransports auf, wobei der Zweck desselben undurchsichtig bleibt. Tatsächlich gab es schon im 19. Jahrhundert diese Bahnhöfe der Königlich Württembergischen Staats-Eisenbahnen, abgekürzt K. W. St. E., welche auf schwäbisch, je nach Landeszipfel mit etwas anderer Aussprache, wie folgt aufgezählt werden:

»Stuagert, Ulm und Biberach, Megglesbeuerles, Durlesbach.«
Übersetzt: Landeshauptstadt, Ulm und Biberach, Meckenbeuren,
Durlesbach.

Die Fahrt ging von Stuttgart, seit jeher ein bekanntes Geiß-
bockzentrum, über Ulm nach Biberach an der Riß, dann weiter in
Richtung Bodensee nach Meckenbeuren. Dort muss etwas Uner-
klärliches geschehen sein, denn der Bauer fuhr zurück nach Durlesbach. Das aber liegt in der Nähe von Bad Waldsee, und immer
noch hing der Geißbock, zumindest aber sein Kopf sprich Rüssel,
angebunden am Zug! Entweder hatte der einen geisterhaften U-
Turn vollbracht, ohne dass die anderen Fahrgäste, so es welche
gab, es bemerkten. Oder der Liedtext hat einfach Ähnlichkeit mit
den Texten von Marius Müller-Westernhagen. Die Frau des
schwäbischen Bauern blieb übrigens stumm, was ich mir von
manchen Musikern auch oft wünsche.

Außer Durlesbach, dessen Bahnhof stillgelegt und nun zu anderen Zwecken als Geißbockkopfwerfen benutzt wird, sind die
Bahnhöfe der anderen besungenen Gemeinden weitgehend geiß-
bockfrei in Betrieb, dennoch wird bei der Bahn noch so mancher
Bock geschossen. Aber damit haben die schwäbischen Landwirte
nichts am Hut.

Ich gebe zu: Das war kein echter Irrtum und seine Aufklärung
nicht wirklich zwingend. Aber es hat großen Spaß gemacht, über
dieses schöne schwäbische Lied zu schreiben. Und dabei noch ein
bisschen darüber zu reden, was ich von manchen Liedtexten halte.
Ich hätte übrigens auch Xavier Naidoo hernehmen können: Bock
bleibt Bock.

www.bahn.de

■■■■■■■■■■■■■■■■■■■■■■■■■■■■■■■

SECKEL
Seckel kommt von Säckel

Ob als Schimpfwort oder als neutrale Bezeichnung, »der Seckel« ist immer männlich. Mein Vetter Daniel von der Schimmelmühle auf der Schwäbischen Alb, mit dem ich gemeinsam immer herrliche Sommerferien erleben durfte, hat es 1971 geschafft, zu unserer Kusine Michaela, die uns seilhüpfend ins Fußballareal geraten war, »Du alte Seckelin!« zu sagen.

Manche meinen, ein Seckel wäre sächlich, weil er sich von »das Säckel« herleitet. Doch heißt eben nicht das komplette männliche Geschlenker »Seckel«, sondern nur das längliche Teil, das beim stehenden Mann in der Regel zum Erdmittelpunkt zeigt. Die sächliche Herleitung des Seckels über »das Säckel, das Säcklein«, mit der viele Sprachforscher liebäugeln, stößt ins Leere. Denn sein Bruder ist nach meiner Überzeugung »der Senkel«. So wurden in alter Zeit der Anker und das beschwerte Fischernetz bezeichnet, die ins Wasser gesenkt wurden. Ab dem 16. Jahrhundert wurde das Lot der Bauleute als Senkel oder Senkblei bezeichnet. Der typische herabhängende Charakter dieser Gegenstände ging dann auf die hängenden Enden von Gürteln und Riemen über. Und da kommen wir dann der Sache schon näher, nicht wahr? Im Übrigen ist »Seckel« bei uns eine beliebte Form der Selbstbeschimpfung. »Ich alter Seckel ich!« hört man bei uns sehr häufig im Zusammenhang mit der Erkenntnis, dass ein Schwabe äbbas, wo er sich gekauft hat, woanders noch billiger hätte kriegen können. Oder er erfährt, dass er es vom Schwager gebraucht zum Spottpreis hätte haben können, wenn er gefragt hätte, »... aber Du Seckel griegsch ja s'Maul net auf!« Oder wenn er mitbekommt, dass er äbbes, wo er selber gebaut hat, noch stabiler hätte bauen können. »Du bisch halt ein Seckel!« würde mein Vater sagen, wenn er erführe, dass ich meinen Verleger weder zu freiwilligen Monatslöhnen noch zu einem Bausparverträgle für mich habe überreden können, ja, dass ich es nicht mal geschafft habe, im Rahmen der Buchrecherche fünf bis sechs fremdbezahlte Tagesausflüge für die ganze Familie herauszuholen [Hauptsach i bin koiner. Der Verleger]

»Ich armer Seckel, ich!«, ist mir entschlüpft, als ich vor vielen Jahren erfahren hatte, dass ich im Rahmen eines Buches für den WWF nicht an den Bodensee reisen durfte. Sondern irgendwo anders hin musste.

Da Selbstbeschimpfungen gar nicht verletzend gemeint sein können, sieht man, dass »Seckel« auch etwas sehr sehr Liebevolles in sich trägt. Wenn sich zwei Schwaben lange Zeit nicht gesehen haben und sie begegnen sich wieder, der eine im dicken Auto, der andere sehr schick gekleidet, kann es sein, sie stehen einander gegenüber, mustern sich, grinsen, und es entspannt sich folgender Dialog:

»Seckel!«

»Schafseckel!«

Übersetzt heißt das:

»Hochachtung! So ein flotter Wagen! Der kostet aber eine Menge Geld, laufen die Geschäfte gut, ja? Dann geht's garantiert auch mit den Mädels rund, oder? Gratuliere, Mann!«

»Naja, aber schau Dich mal an, Du kommst ja auch völlig gut daher! Du holst Dir die Hasen halt mit Aussehen, Charme und Bildung ab, muss man auch können – Chapeau!«

Da fällt mir ein, mein Vetter Daniel, der hat's auch geschafft. Der war lange Zeit Oberüberchefdirektorenarzt in einer Schweizer Klinik, hat jetzt eine eigene Praxis aufgemacht und fährt einen Porsche Cayenne. Der alte Seckel!

■ ■

SEELE
Die schwäbische Seele ist unergründlich

Ihr kennt die schwäb'sche Seele nicht?
Wohlan, die Nippel gut geölt, die Lungen wohl gefüllt
und auf dem Rad zum Bäcker geht's geschwind.
Dort steht die Brunhild hinterm Tresen
und wird mit vollem Bäckerbusen, uns ihre Seelen offenbaren.
Aus Dinkelmehl gebacken, zum Allerseelen Tag,
sind's heut' auch weiße Seelen aus Weizenmehl im Teig.
Die lange, schmale Form des köstlichen Gebäcks,
scheint wie ein Schwert aus grauer Vorzeit winken,
als hier in ↑Oberschwaben ↑Sueben und verwandtes Volk,
die Erde umgegraben.
Sie huldigten den Toten, noch nichts von Christo wissend,
und schenkten ihnen Broten,
wenn der Herbst zum Winter wird
und kühle Winde wehen, über das Alemannenland.
Hinten in Gemächern, rührt mit geübter Hand,
Brunhilds treuer Gatte, den dünnen Teig aus Dinkelmehl
und Hefe an, vergisst nicht Wasser noch das Salz.
Er lässt die Masse Stunden reifen, dann formt er lange Stangen,
gibt Kümmel und auch grobes Salz für oben drauf,
und bäckt im Ofen heiß, die Seelen goldbraun aus.
Der Bäcker legt die Seelen, wohl fein in einen Korb
und bringt sie seinem Weibe, der Brunhild, wie man weiß.
Außen knusprig, innen weich und luftig,
nicht wirklich rund, auch nicht zerfleddert,
und auch nicht eckig, sondern so Gestalt,
wie nur ein großes Können, mit glücklich Zufall wohl vermengt,
ein gutes Brot zu backen weiß –
so muss die schwäb'sche Seele sein,
an der jeder wohl zu knabbern hat!

Und Brunhild lacht uns an, voll guter Seele ist ihr Blick,
ihr Busen bebt, wir drehen ab.
Und denken ganz im Stillen dran, dass durch des Bäckers Hand
auch andere feine Ding entstehen,
den Namen »Damenschenkel« tragend.
Wir schwingen uns verdrehten Hauptes auf das Rad
und fahren heim
zu Weib und Kindern, die unsere Tüten nun zerreißen –
und Hagen, Gunther, Siegfried heißen.

SIEBEN SCHWABEN

**»Sieben Schwaben« heißt die Regierung von
Baden-Württemberg**

Laut Landesverfassung ist Baden-Württemberg ein »republikani-
scher, demokratischer und sozialer Rechtsstaat«. Ein modernes,
demokratisches Staatswesen, das sich ernsthaft um die Befrie-
digung der vielfältigen Bedürfnisse eines Landes kümmert, das
sich der sozialen Marktwirtschaft verbunden sieht, in mannigfal-
tigen Beziehungen zu anderen Ländern steht und von einer plu-
ralistischen Gesellschaft bevölkert wird, kann die Anzahl seiner
Regierungsmitglieder nicht auf »sieben Schwaben« einbetonie-
ren. In Baden-Württemberg wird die Landesregierung im Prinzip
vom Ministerpräsident und den Ministern der Fachministerien
gebildet. Seit dem 21. April 2005 gehörten dem Ministerrat, dem
sogenannten Kabinett, neben dem Ministerpräsidenten Günther
H. Oettinger elf Minister, ein Staatssekretär und eine ehrenamt-
liche Staatsrätin an. Dazu kommen sechs beratende Politische
Staatssekretäre. Die Zahl »sieben« wurde weit überschritten, zumal in der Landesregierung außer Schwaben immer auch Badener
sind, sonst würden nicht nur Jahrhundertstürme wie der Orkan

»Lothar« im Dezember 1999 große Verwüstung übers friedliche Land bringen.

Es ist auch wirklich zweifelhaft, ob die berühmten »Sieben Schwaben« für Ministerämter geeignet wären, was man sich von vielen Ministern allerdings auch fragen kann. In wirklich keinem Falle in der Geschichte Baden-Württembergs konnte auch nicht der kleinste Hauch einer Analogie zu Regierungschefs oder Ministern oder sonstigen schwäbischen Politikern aufkommen. Wie könnte auch! Geht es doch bei der Geschichte der »Sieben Schwaben« um die Abenteuer von sieben tölpelhaften Schwaben, deren Höhepunkt der Kampf mit einem Drachen ist, der sich bei genauer Betrachtung als Hase herausstellt.

Unter den Schwänken des 17. Jahrhunderts war die Geschichte der »Sieben Schwaben« sehr beliebt und genoss große Popularität. Der schwäbische Dialekt wurde als lustiges, zum Lachen reizendes Element eingesetzt. Auch der große schwäbische Dialekt-Volksdichter Sebastian Sailer widmete sich dem Thema, in verschmitzter Weise. Seine Version wurde Vorläufer einer ganzen Reihe volkstümlicher Theaterstücke über den Stoff. 1887 schuf Karl Millöcker eine Operette über »Die sieben Schwaben«. Bekannt wurde das Volksbüchlein von Ludwig Aurbacher. In einigen Episoden erhielten die Schwaben von Aurbacher Spottnamen, die einen Bezug zu Region, Essen oder Brauchtum aufzeigten. Seither heißen die »Sieben Schwaben«: Allgäuer, Seehas, Nestelschwaub, Blitzschwaub, Spiegelschwaub, Gelbfüssler und Knöpfleschwaub. Der Name eines Politikers ist nicht darunter. Jeder Schwabe brachte aus seiner Heimatgegend aber Eigenschaften mit, die lächerlich gemacht und satirisch dargestellt wurden. Im Zusammenhang mit dem ↑Dialekt gaben die »Sieben Schwaben« Jahrhunderte lang das Bild des eigenartigen, seltsamen, tumben, unsicheren und beschränkten Schwaben ab, der sich weder vornehm noch deutlich artikulieren kann. Noch heute rührt das sprichwörtliche Minderwertigkeitsgefühl des Schwaben und sein Zwang, seinen Dialekt zu verleugnen, von diesen Schwänken vergangener Zeit. Immer müssen wir damit glänzen, das wir das Beste …, das Größte …, das Schönste … besitzen oder soundsoviel Olympiasieger oder sogar soundsoviel Nationalspieler und einen Bundestrainer hervorgebracht haben. Der Imageslogan »Wir können alles, außer ↑Hochdeutsch!« schlägt genau in diese Kerbe. Untersuchungen zeigen, dass Menschen, die keinen Dialekt sprechen, größere Karrierechancen eingeräumt werden. Besonders Schwäbisch sollte man nicht sprechen, wenn man in Industrie und Wirtschaft erfolgreich sein möchte – oder man kompensiert mit besserem Aussehen und doppelter Leistung, was für uns ja kein unüberwindbares Hindernis darstellt.

Die meisten kennen die Geschichte der »Sieben Schwaben« aus den Märchenbüchern der Brüder Grimm und von Ludwig Bechstein. Mit der Aufnahme in Märchenbücher wurden die dummen, lächerlichen Schwaben zum deutschen Volksgut und somit zum Volksklischee wie z. B. auf der anderen Seite »der gesellige Rheinländer«, »der aufrechte Hanseate« oder »der schnoddrige Berliner«. Wer sich die Mühe macht und Klischees durchforstet, die den Menschen aus bestimmten Gegenden oder Städten unterschoben werden, der wird feststellen, dass außer den Schildbürgern nur noch dem Schwaben das »Trottelige« anhaftet.

Ist das jetzt wirklich so oder bilde ich mir das nur ein, weil ich aus meinem schwäbischen Minderwertigkeitskomplex heraus argumentiere? Keine Ahnung, aber als Schwabe hat man es wirklich nicht leicht. Es sei denn, man macht aus der Not eine Tugend. So hat mein Onkel sein Restaurant in München »Sieben Schwaben« genannt und bis zu seinem Bankrott beste Geschäfte gemacht. Ich verdiene mein Geld mit der schwäbischen Sprache und warte ängstlich darauf, ob es sich zeigen wird, dass ich aus Gründen der Vererbungslehre ein ähnlich guter Geschäftsmann wie mein Onkel bin.

SILVESTERKRACHER → NONNENFÜRZLE

■ ■

SONNE
Schwaben, von der Sonne verhöhnt!

Mir haben diese Sprüche nie gefallen: Es gäbe badische und un-
symbadische. Oder: Über Baden lacht die Sonne, über Schwaben
die ganze Welt. Har har. Die große Güte des badischen Weines
wird dem milden, sonnigen Klima am Oberrhein zugeschrieben,
das seinen Niederschlag in dem bekannten Spruch findet: »Badi-
scher ↑ Wein, von der Sonne verwöhnt!« Dabei sind es die Trauben
und nicht der Wein. Aber, nun gut, der Badener galt im Vergleich
zum Schwaben schon immer als Leichtfuß. Niemand möchte
Freiburg im Breisgau abstreiten, dass die Klimadaten dem Städtchen mediterranes Flair schenken. Mit rund 1700 Sonnenstunden
im Jahr überstrahlt die Breisgaumetropole andere Städte in Baden-
Württemberg. Die Anzahl der Sonnenstunden, die ja nicht wirklich eine Aussage über Temperaturwerte ermöglicht, schwanken
nach geografischer Lage, Umgebung des Messpunktes und der
Jahreszeit. In Tälern, noch dazu in Flusstälern, müssen in der kalten Jahreszeit kaum die Sonnenbrillen aufgesetzt, sondern die
Nebelscheinwerfer in Betrieb genommen werden. Dafür kann auf
der Höhe oberhalb der Wolkendecke die Sonne strahlen. Im Norden sind im Sommer die Tage und die Dämmerungszeit länger als
im Süden, was sich auf die Anzahl der Sonnenstunden auswirkt.

In den Sommermonaten Juni, Juli und August ist Mecklenburg-Vorpommern, das Land an der Ostseeküste, mit 676 Sonnenstunden der Spitzenreiter in Deutschland. Das möchte man
nicht glauben, denn in dieses Bundesland möchten viele, die von
falschen Rundfahrten, süßem Kartoffelsalat und enorm flachen
Wassertiefen getäuscht wurden, erst gar nicht mehr hin. Vor allem

die ostseenahen Städte und klassischen Badeorte des Landes liefern Spitzenwerte. Danach folgen Brandenburg und Schleswig-Holstein. Das Mittelfeld bei der Sonnenscheindauer eröffnet Baden-Württemberg mit im langjährigen Mittel 634 Stunden, gefolgt vom Saarland mit 626 und Bayern mit 620 Sonnenstunden. Zum Vergleich: In ganz Deutschland scheint die Sonne im Sommer im Mittel insgesamt 612 Stunden lang. Was die sommerliche Sonnenscheindauer anbelangt, kann deswegen davon ausgegangen werden, dass sich – ähnlich einer ↑Wasserscheide – eine Urlauber-Scheide quer durch Deutschland zieht. Die einen werden an Nord- und Ostsee, die anderen ans herrlich tiefe und herrlich anzusehende Schwäbische Meer gespült (↑Bodensee).

In Baden-Württemberg gilt Stötten auf der Ostalb mit 1744 Sonnenstunden im Jahr vor Freiburg als sonnenreichster Flecken – und der liegt in Württemberg!

Bei absoluten Werten der Höchsttemperaturen liegt dann Freiburg im Breisgau wiederum mit sagenhaften 40,2 Grad Celsius Hitze vorn, gemessen am 13. August 2003. Was die tiefsten Temperaturen anbelangt, ist erwartungsgemäß der höchste Berg Baden-Württembergs, der Feldberg, nicht zu schlagen. Auf dem 1486 Meter hohen Gipfel wurden am 10. Februar 1956 minus 30,7 Grad Celsius gemessen. In diesem Rekordwinter wurden in Freiburg am selben Tag 22,4 Grad Celsius Kälte gemessen, was immerhin etwas wärmer als auf dem Flughafen Stuttgart war, denn dort knirschte es bei minus 25,6 Grad Celsius. Aber auf den Fildern hat es schon immer etwas gezogen. Und, wie wir wissen, nach Sauerkraut gerochen (↑Filderkraut).

Deutscher Wetterdienst: www.dwd.de

Spätzle
Spätzle sind immer kleiner als Spatzen

Wenn es von Schreibweise und Herkunft ein Lebensmittel gibt, das dem Schwabenland zugeordnet wird, dann sind es die Spätzle. Mittlerweile werden sie in ganz Deutschland serviert, zur Verdeutlichung in außerschwäbischen Restaurants dann mit zum Zusatz »schwäbische« auf der Speisenkarte, damit jeder weiß, dass er »schwäbische Spätzle« isst. Es ist nicht vermessen zu sagen, dass sich still und leise »Spätzle« zu *der* deutschen Nudel schlechthin entwickelt hat. Auch wenn andere Nudelsorten hergestellt und verzehrt werden, haftet ihnen wie »Spätzle« kein »Aushängeschild« an, sprich ein Oberbegriff, der typischerweise nur aus Deutschland kommt. Die Schweizer schreien jetzt auf, denn ihre ebenfalls leckeren »Spätzli« dürfen bei diesem Thema nicht vergessen werden.

»Spätzle« gibt es nur einmal, nämlich in Schwäbisch. Keine andere Sprache hat dieses Wort vom selben Wortstamm in verwandter oder ähnlicher Weise entwickelt, es ist ein sprachliches Unikum. Genau deswegen taugt es auch zur »Marke« einer typisch deutschen Teigware.

Über die Herkunft des Wortes »Spätzle« für Teigware bzw. Nudel gibt es Spekulationen, aber keine Sicherheit. Die Verkleinerungsform wird außerdem nicht immer und nicht in allen Gegenden benutzt, sondern es wird auch von »Spatzen« und »Spatza« gesprochen. Als Gericht ist es zum ersten Mal im Jahr 1788 bezeugt. Ein ähnliches Gericht wie »Spätzle« gibt es unter der Bezeichnung »Wasserspatzen« in vielen Gegenden wie z. B. in Österreich. Das schwäbische Gericht »↑Gaisburger Marsch« heißt auch gelegentlich »Kartoffelschnitz und Spatza«.

Es scheint jedoch, dass die gleichlautenden Bezeichnungen für die Nudel und den kleinen Vogel Sperling, auch Spatz genannt, unterschiedlicher Herkunft sind. Der Vogel »Spatz« wird als eine

Verniedlichungsform von mittelhochdeutsch »spare«, althochdeutsch »sparo« durch Ansetzen eines »z« aufgefasst, ähnlich wie z.B. Heinrich und Heinz. Im Englischen heißt der Spatz noch heute »sparrow«.

»Spatz« für Nudel wird als Lautverschiebung des italienischen Wortes »Pasta« für »Teig« vermutet, ähnlich wie »Wespe« und schwäbisch »Weps«. Andere meinen, es käme von italienisch »spezzare«, was so viel wie »zerhacken, zerstückeln« heißt.

Auffallend ist aber, dass es auch das Rezept von »Schwarzen Wasserspatzen« gibt, bei dem von einem dunklen Roggenmehlteig mit einem Löffel größere Stücke abgestochen und in heißem Wasser gegart werden. Wenn diese Nudelklößchen im siedenden Nudelwasser schwimmen, ist es zu der bildlichen Vorstellung von gesottenen, braunen Vogel-Spatzen nicht mehr weit. Wurden die Stücke kleiner, wurden sie zu Spätzle. Vielleicht war doch der Vogel das Vorbild für Spätzle? Eine weitere Spekulation!

Eine kulinarische Eigenart von schwäbischen Spätzle sei jetzt Mal unseren norddeutschen Mitbürgern verraten. Bei »echten« schwäbischen Spätzle wird der Nudelteig, der im Prinzip nur aus Mehl, Eier, Salz, Öl und etwas Wasser besteht – man könnte da eigentlich mal ein Reinheitsgebot wie beim Bier aufstellen – frisch verarbeitet. Die »Spätzle« werden – und das ist das Besondere – nicht wie andere Nudeln vorher getrocknet. Der frische Teig kommt in Batzen auf das Nudelbrett und wird mit einem Messer oder Schaber in dünnen, unregelmäßigen Schlieren über die Kante des Brettes in das siedende Nudelwasser geschabt. Alles andere, auch der Spätzledrücker oder der Spätzlehobel oder was im Supermarktregal steht, ist trotz guter Qualität und kritikfreiem Geschmack moderner oder industrieller Humbug!

Schwäbische Spätzle, ob handgeschabt, durchgedrückt oder aufgetütet, können aber unabhängig von ihrer Größe »Spätzle« oder »Spatzen« sein – wir sind in dieser Hinsicht erschreckend großzügig! Denn wir wissen: Spätzle sind eine bahnbrechende Erfindung und die Badener ärgern sich, dass sie nicht vorher darauf gekommen sind! Schwäbische Kinder, im Restaurant vor die Wahl gestellt: »Wollt Ihr lieber Pommes oder Spätzle mit Sauce?« wissen mit einem lauten Schrei aus vollen Kehlen sofort, was sie bevorzugen. Zumindest meine.

Hermann Wax: Etymologie des Schwäbischen. Herausgegeben von Wolfgang Schürle i. A. der Oberschwäbischen Elektrizitätswerke. 2. erweiterte Auflage 2005

■ ■

SPARSAMKEIT
Schwaben sind geizig

Seit Jahren wird das Wissen um den sprichwörtlichen Geiz der Schwaben und der Schotten mit der Scherzfrage getestet, wie der Kupferdraht entstanden sei. Die Antwort lautet, ein Schotte und ein Schwabe hätten im selben Moment einen Cent gefunden …

Vor der Währungsumstellung fanden sie immer einen Kupferpfennig, zumindest in diesem Fall ist aus dem Euro kein Teuro geworden. Ein Pfennig gleich ein Cent ergibt einen Kupferdraht – das ist geblieben.

Alle, die den Schwaben Geiz vorwerfen, fallen ihrer eigenen Oberflächlichkeit und ihres Vorurteils wegen selbst auf die Nase. Schon alleine, dass Sparen – auch erhöhtes – mit Geiz gleichgesetzt wird, geht am Kern vorbei. Geiz macht krank, aber Sparen ist gesund. Was als schwäbischer Geiz wahrgenommen wird, ist der Umstand, dass der Schwabe bei jeder Geldausgabe nach dem Preis-Leistungs-Verhältnis fragt. Liegt dies nach seiner Einschätzung nicht günstig, kauft er nicht oder handelt einen Rabatt aus. Aber grundsätzlich bedeutet dies überhaupt nicht, dass er kein Geld ausgibt, ganz im Gegenteil – nur halt nicht für jeden Mist!

Vorgeworfen wird ihm, dass er dieses Verhalten auch zeigt, wenn es ihm gut geht, und er den Cent nicht umdrehen muss. Aber, weil er trotzdem jedes Mal den Cent umdreht und danach schaut, ob die Ware oder Dienstleistung auch ihr Geld wert ist, geht es ihm gut. Ein Mercedes der S-Klasse ist sein Geld wert – kein Problem! Eine hohle ↑Brezel für einen Euro ist zum Verzweifeln – nie wieder!

Bei einem so bewussten Kaufverhalten bleibt es nicht aus, dass am Ende des Monats etwas übrig bleibt. Diesen Betrag spart der Schwabe und wartet, bis ihm ein günstiges Preis-Leistungs-Verhältnis über den Weg läuft. Das kann ein kurzfristiges Schnäppchen sein, aber auch nach Jahren eine Eigentumswohnung mit Balkon für die frischen Gewürze und Geranien. Dieses kulturell-immanente Verhalten wurde in den letzten Jahren durch die anhaltende Wirtschaftskrise in Deutschland auf die Probe gestellt. Trotz der im Ländervergleich noch guten Zahlen, die Baden-Württemberg aufweisen kann. Oder anders gesagt, diese guten Wirtschaftsdaten halfen das günstige Preis-Leistungs- und Sparverhalten der Schwaben aufrecht zu erhalten, sodass kein monetärer Traditions- und Brauchtumsverlust eintrat.

Erfasste Zahlen liegen aus dem Jahr 2003 vor. In der Zwischenzeit gibt es ja sogar Silberstreifen am Horizont bei den Wiederbelebungsversuchen der Konjunktur, das heißt, dass von den privaten Haushalten unter Umständen bald wieder mehr ausgegeben wird. Bei der Sparquote der privaten Haushalte, die den Anteil des Konsumverzichts am verfügbaren Einkommen bemisst – es geht also um den Anteil der Kohle, die wir jeden Monat auf der Kralle habe, um sie unter die Leute oder zur Bank aufs Sparbuch zu bringen – liegt, wen wundert es, Baden Württemberg mit 12,2 Prozent an erster Stelle. Schlusslicht ist Mecklenburg-Vorpommern mit 8,5 Prozent. Dort liegt übrigens auch die Müritz, in der prozentual auch weniger Wasser enthalten ist als in unseren Seen (↑Bodensee). Gleichzeitig aber bildet Baden-Württemberg unter den Flächenländern die Spitze bei den Konsumausgaben pro Kopf und liegt damit deutlich über dem bundesdeutschen Durchschnitt. Nur die Einwohner der hanseatischen Stadtstaaten Bremen und Hamburg haben noch etwas mehr ausgegeben, nur hinkt hier der Vergleich, weil Stadt und Land verglichen werden. Pro Kopf gab im Durchschnitt jeder Baden-Württemberger im Jahr 2003 rund 16 380 Euro aus, das sind 8 Prozent mehr als der deutsche Durchschnitt!

Etwas anders sieht es aus, wenn 2003 die Konsumausgaben pro Haushalt und Monat betrachtet werden. Da liegt Baden-Württemberger an dritter Stelle hinter Bayern und Hessen. Durchschnittlich gab in Baden-Württemberg jeder Haushalt 2311 Euro für Konsumgüter aus, in Bayern waren es 2342 Euro und in Mecklenburg-Vorpommern 580 Euro weniger als in Bayern.

Für was ein Haushalt in Baden-Württemberg im Jahr 2003 das Geld ausgegeben hat, gibt ein Bild der Bedürfnisstruktur im Lande, die grob in elf Sparten unterteilt wird, die an dieser Stelle aber nicht alle erläutert werden. Der Löwenanteil von 32 Prozent geht für Kosten drauf, die mit Wohnen im weiteren Sinn zu tun haben, für Verkehr, wie z. B. Auto, werden 15 Prozent ausgegeben, danach folgen Nahrungsmittel, Getränke und Genussmittel mit 14 Prozent. Ein größerer Anteil bildet dann noch Freizeit, Unterhaltung und Kultur mit 12 Prozent. Interessant scheint der kleinste Anteil von nur 1 Prozent zu sein, diese herausragende Sonderstellung nehmen die privaten Ausgaben für das Bildungswesen ein.

Trotz einer Spitzenposition bei den Konsumausgaben sowohl pro Kopf als auch pro Haushalt schaffen es die Einwohner Baden-Württembergs gleichzeitig die Spitzenposition beim Sparen und Geldanlegen einzunehmen. Jedem Einheimischen leuchtet dieses Verhalten, nämlich Geld ausgeben und gleichzeitig Sparen, sofort ein. Es ist eine Folge – nicht des Geizes! – sondern eines bewussten Konsumverhaltens. Natürlich werden auch die Angebote, Sonderaktionen und Zinshöhen von Banken kritisch geprüft. Zur Not bedient man sich mehrerer Institute. Ein schlaues Huhn legt ja auch nicht alle Eier in dasselbe Nest, oder? Im Übrigen, auch das sei gesagt, erhöht das Sparen die Lebenslust enorm. Beispiel gefällig? Ein des Sparens Unkundiger nimmt einen Kredit auf, um ein Auto zu kaufen. Später muss er das geliehene Geld zurückzahlen und merkt, dass der Zweisitzer zu klein für die ganze Familie ist. Der Sparer hingegen spart sich erst mal das Geld zusammen und freut sich währenddessen, bald diesen flotten Zweisitzer haben zu dürfen. Diese Freude ist völlig ungetrübt, denn sie muss nicht betankt, repariert oder gar in ihren eventuellen Nachteilen erkannt werden. Irgendwann ist das Geld zusammengespart. Der Sparer kauft trotzdem noch nicht vorschnell, sondern macht ein paar Probefahrten und zögert die Geldausgabe noch ein gutes Jahr hinaus, um sich letztendlich zu entscheiden, das Geld erstmal doch nicht auszugeben. Erster Genuss während des Sparens: Vorfreude. Hinzu kommt der Spaß während der Probefahrten: Freude über das Auto, das man besitzen könnte plus die Freude darüber – weil das Geld noch da ist – stattdessen auch etwas ganz anderes haben zu können. Später die Freude, dass das Geld noch da ist und alle Möglichkeiten offen stehen. In diese tiefenpsychologischen Freudensbereiche können Nichtschwaben nur selten vordringen. Auf den Nenner gebracht: Nichtschwaben brauchen Porsche, Motorboot und Rolex, um sich spüren zu können. Schwaben reicht das Gefühl, eines davon oder gar alle drei besitzen zu können. So sparen wir unser Geld, schließlich müssen wir über den Länderfinanzausgleich den anderen Bundesländern helfen …

Statistisches Bundesamt Deutschland: www.destatis.de

SPITZKRAUT → FILDERKRAUT

SPRINGERLE
Das »Springerle« ist ein Reitturnier in Oberschwaben

Die Vermutung, dass ein schwäbisches Reitturnier Springerle heißen könnte, ist nicht völlig aus der Luft gegriffen. Denn Pferde spielen eine Rolle. Bei den wirklichen Springerle im Schwabenland und auch in der Schweiz, die ein beliebtes Weihnachtsgebäck sind, wird vermutet, dass der Name von der bildlichen Darstellung eines Reiters auf dem Gebäck herrührt. Eine Analogie zu den ↑Wibele, für die der Konditormeister Wibel als Erfinder gilt, besteht nicht, ein Konditor Springer wird in diesem Zusammenhang nicht genannt. Der Reiter war im 17. Jahrhundert ein beliebtes Bildmotiv auf den flachen Keksen, das mit einem konkaven Holzmodel in den weichen Teig gedrückt wurde. Andere Deutungen laufen darauf hinaus, dass das Aufgehen des Teiges auf das Doppelte beim Backen, das »Aufspringen« sozusagen, die Bezeichnung Springerle hervor brachte. Wie Modelfunde bezeugen, wurden Springerle schon im Mittelalter in den Klöstern gebacken. Die Bildmotive können sehr einfach sein, aber auch ganze Szenen aus dem ländlichen Leben oder aus der Weihnachtsgeschichte umfassen. Das Backen von weißen Springerle ist eine zeitaufwändige Arbeit, die nachfolgend in den Grundzügen beschrieben wird.

Der Teig aus Mehl, Eiern, Hirschhornsalz, Puderzucker, etwas geriebener Zitronenschale und Aniskörnern, der bis zu zwei Stunden geruht hat, wird nochmals geknetet und ausgewellt, aber nicht ganz dünn. Der geschnitzte Holzmodel wird vorsichtig auf den Teig aufgedrückt und wieder abgehoben, so dass sich auf der Oberfläche das Bildmotiv abgedrückt hat. Die Ränder werden abgeschnitten und die Springerle werden über Nacht getrocknet. Am nächsten Tag werden sie gebacken. Nach dem Backen sind die Springerle bockelhart und müssen richtig gelagert werden, z. B. kühl und trocken in einer Blechdose. Nach etwa vier Wochen werden sie weich und können verzehrt werden. Das ist natürlich auch schon früher möglich, wenn man seinem Zahnarzt den Skiurlaub mitfinanzieren möchte. Fast jede Hausfrau weiß einen speziellen Trick, um die Springerle weich zu kriegen. Am Schlechtesten geht es mit einem Hammer, selbst die vorsichtige Verwendung eines Gummihammers führt zu keinem zufriedenstellenden Ergebnis. Ratsam ist wirklich eine geschlossene Dose auf dem Kleiderschrank im schwäbischen, antikuschel-eiskalten Schlafzimmer, welches sämtliche Anreize der Regierung, über gesetzliche Förderungsmaßnahmen die Geburtenrate zu steigern, zunichte macht. Hauptsache, die Springerle werden bis Weihnachten schön weich. Während meine Oma Hermine im Kochverbund mit ihrer Elsa für ↑Spätzle, ↑Gaisburger Marsch und wegen der italienischen Schwägerin Laura auch für damals exotische Dinge wie Pasta Asciutta, sprich: »Baschda Schutta« zuständig war, stellte die Mutter meines Vaters, Oma Helene, die zweifelsfrei und mit Abstand besten ↑Maultaschen und Gutsla her, unter ihnen auch Springerle. Da hatte mein Vater wirklich ein Auge drauf, aber ob Omas Springerle je weich wurden, konnte er nicht wissen, denn seine damals drei, später vier Kinder, also meine Schwestern und ich, pflegten die Springerledose in Vaters Versteck zu finden und die Dinger stets im o. a. bockelharten Zustand wegzuputzen. Meine Schwester Henriette hat deswegen heute oft noch ein schlechtes Gewissen, backt Springerle nach Omas Rezept und bringt sie meinem Vater vorbei. Der immer noch nicht wissen kann, ob Springerle über die Zeit wirklich weich werden, denn er hat inzwischen fünf Enkel.

Staufer
Die Staufer wanderten von Italien ins Schwabenland aus

Konradin, der letzte männliche Staufer des bedeutenden schwäbischen Adelsgeschlechts, starb auf Befehl von Karl I. von Anjou 1268 in Neapel unter dem Henkerbeil. Er war der letzte Staufer, weil alle anderen Staufer vorher ins Schwabenland in die Gegend von Göppingen ausgewandert waren. Was sich wie die Vorwegnahme der italienischen Nachkriegs-Gastarbeiter-Immigration nach Deutschland anhört, jedoch ohne Kopf-ab-Ängste, ist grottenfalsch (↑Grottenschlecht).

Karl I. von Anjou (1220–1285) war ein jüngerer Bruder des französischen Königs Ludwig IX. Durch Heirat und anderes aristokratisches Networking war er zu mehreren Ländereien gekommen, für die er an das Reich, also an den staufischen Kaiser, Knete abdrücken sollte. Das tat er aber nicht. Die Mahnverfahren der Staufer stießen ins Leere, nicht weil Karl von Anjou an seinem Schloss den Briefkasten abmontieren ließ, sich weigerte Einschreiben anzunehmen oder den Rückschein zu unterschreiben, sondern weil er den Briefträger als Luftpostbrief in den Kerker schickte. So wurde aus gewöhnlich gut unterrichteten Kreisen verlautet, wie man von Dritten hörte.

Im Jahre 1265 sprach Papst Klemens IV. dem Karl von Anjou das Königreich Sizilien als Lehen zu, mit dem Hintergedanken, der gesammelte Zorn wegen der ständigen Mahnschreiben würde ausreichen, dass Karl die Staufer verdreschen und Sizilien erobern könne. Und so geschah es auch. Im Jahre 1266 besiegte Karl von Anjou in der Schlacht bei Benevent den Staufer Manfred von Sizilien, den Onkel des letzten Stauferkönigs Konradin. Danach auch das Heer des Neffen, der letzte Staufer Konradin wurde 1268 bei der Schlacht bei Tagliacozzo geschlagen. Als grausamen Event wurde Konradin öffentlich in Neapel hingerichtet, das war das Ende des schwäbischen Herrschergeschlechts der Staufer.

Die Stammburg der Staufer – des Geschlechts, das im 12. und 13. Jahrhundert mehrere deutsche Könige und Kaiser stellte – stand auf dem Berg Hohenstaufen bei Göppingen und nicht in Süditalien. Der Name des Berges ist abgeleitet von seiner kegeligen Form, die an einen umgedrehten Stauf bzw. Staufen erinnert, wie ein Trinkgefäß dieser Zeit genannt wurde. Auch die Stadt Staufen im Breisgau ist auf einen kegeligen Berg mit Burgruine stolz, doch die Staufer kommen nachweislich nicht von dort, sondern aus der Gegend unterhalb des Hohenstaufen, der zwischen Göppingen/Fils und Lorch/Remstal liegt.

Der erste namentlich bekannte Staufer trug den Namen Friedrich, ein Name, der in dem Adelsgeschlecht häufig auftauchte. Sein Name ist in Urkunden für die Mitte des 11. Jahrhunderts als Pfalzgraf in Schwaben genannt. Von dessen Sohn, einem gewissen Fridericus de Buren, ist der Herrschaftssitz im 12. Jahrhundert bekannt: eine Burg Büren, vermutlich das heutige »Wäscherschlössle« in Wäschenbeuren bei Lorch im Remstal. Heiratsverbindungen lassen darauf schließen, dass die Staufer bereits in der Mitte des 11. Jahrhunderts zu den einflussreichsten Adelsfamilien des südwestdeutschen Raums zählten. Allerdings scheint sich der Landbesitz zu diesem Zeitpunkt noch auf wenige Gebiete beschränkt zu haben. Das erste exakt nachweisbare Datum in der langen Familiengeschichte der Staufer ist das Jahr 1079, als Friedrich I. von Kaiser Heinrich IV. zum Herzog von Schwaben ernannt wurde und Heinrichs Tochter Agnes heiratete. Friedrich I. errichtete auch die Burg auf dem Hohenstaufen und stiftete das Kloster Lorch als Hauskloster und Grablege der Familie (1102). Er und seine Söhne Friedrich II. und Konrad weiteten den Grundbesitz der Familie wesentlich aus. Nach den zur damaligen Zeit üblichen Verheiratungs- und Schlachtgetümmelstrategien wurde dann 1138 mit Konrad III. ein Staufer zum deutschen König gewählt. Es folgten – geschichtlich leicht verkürzt geschildert – mehrere Könige, Kreuzzüge und Eroberungen.

Bekannt wurde unter den Staufern Friedrich ↑Barbarossa, das rotbärtige Fritzle, wie er vielleicht im Remstal genannt wurde. Barbarossa schaffte es bis zum Kaiser des Heiligen Römischen Reichs, ertrank aber auf dem 3. Kreuzzug 1190 in einem Fluss in der Türkei. Laut DLRG gibt es heute immer noch rund 10 Prozent Nichtschwimmer in Deutschland.

Ich bin in der Stauferstadt Waiblingen geboren und aufgewachsen, verbrachte meine Grundschulzeit in der Karolingerschule und habe im Staufergymnasium (nicht im Saliergymnasium) Abitur gemacht. Dass Waiblingen ein Erbgut von den Karolingern an die Salier und später an die Staufer war, und dass in französischen Lexika heute noch zu lesen ist, dass Barbarossa in Waiblingen geboren sei, was aber wiederum nie bewiesen werden konnte, könnte Ihnen mein Vater spontan in einem einstündigen, frei gehaltenen Vortrag erläutern. Könnte. Wenn er nicht immer auf seine ↑Springerle aufpassen müsste.

Friedemann Bedürftig: Die Staufer. Darmstadt 2006

■ ■

SREUOBSTWIESE → OBST

■ ■

SUEBEN
Die Sueben lebten als Urschwaben am Neckar

So viel steht fest: Namensgeber für die Schwaben war der germanische Stamm der Sueben, auch Sweben geschrieben. Doch wer waren die Sueben? Als Germanen fühlten sie sich jedenfalls nicht. Denn zu Germanen haben sie die Römer und Griechen gemacht. Erstmals wurde der Begriff von dem griechischen Geschichtsschreiber Poseidonios um das Jahr 80 v. Chr. genannt. Immer noch umstritten sind Bedeutung und Herkunft des Wortes. Vermutlich handelt es sich um den Namen eines einzelnen Stammes, der auf eine ganze Völkergruppe übertragen wurde. Von »Ger«, dem germanischen Wurfspieß, scheint der Name nicht zu kommen, weil einerseits nicht alle germanischen Stämme die gleichen Wurfspieße hatten und andererseits, alle Krieger ihren Spieß nicht gleichermaßen als »Ger« bezeichneten. Das »Spießige« ist den Germanen aber bis heute geblieben! Waffen hatten sie alle, und geschickt umgehen konnten sie damit auch. Für die zahlreichen Stämme zählte der Krieg zum Normalzustand, von einer geeinten germanischen Bruder- und Schwesternschaft konnte keine Rede sein. Bevor die Römer ins Land eindrangen, droschen Germanen mit Vorliebe auf Germanen ein, zerstörten Dörfer, raubten Frauen und nahmen Gefangene. Dürftig ist die eigene Berichterstattung der Germanen, weil Funde mit germanischer Runenschrift erst aus dem 2. Jahrhundert n. Chr. vorliegen und die Schrift für Geschichtsschreibung nicht benutzt wurde. Folglich müssen Archäologie und Sprachforschung helfen. Siedlungsspuren, Friedhöfe und in Kriegszeiten vergrabene Schätze erzählen von unseren wilden Vorfahren. Weitere Quellen sind die schriftlichen Berichte der Römer, die einen guten Einblick in das frühe Germanien geben, obwohl nicht alles als bare Münze genommen werden sollte, weil hinter den Chroniken manchmal politische Absichten steckten oder sie vom Hörensagen niedergeschrieben wurde.

Gaius Julius Caesar benutzte in seinem Bericht *De bello gallico* (»Der Gallische Krieg«, 51 v. Chr.) die Bezeichnung »Germanen« für alle rechtsrheinischen Völker – und unterschied so Kelten von Völkern germanischer Herkunft. Vorher galt lediglich eine Unterscheidung in Kelten in Westeuropa und Skythen in Osteuropa. Er beschreibt auch ausführlich eine Schlacht gegen Sueben aus dem Elsass, die sich mit anderen Stämmen verbündet hatten. Ihr berühmter suebischer Heerführer hieß Ariovist, er verlor den Kampf, musste über den Rhein fliehen und sich im Schwarzwald niederlassen. Das weiß ich alles, weil die letzte Lateinarbeit, nach der ich mit knapper Not das große Latinum ergattern konnte (das später meine große Schwester hätte brauchen können, wie das immer so ist), eine Übersetzung aus dem *De bello gallico* war.

Der römische Historiker Tacitus schreibt dagegen in seinem Buch *De origine et situ Germanorum* (»Über den Ursprung und den Lebensraum der Germanen«, ca. 98 n. Chr.), welches wir auch übersetzen mussten, dass der Name »Germanen« noch relativ neu sei, und vom Stamm der Tungrer der Name auf alle germanischen Stämme übertragen wurde. Alle rechtsrheinischen Stämme seien zuerst von den Galliern als Germanen im umfassenden Sinn bezeichnet worden, ein Hinweis, von dem wiederum auf einen keltischen Ursprung des Wortes geschlossen werden kann. Eine der germanischen Völkergruppen waren die Sueben, die mehrere Stämme umfasste. Darunter als bekannter, und laut Tacitus als der »vornehmste« Stamm, die Semnonen. Der Lebensraum der Sueben lag an der Elbe (ursprünglich Mittelelbe-Saale) und dehnte sich später bis zur Ostsee aus, die die Römer »Mare Suebicum« nannten. Die Sueben werden deswegen auch als Elbgermanen bezeichnet. Sie lebten in großen Teilen des heutigen Brandenburg und Mecklenburg-Vorpommern, auch zählte wohl die Gegend um Berlin dazu. Es besteht die Meinung, die allerdings historisch nicht belegbar ist, dass heute in Berlin so viele Schwaben wohnen, weil es sie in ihr altes Stammesgebiet zurückzieht. Eine Untermauerung für diese Schwabenrückzugsthese müsste demzufolge die massenhafte Besiedlung von Mecklenburg-Vorpommern durch Schwaben sein. Davon ist aber nichts bekannt. Seit der Wiedervereinigung Deutschlands 1989 hat eher eine Bewegung in den Südwesten der Bundesrepublik stattgefunden, wie damals, bei der Völkerwanderung. Geschichte wiederholt sich, wenn auch unter anderen Vorzeichen. Außerdem: Wenn mir einer weismachen will, ich sei ein Schwabe mit Migrationshintergrund und käme eigentlich von der Müritz, versenke ich ihn mit einem Gewicht an den Füßen im Bodensee. Natürlich im ↑Bodensee! Die Müritz, diese Pfütze, wäre doch viel zu flach dafür!

Dieter Geuenich: Geschichte der Alemannen. Stuttgart 1997; Gerhard Drexel: Das Ländle in Berlin. Berlin 2000

■■■■■■■■■■■■■■■■■■■■■■■■■■■■■■■■

Sülze → Gsälz

SWR → Fernsehturm

■■■■■■■■■■■■■■■■■■■■■■■■■■■■■■■■

Tanzen
Der Schwabe tanzt nur Volkstanz im Trachtenlook

Der rotgesichtige Bauernschwabe, bekleidet mit farbigem Wams, schwarzen Kniebundhosen, weißen Strümpfen und flachem Trachtenhut, der dem umgangssprachlichen Ausdruck »Deckel« für Kopfbedeckung alle Ehre macht, der mit seinem weißgeschürzten und behaubten Weiblein einen koketten Volkstanz aufführt, dessen Bewegungsausdruck an die Figuren eines oberschwäbischen Rathausglockenspiels erinnern, mag das Klischeebild sein, das dem tanzenden Schwaben vorauseilt. Doch heute trifft es weder auf die vielen Volkstanzgruppen, die lobenswert ihren lebendigen Beitrag zur Volksbrauchforschung in zeitgemäßer Weise leisten, noch auf die viele Tanzpaare, die Anhänger des Tanzsports sind. Ungezählt sind die Tausenden, die landauf landab in ihrer Freizeit am Gesellschaftstanz ihre Freude haben und den persönlichen Schwung im Langsamen Walzer, Quickstep, der Rumba oder im Cha-Cha-Cha finden. Erfüllung und persönliche Verwirklichung suchen viele Schwäbinnen und Schwaben in unzähligen Clubs, in denen Argentinischer Tango oder Kubanische Salsa getanzt wird. Von der Tango- und Salsawelle der letzten Jahre wurde ganz Baden-Württemberg überrollt – schmusige Paarhaltung und extravaganter Hüftschwung wurde zum Ausdruck des heißen und wilden Südens!

So blitzneugierig sich die Schwaben auf der ganzen Welt verteilt haben, so offen haben sie sich auch gegenüber Tänzen unserer Weltmitbürger gezeigt. Ob Irisch-Keltischer Hüpftanz, schottischer Schwertertanz im Kilt, ägyptischer Bauchtanz, Südstaaten-Step-Tanz, Jazz Dance, Modern Dance, Westcoast-Swing, Lindy-Hop oder Rock'n Roll – wenn der Sound erklingt, beginnen sich schwäbische Füße, Beine und Bäuche selbstständig zu machen (↑Fuß).

Wenn schon baden-württembergische Politiker ohne Verschnaufpause stundenlang von den einmaligen wirtschaftlichen Leistungen und der Rekordzahl der Patentanmeldungen im »Ländle der Talente und Patente« erzählen (↑Fleiß), dürfen auch uns ein paar Zahlen schwindlig machen und stellvertretend einige für all die anderen großen Tanzsportleistungen in den Vordergrund treten.

Im Deutschen Tanzsportverband e. V. sind Landesverbände der Bundesländer organisiert, so auch der Tanzsportverband Baden-Württemberg. Er zählt im Jahr 2006 ganze 290 Vereine mit 33 000 Mitgliedern auf. Ist das viel oder wenig? Zum Vergleich das bevölkerungsreichste Bundesland Nordrhein-Westfalen mit 18 Millionen Einwohnern, das mit 530 Einwohner/km² auch die höchste Bevölkerungsdichte eines Bundeslandes aufweist. Dort werden 400 Vereine mit 43 000 Mitgliedern genannt, das sind 2,39 ‰ Tanzsportbegeisterte und im Durchschnitt 107,5 Mitglieder pro Verein. In Baden-Württemberg haben in 290 Vereinen 33 000 Mitglieder Freude am Tanzsport, das sind durchschnittlich 113,79 Mitglieder pro Verein. Bezogen auf die Einwohnerzahl von 10,7

Millionen mit einer Bevölkerungsdichte von 300 Einwohner/ km² tanzen 3,08 ‰ Schwäbinnen und Schwaben sportlich organisiert. Dass sich darunter, auch bedingt durch die Öffnung Europas, Tänzer und Tänzerinnen ausländischer Herkunft befinden, und es sich nicht um ein rein schwäbisches Händchenhalten zur Musik handelt, sondern um internationalen Hochleistungssport mit über 1000 Turnierpaaren, ist ja wohl allen klar. Seit 2004 trifft sich die Tänzerwelt zu den »German Open Championships/ GOC« in Stuttgart, zum größten internationalen Tanzturnier in Deutschland.

Die A-Standardformation des 1. Tanzclub Ludwigsburg wurde im Jahr 1983 ins Leben gerufen und ist bis heute die weltweit erfolgreichste Standardformation im Tanzsport mit acht Weltmeistertiteln. Zum 7. Mal in Folge holte sich 2005 die Rock'n'Roll Formation »Wilder Süden« des Rock'n'Roll Club Böblingen e. V. den Weltmeistertitel und schrieb Rock'n'Roll-Tanzsportgeschichte. Wer's noch nicht gesehen hat – beim Tanzsport-Rock'n'Roll flitzen die Füße so schnell durch die Luft, wie ein Küchenmesserle übers Spätzlebrett. Mir wird schon vom Zuschauen schwindelig und ich erinnere mich, dass ich es standardtanzpolitisch über »A- und F-Kurs« nicht hinausgebracht habe. Uns Sechzehnjährigen ging es damals sowieso nur darum, endlich mal ein Mädchen anfassen zu dürfen, und das auch noch über den längeren Zeitraum eines Walzers, Rumbas oder Foxtrotts hinaus. Ich trug zum Tanzen immer meine Westernstiefel. Erstens fand ich das cool und schick und zweitens waren es die einzigen Lederschuhe, die ich besaß – alles andere waren Gummistiefel oder Turnschuhe. Und dann beim F-Kurs – ich werde lausig geführt haben – dachte die Dame, es gehe um eine Linksdrehung, während ich zur Rechtsdrehung ansetzte. Dann krachte ihr Fuß, der sich in vorne offenen Tanzschuhen befand, direkt auf die Vorderfront meines Westernstiefels. Durch die Wucht des Aufpralls hat es ihr den Nagel vom großen Zeh sozusagen komplett und blutreich weggelupft. Von diesem Moment an habe ich das Standardtanzen für immer gelassen. Mädchen, rechts ohne großen Zehennagel, ich habe über die Jahre Deinen Namen leider vergessen, ja, verdrängt, aber wenn es Dich noch gibt, melde Dich! Mein Verleger möchte Dir ein Exemplar dieses Buches schenken! Aber, das hast Du ja schon, nein: Er möchte uns beide zum Essen einladen! So war's. [Warum *beide*??; Der Verleger]

Tanzsportverband Baden-Württemberg e. V.; www.tbw.de: Baden-Württembergischer Rock'n'Roll Verband e. V.; www.bwrrv.de

⬛⬛⬛⬛⬛⬛⬛⬛⬛⬛⬛⬛⬛⬛⬛⬛⬛⬛⬛⬛⬛⬛⬛⬛⬛⬛⬛⬛⬛

TARTUFFEL → GROMMBIRA

⬛⬛⬛⬛⬛⬛⬛⬛⬛⬛⬛⬛⬛⬛⬛⬛⬛⬛⬛⬛⬛⬛⬛⬛⬛⬛⬛⬛⬛

THRONFOLGE
Die englische Königin hat keine schwäbischen Verwandten

Wer beim Frauenarzt, Zahnarzt oder Hundefriseur schon mal die bereitgelegten Fachzeitschriften durchgeblättert hat, die uns ausführlich von den Schwangerschaftsproblemen junger Prinzessinnen erzählen, uns blendend weiße Mustergebisse von künstlich gebräunten Prominenten auf Wohltätigkeitsveranstaltungen zeigen. Die uns spannende Fortsetzungsreportagen über die Arbeit von Promi-Friseuren bieten, die vor jedem neuen Auftritt Politikerinnen und Talkmasterinnen zu einem frischeren, ganz fraulichen Image verhelfen, der weiß auch über die Verwandtschaftsverhältnisse der europäischen Aristokratie bestens Bescheid. Es scheint nichts Wichtigeres zu geben, obwohl man vielleicht nicht einmal alle eigenen Kinder oder Verwandte kennt.

Eine herausragende Rolle in der zeitgenössischen Berichterstattung auf allen Kanälen und in allen Gazetten spielt seit Jahren das englische Königshaus. Man weiß so viel wie fast alles über die Royals, wie die Familie in ihrem Mutterland genannt wird. Weniger bekannt ist, dass Mitglieder der Familie, wie Prinz Charles, bei Besuchen der in Deutschland stationierten englischen Regimenter gerne einen privaten Abstecher auf die Burg Teck am Rande der Schwäbischen Alb oder auf die Burg Langenburg in Hohenlohe machten, um bei ihren ersatzkassenversicherten Verwandten mal etwas Besseres zwischen die Zähne zu bekommen, als immer nur Fish and Chips.

Die offizielle Webseite der englischen Monarchie zählt Thronnachfolger bis in den 39. Rang auf, ein schwäbischer Name taucht nicht auf, wobei hier nicht Namen wie Häberle oder Pfleiderer gemeint sind, sondern vielmehr Fürst zu Hohenlohe-Langenburg oder Herzog von Teck. Der Name Teck ist in einer Linie mit den Württembergischen Herzögen verbunden. Aus diesem Zweig stammt Prinzessin Maria von Teck (1867–1953), die der englische König George V. King of Great Britain (1865–1939) heiratete. Mary of Teck wurde nicht auf der Alb, sondern im Kensington Palace geboren. Sie war die Tochter von Herzog Franz von Teck, Sohn von Herzog Alexander von Württemberg und Mary Adelaide, einer Prinzessin von Großbritannien, Irland und Hannover. Mary of Teck brachte sechs Kinder zur Welt. Ihr ältester Sohn war der berühmte Edward, der im Jahre 1936 ganze zehn Monate lang als Edward VIII. König von Großbritannien und Nordirland in die Geschichte einging, aber mehr noch, weil er am 11. Dezember 1936 abdankte, um die zweimal geschiedene bürgerliche US-Amerikanerin Wallis Warfield, besser bekannt unter dem Namen Wallis Simpson, zu heiraten. Nachfolger wurde sein Bruder George VI. König des Vereinigten Königreichs von Großbritannien und Nordirland sowie Oberhaupt des Commonwealth, der Vater von Elizabeth Alexandra (*1926), der heutigen Elisabeth II., Königin von Großbritannien und Nordirland. Die Oma der heutigen englischen Königin war eine Prinzessin von Teck.

Wie die Leser der Wartezimmer-Fachzeitschriften wissen, ist Königin Elisabeth II. mit Prinz Philip, Herzog von Edinburgh (*1921), verheiratet. Er ist der Sohn von Prinz Andreas von Griechenland und Dänemark und Prinzessin Alice von Battenberg. Mütterlicherseits ist er Neffe des Prinz Louis von Battenberg, Nachkomme eines hessischen Grafengeschlechts, dessen 1917 ins Englische übersetzten Namen Mountbatten er annahm. Mit der Übernahme der britischen Staatsbürgerschaft 1947 änderte er seinen Namen von Schleswig-Holstein-Sonderburg-Glücksburg in Mountbatten. Am 20. November 1947 heiratete er die damalige Prinzessin und Thronfolgerin Elizabeth. Seine Mutter, Victoria Alice Elisabeth Julie Marie von Battenberg (1885–1969), hatte am 7. Oktober 1903 in Darmstadt den Prinzen Andreas von Griechenland geheiratet, mit dem sie vier Kinder hatte. Die älteste Tochter, Margarita von Griechenland (1905–1981), heiratete einen Gottfried Hermann Fürst zu Hohenlohe-Langenburg.

Möglicherweise interessieren uns die Highlights der englischen Highnesses nur deswegen, weil wir hier bei uns schon immer der lieben Verwandtschaft unter die Arme gegriffen haben. Wem ist schon bekannt, ob im Buckingham-Palast nicht mal wieder die Wände geweißelt, die Türen geölt und die »Plättle« im Bad neu verfugt werden müssen. Oder die breiten Treppen sauber gewischt und der große Hof gekehrt sind? Niemand, es weiß niemand! Das kann einen ganz schön verrückt machen. Ein englischer Ahnenforscher hat herausgefunden, dass Camilla Parker-Bowles, die Gattin von Prinz Charles, entfernt mit Madonna verwandt sei. Ich habe in einem Kommentar gelesen, dass dies nun eine Ahnung davon vermittele, wie Madonna ungeschminkt aussehe. Außerdem wurde Camilla zu einer der zehn bestangezogenen Frauen der Welt gewählt. Auch das lässt sich interpretieren: Man will diese Frau unter keinen Umständen nackt sehen.

www.royal.gov.uk

■■■■■■■■■■■■■■■■■■■■■■■■■■■■■■■

ÜBERGEWICHT
Maultaschen machen dick

Ernährungswissenschaftler werden nicht müde zu erklären, dass fetthaltige, kohlenhydrathaltige und noch dazu vitaminarme Nahrung durch frische Kost vom Markt, am besten direkt vom Erzeuger, zu ersetzen ist. Sie sollte aber genau die gegenteiligen Eigenschaften aufweisen. Als positives Beispiel wird die mediterrane Ernährung angeführt, die mit frischem ↑Obst, Gemüse, Fisch und Ölivenöl zu einer geringen Herzinfarktquote in den Ländern rund ums Mittelmeer beigetragen hat. Von unseren Urlaubsreisen wissen wir, dass Spanier, Italiener oder Griechen ausnahmslos nur frische Ware direkt vom Bio-Erzeuger kaufen, besonders in den Großstädten, ja Konserven und Tiefkühlkost geradezu verabscheuen, und deswegen ein mittelmeerländerübergreifendes Supermarktkettensterben eingesetzt hat. Seither erleiden in Südeuropa wesentlich mehr Filialleiter gefährliche Schlaganfälle als ihre ehemaligen Kunden. Alles hat zwei Seiten.

Es ist immer angebracht, den Blick aufs eigene Land zu lenken, in diesem Fall nicht nur auf Deutschland, sondern speziell auf Baden-Württemberg. ↑Maultaschen, Kartoffelsalat, ↑Spätzle mit brauner Mehlschwitze-Soße, ↑Gaisburger Marsch, Kässpätzle, ↑Ofenschlupfer, Pfitzauf oder ↑Nonnenfürzle, ergänzt durch südeuropäische Dickmacher wie alle Sorten Pasta, Pizza, Tiramisu, Paella oder Moussaka lassen die Vermutung aufkommen, dass der Baden-Württemberger völlig aufgeschwemmt schon vor der Zeit ins frische Biogras beißen müsste. Tatsächlich fordern Blutdruck-

und Kreislaufkrankheiten mehr Todesopfer als Krebserkrankungen. Und dennoch ist die Vorstellung, dass sich der statistisch durchschnittliche Baden-Württemberger dem Aussehen einer viel zu üppig gefüllten Maultasche annähert, nicht haltbar. Zwar wird 48 Prozent der erwachsenen Landeskinder leichtes Übergewicht und 12 Prozent starkes Übergewichtigkeit bescheinigt, doch im Ländervergleich 2005 nimmt Baden-Württemberg im Body-Mass-Index-gestützten Übergewichtsranking von den Flächenländern den letzten Platz ein. Weniger wiegen im Durchschnitt nur noch die Einwohner der Stadtstaaten Bremen, Berlin und Hamburg. Die Tabelle wird vom wirtschaftlich schwächsten Land Mecklenburg-Vorpommern angeführt, auf den nächsten Plätzen landen die anderen neuen Bundesländer, erst an sechster Stelle folgt mit dem Saarland das erste West-Land. Daraus könnte der Schluss gezogen werden, dass nicht Maultaschen dick machen, sondern Arbeitslosigkeit, oder auch, dass in Notzeiten fettreiche, kohlenhydrat- und fettgeschwängerte Kost in Übermengen zu sich genommen wird, die bei mangelnder Beschäftigung nicht mehr abgearbeitet werden kann. Also macht Arbeit schlank! Auch nicht wirklich, weil in den drei Stadtstaaten die Angestellten und ihre Sekretärinnen mit ihrer Schreibtischtätigkeit auch nicht gerade die schweißtreibendste Arbeit verrichten. In den Städten dürften die guten Gewichtsergebnisse mit an den vielen Freizeitangeboten von Sportvereinen oder Sportstudios liegen. Heißt dies, man sollte die Arbeitslosen aus den neuen Bundesländern, bei guten Erfahrungen dann auch anderswo, zur gesundheitlichen Vorsorge regelmäßig ins Sportstudio an die Geräte schicken? Bei nicht Erscheinen Wegfall des Arbeitslosengeldes? Langzeitarbeitslose dürften bald durch ihren federnden Gang, die muskelgespannten Shirts und durch ideale gesundheitliche Werte auffallen. Was Ersparnisse in der Krankenversorgung hervorrufen würde, die dann wiederum an die Arbeitsagentur in Nürnberg transferiert werden könnten.

Eine Umstellung der Ernährung in Baden-Württemberg von schwäbischer auf mediterrane Kost kann aufgrund der statistischen Werte in Betracht gezogen werden, muss aber nicht, solange die Beschäftigungsquote sich weiterhin in einem günstigen Rahmen bewegt und bedenkliche Körperansätze schon prophylaktisch »weggeschafft« werden können. Also machen Maultaschen nicht dick, sondern mangelnde Bewegung. Hier sind die Politiker gefragt! Eine gut laufende Wirtschaft und eine hohe Beschäftigungsrate lassen auch schwäbische Kost in breitem Umfang zu.

ULMER MÜNSTER
Der Turm des Ulmer Münsters ist der höchste Kirchturm der Welt

Jetzt wird es knifflig. Sind Tempel, Synagogen oder Moscheen auch Kirchen? Im engeren Sinne nicht, denn die Bezeichnung Kirche ist dem religiösen Gebäude des Christentums, Synagoge dem des jüdischen Glaubens und Moschee dem der islamischen Religion vorbehalten. Tempel dagegen ist die deutsche Bezeichnung von Gebäuden, die in verschiedenen Religionen als Heiligtum oder religiöses Bauwerk dienen.

In diesem Sinn besitzt das Ulmer Münster mit 161,5 Meter Höhe tatsächlich den höchsten Kirchturm der Welt. Seit der Grundsteinlegung des Ulmer Münsters im Jahr 1377 ist das imposante, gotische Meisterwerk genau genommen bis heute noch nicht fertig geworden. Wenn hinten der Kittel geflickt ist, reißen vorne die Knopflöcher aus!

Gefolgt wird das Ulmer Münster von der Basilika Notre-Dame de la Paix in der Stadt Yamoussoukro in Elfenbeinküste. Ihr Kreuz auf der Kuppel ragt bis auf stolze 158,0 Meter in die Höhe. Erst an dritter Stelle taucht in Auflistungen der Turm des Kölner Doms mit 157,4 Meter Höhe auf.

Anders verhält es sich, wenn wir statt von einer »Kirche« allgemein von einem »religiösen Gebäude« sprechen und auch Moscheen in die Architekturbetrachtung mit einbeziehen. Dann kommen wir um die Moschee Hassan II. in Marokko nicht herum. Zwischen 1986 und 1993 von dem französischen Architekt Michel Pinseau anlässlich des 60. Geburtstags des marokkanischen Königs Hassan II. als zweitgrößte Moschee nach der Moschee in Mekka erbaut, erreicht das Minarett die sagenhafte Höhe von 210 Metern. Es ist das zurzeit höchste Minarett und gleichzeitig das höchste religiöse Bauwerk der Welt.

Als Vergleich darf der Stuttgarter Fernsehturm dienen, der für uns wirklich das Größte ist. Bis zur Antennenspitze misst der Stuttgarter Fernsehturm 216,80 Meter, lediglich 6,80 Meter mehr als das Minarett der Hassan II. Moschee in Casablanca. Heidenei!

Meine Tante Hedi hat mit mir in meiner Kindheit das Ulmer Münster bestiegen, seither bin ich der festen Ansicht, dass es eine höhere Kirche gar nicht geben kann, denn mehr Treppen hätte ich kleiner Wurm damals nicht bewältigt.

Auf dem Münsterplatz hatte ich meine bislang größten Auftritte, Sechzehntausend Menschen beim Schwörmontag. Wenn die alle Eintritt bezahlt hätten, müsste ich jetzt meinen Verleger nicht um Honorarverdoppelung bitten. Aber so ... [Mit mehr Honorar werdet's au net weniger Treppla!; Der Verleger]

⬛ ⬛

ULMER SCHACHTEL → DONAUSCHWABEN

⬛ ⬛

UNGESELLIG
Der Schwabe sitzt allein am Tisch

Der Dichter Joachim Ringelnatz (1883–1934) weilte auch in Stuttgart und schrieb folgendes Gedicht:

Stuttgarts Wein- und Bäckerstübchen

Vor dem heißen Ofen balgen
Katzen sich. Wie dumme Jungen.
Auf dem Tisch an kleinen Galgen
Hängen Brezel, schön geschwungen.
Würdebärte schlürfen kräftig
Wichtig diskutierte Weine. –
Links im Laden bückt die kleine
Bäckerstochter sich geschäftig.
Zinn blitzt von der Holz-Fassade,
Zeichnungen an allen Wänden.
(Stumm mit mehlbestaubten Händen
Rückt der Wirt die schiefen gerade.)
Setzte mich so ganz bescheiden hin
Und vergaß auch nicht, sehr laut zu grüßen,
dennoch ließen Blicke mich leicht büßen,
Daß ich kein Stuttgarter bin.

Joachim Ringelnatz

Diese Dokumentation über die freundliche, zuvorkommende Distanziertheit von Schwaben in der ersten Hälfte des vorherigen Jahrhunderts hat noch heute Gültigkeit. Nachträglich möchte man Ringelnatz raten, in Zukunft nicht mehr gar so laut zu grüßen, schon gar nicht als Fremder, der nicht Schwäbisch spricht. Auch wenn er weiterhin meinte, er müsste laut grüßen, wird nichts passieren, aber es wird auch nichts geschehen. So ist es halt!

Das schwäbische Gemüt erträgt kein Action-Theater, sondern langsam ansteigende Spannung. Wir sind Klassiker!

Einen anderen Schwaben lernt der Reisende auf dem Cannstatter Volksfest oder in den Besenwirtschaften kennen, die woanders verösterreichigt Straußwirtschaften heißen, was aber auch nichts anderes als Besenwirtschaft bedeutet. Wer im Schwabenland im Zigarettenrauch, Sauerkrautdampf und Göckeleduft auf schmalen Bänken Back an Back sitzt, wobei nicht Wange an Wange gemeint ist, versteht das Bild des eremitischen Schwaben nicht mehr, das ihm bisher untergejubelt wurde.

Stuttgarts Oberbürgermeister Wolfgang Schuster (CDU) zapfte in seiner Amtszeit jedes Jahr in Zelten an, in denen bis zu 5000 Besucher Platz finden. In so einem Zelt gelten andere ungeschrieben Gesetze als in verträumten Weinstuben. Jeder laute Gruß bleibt risikolos, weil er von der schmetternden Blasmusik einfach weggeputzt wird. Katzen balgen sich nicht mehr wie dumme Jungen, sondern landen auf dem Grill. Bäckerwirts Töchterlein trägt ein tief ausgeschnittenes Dirndl, ist tätowiert und stemmt volle Maßkrüge. Der Wirt rückt nicht mehr mit mehlbestaubten Händen irgendwelche Bilder zurecht, sondern knufft und tätschelt in der VIP-Lounge »tief ausgeschnittene« Serienschauspielerinnen und beugt sich ganz nah ans Ohr von Politikergattinnen. Niemand lässt einen durch Blicke büßen, sondern wer es nicht blickt, muss büßen – spätestens am nächsten Morgen.

Wie immer wird ein Vorurteil eben von seiner Ausnahme bestätigt. Der typische Schwabe ist ein Mensch, der sehr gern und sehr oft mit sich allein sein will und muss. Er kann in Gesellschaft nicht entspannen.

Mein Vater ist in dieser Hinsicht ein typischer Schwabe und hat auch schon mal seinen besten Freund abends nach dem Essen mit einem freundlichen »Walter, jetzte gange mor« verabschiedet. Die schönste Liebeserklärung aber hat er uns an seinem Geburtstag gemacht, als wir abends alle bei ihm saßen und Wein mit ihm tranken. »Wisset ihr!«, sagte er da, »ich brauch ja eigentlich gar niemand. Aber dafür, dass i wirklich koin brauch – hanne Euch älle erstaunlich gern um mich rum!«

Joachim Ringelnatz: Sämtliche Gedichte. 2. Auflage, Zürich 2003

■■■■■■■■■■■■■■■■■■■■■■■■■■■■■■■■■

UNTERLAND → OBERSCHWABEN

■■■■■■■■■■■■■■■■■■■■■■■■■■■■■■■■■

VESPER
Der Schwabe geht täglich in die Vesper

Ohne die Prämisse, der schwäbische Zeitgenosse sei durchweg christlich gläubig, ist die Behauptung, der Schwabe gehe täglich in die Vesper, nicht zu halten. Denn die Evangelen verstehen darunter einen Abendgottesdienst, die Katholiken das liturgische Stundengebet (lat. *liturgia horarum*) am Abend, das in der Reihenfolge der täglichen Stundengebete vor dem Nachtgebet gesprochen wird. Die Bereitschaft, kirchlicher Disziplin Folge zu leisten, hat nachgelassen, vor allem im Sommer, wenn sich außer Kirchen auch Gartenlokale zur Einkehr und Lobpreisung der göttlichen Schöpfung anbieten, die meistens eine Zapfung ist. Deswegen geht der Schwabe lieber zum Vesper. Das Wort Vesper kommt aus dem lateinischen und bedeutet Abend. Für den alteingesessenen Schwaben bedeutet es Leberwurst, Schwarzbrot, Essiggurke und Senf. Denn als Vesper versteht er eine kalte Brotzeit, die in ihren Substanzen individuell zusammengestellt sein kann, je nachdem was auf der Speisekarte angeboten wird, der Kühlschrank hergibt, oder die Ehefrau in einer Tupperschüssel hergerichtet und neben die Arbeitstasche gestellt hat, bevor der

Mann zur Arbeit ging. Gevespert wird heutzutage den ganzen Tag über, weil es um die Einnahme einer Brotzeit geht. Ausnahme bildet das Neunuhrvesper am Vormittag, bei dem etwa eine Viertelstunde lang gevespert wird. Und abends wird auch regelmäßig gevespert, genau nach Feierabend oder ein wenig später. Je nachdem.

Doch traditionell wurde um 18 Uhr gevespert, denn um diese Uhrzeit begann der Abend und das Abendgebet – die Vesper – wurde gebetet. Natürlich hatten es früher die Mönche sehr schwer, ohne Internetanschluss die genaue Uhrzeit für den Beginn der Stundengebete zu treffen. Sie bemaßen, nach antiker Zeitrechnung, den Tag nach der Zeitspanne zwischen Sonnenaufgang und Sonnenuntergang (↑Sonne) und teilten ihn in zwölf Stunden. Je nach Jahreszeit und Ort waren die Stunden unterschiedlich lang oder begannen zu einem anderen Zeitpunkt, denn der Begriff »Time-Channel« aus dem Lufthansaflugplan war ihnen fremd. Die Unterteilung tagsüber erscheint insofern logisch, weil es nachts nicht hell ist. Heutzutage beginnt und endet bei uns der Tag bekanntlich um Mitternacht, wobei die meisten jungen Menschen in der ersten Minute des neuen Tages verzückt ausrufen: »Endlich! Die Nacht beginnt! Lasst uns ausgehen!« Bei den alten Mönchen begann der Tag etwa um 6 Uhr morgens (wenn die Jungen heute sagen: »Die Nacht ist um, lasst uns schlafen gehen!«) und endete um 18 Uhr abends, zur Zeit der Vesper und des Vespers.

Früher saßen alle Familien um 18 Uhr beim Vesper, auf den Straßen waren keine Kinder mehr zusehen. Auf den Bauernhöfen wurden nach dem Vesper noch die notwendigen, leichteren Arbeiten vor der Nacht erledigt wie Tiere füttern, Hühner melken, Katzen balgen oder Karnickel verzaubern. Dann begann die geheimnisvolle Nacht, in der nur noch das Rumoren des Magens, entweichende Winde oder das Stöhnen der Bäuerin zu hören war. Eine gespenstische Ruhe legte sich über das Land, romantisch unterbrochen vom leisen Schlagen und Klagen einer Nachtigall, die selbst in tiefster Nacht einfach ihren Schnabel nicht halten kann, wo doch morgens wieder die Nacht rum ist! Wir kennen das heute von den jungen, weiblichen Menschern und ihren halbwüchsigen Freunden. Die allerdings müssen am nächsten Tag wieder in die Schule, was man von der Nachtigall nicht sagen kann. Noch was haben Nachtigall und viele der jungen Ausgehmenschen in der Regel gemeinsam: Pisa und seine Studie ist ihnen völlig wurscht.

Gerhard Drexel: Das Ländle in Berlin. Badisches und Schwäbisches in der Hauptstadt. Berlin 2000

■■■■■■■■■■■■■■■■■■■■■■■■■■■■■■

VIELVÖLKERSTAAT → DIALEKT

VIERTELESCHLOTZER → WEIN

■■■■■■■■■■■■■■■■■■■■■■■■■■■■■■

VFB
VfB ist eine Abkürzung von »Verein für Ballspiele«

Nicht bei allen Sportarten, die in den Abteilungen des VfB ausgeübt werden, sind Bälle im Spiel. Zur näheren Verdeutlichung seien genannt Diskuswerfen oder Hochsprung. Denn der Verein heißt richtig und vollständig »Verein für Bewegungsspiele Stuttgart 1893 e. V.«. Um Bewegung geht es also im Verein, obwohl man diese in der Vorstandsetage teilweise oft schmerzlich vermissen musste. Neben Fußball (Lizenzspieler, Amateure, Jugend, Schiedsrichter) gibt es noch Faustball, Hockey, Leichtathletik und Tischtennis. Aus dem Zusammenschluss des 1893 gegründeten »Fußballvereins Stuttgart« und dem 1897 gegründeten »Kronen-Club Cannstatt« entstand 1912 der »Verein für Bewegungsspiele 1893 e. V. Stuttgart«. Der Stand der Mitglieder des Vereins für Bewegungsspiele betrug im Juli 2006 zwei Tage nach der Fußballweltmeisterschaft 30 981 – eine bewegende Zahl! Der VfB wünscht sich seit vielen Jahren den Umbau des Gottlieb-↑Daimler (vormals: ↑Neckar)-Stadions zur reinen Fußballarena ohne Laufbahn, damit die Fans näher an den Spielern sind. Die Fans wünschen sich seit vielen Jahren, dass der VfB näher an UEFA-Cup und Champions League rückt! Hört zu, Jungs im Mittelfeld, im Sturm und in der Verteidigung, Stuttgart hat sich in den letzten Jahren so prachtvoll nach vorne entwickelt, jetzt seid ihr dran! Holt endlich mal wieder die Meisterschaft! Ich trete dann auch gern mal wieder bei Eurem Neujahrsempfang auf!

www.vfb-stuttgart.de

● ■ ● ■ ● ■ ● ■ ● ■ ● ■ ● ■ ● ■ ● ■ ● ■ ● ■ ● ■ ● ■ ● ■ ● ■ ● ■ ●

VOLKSFEST
Das Cannstatter Volksfest ist eine verkleinerte Ausgabe des Münchner Oktoberfests

Brasilianer meinen natürlich, dass der Brasilianische Karneval das größte Volksfest der Welt ist. Wenn das Kriterium hinzukommt, dass das Volksfest an einem einzigen Platz stattfinden soll, wie es beim Cannstatter Volksfest oder beim Münchner Oktoberfest der Fall ist, gerät der Brasilianische Karneval ins Hintertreffen. Auch reichen seine farbenprächtigen Samba-Umzüge mit der überschäumenden Lebensfreude und den fantasievollen Kostümen nie und nimmer an die überbordende, aber völlig zurückgehaltene Ekstase der Zuschauer und Umzugsteilnehmer beim Cannstatter Volksfest heran. Diese marschieren zu Blechmusik im Gleichschritt mit ernsten, geröteten Blasmusikkapellengesichtern zwischen mit Strohgarben oder Bierfässern geschmückten Wagen, die schwerfällig von dicken Kaltblütlern gezogen werden.

Es soll hier nicht gestritten werden: Das Münchner Oktoberfest ist auf der Welt das größte Volksfest am Platze, das regelmäßig jedes Jahr stattfindet, außer wenn es nicht stattfand, weil die Zeitläufte nicht nach Essen, Trinken und Schunkeln waren. An zweiter Stelle steht das Cannstatter Volksfest, oder auch der Cannstatter Wasen oder noch kürzer nur Wasen genannt. Mir geht es dabei ein bisschen wie mit der Müritz: Unser Volksfest mag ein bisschen kleiner sein, aber es ist unter allen Umständen viel tiefer! (↑Bodensee) Jedes Jahr findet in der letzten September- und in der ersten Oktoberwoche das Cannstatter Volkfest statt, im Jahr 2006 war es die 161. Ausgabe. Beide Feste ähneln sich in ihrer Grundstruktur: Es wird ein großer Rummelplatz aufgebaut, der die tollsten Attraktionen der Welt bietet, dies in guter Nachbarschaft zu großen Bierzelten und sonstigen gastronomischen Einrichtungen, alles sorgsam betreut von einem Heer von Polizisten, Feuerwehrmännern, Sanitätern und Servicepersonal der geräumigen Ausnüchterungszelte, die extra in ausreichender Zahl aufgestellt werden. Besonders beim Cannstatter Volksfest ist es der große angeschlossene Krämermarkt, der jedes Jahr die Schnäppchenmentalität der Einheimischen aufs Anspruchvollste anspricht.

Lasst Zahlen sprechen, wohl wissend, dass sie bei solchen geltungsträchtigen Ereignissen lügen werden! Zum 172. Oktoberfest 2005 kamen rund 6,1 Millionen Besucher auf die 26 Hektar große Theresienwiese. Rund 6 Millionen Maß Bier wurden getrunken. Zum 160. Cannstatter Volksfest 2005 kamen ca. 3,6 Millionen Besucher, getrunken wurden rund 3,3 Millionen Maß Bier. Alle Zahlenangaben sind locker gerundet und ohne Gewähr. Beim Weinverbrauch hat traditionell der Wasen den ↑Brestling vorn. Die gesamte Freifläche auf dem Cannstatter Wasen beträgt ca. 35 Hektar, doch für das Festgelände werden ca. 16 Hektar beansprucht, denn ein Großteil wird für den Krämermarkt oder für das Landwirtschaftliche Hauptfest genutzt, das früher alle drei, ab 2006 nur noch alle vier Jahre stattfindet. Der Rest ist Parkplatz oder steht leer. Das 97. Landwirtschaftliche Hauptfest stand 2006 übrigens unter dem Motto »Entdeck' den Bauer in dir«.

Doch der entscheidende »inhaltliche« Unterschied zwischen den beiden Festen liegt in ihren Anfängen. Das erste »Oktoberfest« fand am 12. Oktober 1810 zur öffentlichen Feier der Hochzeit von Kronprinz Ludwig (späterer König Ludwig I.) mit der Prinzessin Therese von Sachsen-Hildburghausen (Theresienwiese!) statt. Es wurde ein großes Pferderennen mit Bewirtung veranstaltet. Später wurde das Fest in den September hinein verschoben, weil dann die Chance auf gutes Wetter besser ist. Es hieß aber weiterhin Oktoberfest. Die einen sagen: Weil die Bayern schlau sind und Traditionen lieben! Die anderen: Die meisten Bayern hätten bis heute die Änderung gar nicht begriffen.

Das Cannstatter Volksfest entstand dagegen nicht aus der Heiterkeit eines verliebten Prinzen, um seiner Braut ein deftiges Hochzeitsspektakel zu bieten, sondern aus der Not heraus. In Zeiten politischer Wirren, wirtschaftlicher Schwäche, z. B. nach den Kriegen gegen Napoleon, einer verheerenden Missernte und großer Hungersnot, ließ der 36-jährige württembergische König Wilhelm I. am 28. September 1818 an der etwas abseits gelegenen Neckaraue (↑Neckar) Wasen ein eintägiges landwirtschaftliches Fest mit Pferderennen und Preisverleihungen für herausragende Leistungen in der Viehzucht als Erntedankfest veranstalten, »zur Aufmunterung der verzweifelten Landwirte«, und um die schwer geschädigte württembergische Wirtschaft, vor allem auch die Landwirtschaft, wieder in Schwung zu bringen.

Wussten die Organisatoren eigentlich, welch königliches Motto sie mit den Worten »Entdeck' den Bauer in dir!« dem Landwirtschaftlichen Hauptfest 2006 gaben? Sie wussten es nicht, aber sie spürten es, ganz tief in jedem Schwaben schlummert der Bauer!

Im Übrigen habe ich die Freude und Ehre, das Volksfest auf dem Cannstatter Wasen jedes Jahr mit zu eröffnen. Einmal tanzte dort eine Sambagruppe, die sich aus vielen, teilweise stämmigen

Remstäler Hausfrauen zusammensetzte. Da kam ein Redakteur zu mir und fragte, ob ich wüsste, dass »Samba« eine Abkürzung sei? Nein, sagte ich, welche? »Soddsch Alles Mit Butter Anbrate!«

Der Redakteur war deshalb da, weil die Volksfesteröffnung in der Regel auch vom SWR-Fernsehen übertragen wird. Der Südwestrundfunk ist wie der Bayerische Rundfunk, bloß nicht aus der Lust, sondern aus der Not geboren. Und wenn ich die Diskussionen richtig verstanden habe, dann würde der SWR eine große Volksfestshow senden, wenn die Eröffnung auf den Abend verschoben würde und das Volksfest »Stuttgarter Volksfest« genannt werden könnte. Das gehe aber auf keinen Fall, denn es sei das Cannstatter Volksfest und die Eröffnung sei immer morgens. Und die aufgeblasenen Bayern mit ihrem gerade mal ein bisschen größeren, aber weltweit vermarkteten und bekannten Fest lachen sich ins Fäustchen. So sind wir nun mal: Immer sauber bleiben, no net hudla, auch wenn wir uns damit selbst die vorderen Plätze rauben. Leute, ich habe drei Jahre lang in München studiert und gelebt, ich kann Euch wirklich versichern: Das Cannstatter Volksfest ist definitiv das schönere – aber sagt's nicht weiter!

www.cannstatter-volksfest.com

■ ■

VULKANE
Kegelige Berge in Baden-Württemberg sind ehemalige Vulkane

Einige der zahlreichen und herrlichen Berge Baden-Württembergs erheben sich kegelförmig aus der hügeligen Landschaft, sodass der Schluss nahe liegt, dass es sich um ehemalige Vulkane handeln müsse. Mag sein, dass man gerne hätte, dass es im Ländle allgemein etwas »heißer« zugehen könnte, wenn auch nicht gleich in der Art und Weise, wie vor zig-Millionen Jahren. Für Erlebnis-

hungrige bleibt der heiße Tanz auf dem Vulkan lauen Sommer-
nächten, Sonnwendfeiern oder Walpurgisnächten vorbehalten.
Für die große Eruption, die einen zu verbrennen scheint, ist dann
jeder selber zuständig.

Tatsächlich kann Baden-Württemberg eine größere Anzahl an
ehemaligen Vulkanen aufweisen. Aufgrund seiner Weinlage ist
der 557 Meter ü. Normalnull hohe Kaiserstuhl in der badischen
Rheinebene wohl das überregional bekannteste baden-württembergische Mittelgebirge vulkanischen Ursprungs, zumindest in
seinem westlichen Teil.

Als »Schwäbischer Vulkan« wird ein Gebiet in ca. 25 Kilometer
Umkreis von Bad Urach bezeichnet, dass 355 Ausbruchstellen
ehemaliger vulkanischer Tätigkeit umfasst. Vor 17 Millionen bis
16 Millionen Jahren kam es hier zu zahlreichen Lavaausbrüchen,
die sich jedoch meistens schon in den entstandenen Vulkanschlo-
ten verfestigten. Noch heute sind zahlreiche Spuren dieser vulkanischen Tätigkeit zu sehen wie Maare, Torfmoore und kleine Kra-
terseen in Hüllen aus Lavagestein, die kein Wasser durchlassen.
Im Albvorland ragen die aus harten Basalten bestehenden Schlote
aus der Umgebung heraus. Zeugen vulkanischer Tätigkeit sind zudem das Randecker Maar, das Schopflocher Moor bei Ochsen-
wang und die Limburg bei Weilheim an der Teck. Als nördlichster
Ausbruch des »Schwäbischen Vulkans« gilt der Scharnhäuser Vulkan im Süden von Stuttgart. Die damalige thermische Aktivität
zeigt sich z. B. noch in den Thermalbädern von Beuren und Bad
Urach. Die durfte ich aber nicht besuchen, weil mein Verleger sagte, ich sei schließlich schon auf seine Kosten in ↑Aalen gewesen,
und da könnte sich doch ein Mensch mit meiner Fantasie das
Thermalbaden in Beuren und Urach gut vorstellen! [Allzu viel Baden isch eh oogsund, siehe auch ↑Barbarossa; Der Verleger]

Im Hegau nahe dem ↑Bodensee sind ebenfalls zahlreiche Reste
von Vulkanen auszumachen, wie z. B. der Berg Hohentwiel (686
Meter ü. NN) bei Singen.

Doch oft werden Berge, welche die typische, kegelförmige Form eines Vulkans aufweisen, als erloschene Feuerspeier wahrgenommen, die gar keine sind. Stellvertretend nenne ich den Hohenzollern (855 m ü. NN), die Achalm (707 m ü. NN), die drei Kaiserberge Hohenstaufen (684 m ü. NN), Hohenrechberg (707 m ü. NN) und Stuifen (757 m ü. NN) und den Ipf (668 m ü. NN) bei Bopfingen. Es sind sogenannte Zeugenberge.

Bei einem Zeugenberg handelt es sich um Reste einer durch Abtragung zurückverlegten Schichtstufe, sodass der Schichtaufbau »bezeugt« wird. Geologisch gesehen entstehen Zeugenberge infolge seitlich angreifender Erosion. Vor einer Schichtstufe kann sich eine ganze Zeugenberglandschaft herausbilden wie die drei Kaiserberge zwischen Fils- und Remstal, die den Eindruck vermitteln, als ob drei Vulkane in einer Reihe standen und wie wild Feuer spuckten und glühende Lava vergossen. Doch der Rand von Zeugenbergen ist nicht hart von erkalteter Lava, sondern vergleichsweise butterweich, sonst hätte die Erosion kaum eine Chance gehabt.

Bei einem gemeinsamen Auftritt im »Schmidts-Tivoli« auf Hamburgs Reeperbahn gab der unvergessene Frieder Nögge eine Liebeserklärung an Baden-Württemberg ab, die dem Publikum aus dem einen Auge die Lachtränen, aus dem anderen die der Rührung entweichen ließ. Frieder beschrieb die Küken eines landwirtschaftlichen Betriebes auf der Alb und schrie die Hamburger an: »Dess isch doch kein Küken! Ja. Herrgottsack, Küken! Wie klingt denn des! Dess isch a Bibberle!« Die zweite Ohrfeige: »Ihr mit eurer Sündenmeile. Des brauche mir älles gar net! Henn ihr mol die schöne Bergle und Hügele bei uns dorheim gesehen? Mir brauchet koi Reeperbahn, bei uns liegt der Sex in der Natur!«

W. Roser, J. Mauch: Der Schwäbische Vulkan. Kirchheim/Teck 2003

WASEN → VOLKSFEST

■■■■■■■■■■■■■■■■■■■■■■■■■■■■■

WASSERSCHEIDE
Die Europäische Wasserscheide verläuft über die Alpen

Eine der Prognosen von Zukunftsforschern lautet, dass Konflikte zwischen Völkern um das immer kostbarer werdende Wasser ausbrechen werden. Im trockenen Südspanien liegen sich seit Jahren Gemeinden wegen der Nutzung von Wasserzisternen und Wasserkanälen in den schweißnassen Haaren. Im heißen Sommer 2006 trocknete das Bachbett der Dreisam bei Freiburg aus. Wir müssen uns auf Wasserschlachten gefasst machen!

Ob einer Gegend oder einem Land mehr Wasser zur Verfügung steht als dem Nachbarn, hängt außer von den klimatischen Bedingungen von der Geologie ab. Damit sind in diesem Fall Flusseinzugsgebiete gemeint, die das Regen- und Quellwasser Flüssen zuleiten, die es dann bis in die Meere tragen, in die sie münden. Grenzstreitigkeiten um Quellen und Flüsse sind ja hinlänglich bekannt, doch dabei wird der Wasserhaushalt einer Region oft von einem ganzen Flusseinzugsgebiet beeinflusst. Aber auch für die Ökologie sind Wasserscheiden von großer Bedeutung, denn sie bestimmen, in welche Richtung Hochwasser oder Wasserverschmutzung fließen. Die Trennung zwischen solchen Einzugsgebieten einzelner oder mehrerer Flüsse, oder allgemein gesagt abfließender Gewässer, nennt man Wasserscheiden. Sie sind eine gedachte Linie, die sich verändern kann. Die Natur lebt, alles ist im Fluss!

Eine der großen Wasserscheiden, die sich durch Europa ziehen, ist die Europäische Wasserscheide. Vereinfacht gesagt, fließen alle Flüsse auf der einen Seite in den Atlantik. Manche Wasser durchqueren dabei erst Ostsee und Nordsee. Auf der anderen Seite der

Wasserscheide **239**

Europäischen Wasserscheide fließt das Wasser ins Mittelmeer und in das Schwarze Meer, die durch den Bosporus verbunden sind.

Der erste Gedanke ist, dass auf den Alpen die Europäische Wasserscheide verläuft, denn sie versperren auch den Blick aufs Mittelmeer. Wir sind auf dieser Seite, und auf der anderen Seite läuft das Regewasser ins Mittelmeer, wie beim Dach eines Einfamilienhauses. Doch das Wasser ist schlau und sucht sich seinen Weg. Wer schon einmal versucht hat, eine lecke Stelle im Keller abzudichten, kennt das Problem.

So gibt es auch Wasserscheiden, die verborgen im Boden liegen. Das Wasser fließt unsichtbar unterirdisch entgegen der Richtung, in das es aufgrund des Hanges seinen Weg nehmen müsste. Es handelt sich um Grundwasserscheiden. Liegt der Grenzverlauf der Wasserscheide auf der Talsohle, spricht man von einer Talwasserscheide, auch das gibt es. Auf dem flachen Land in Norddeutschland entscheiden manchmal Erhöhungen von weniger als zwei Meter, ob das Wasser in den einen oder anderen Fluss, beziehungsweise ins Meer fließt.

Die große Europäische Wasserscheide verläuft von Gibraltar durch Südost-Spanien nach Nordspanien, auf den Pyrenäen in Richtung Mittelmeer, biegt bei Andorra nach Frankreich ab. Sie orientiert sich ungefähr in der Mitte Frankreichs nach Norden zu den Quellen der Saône, verläuft durch die Scheitelhöhe des Rhein-Rhône-Kanals und kommt in die Schweiz. In dem Alpenland macht sie einen wahren Slalomlauf um Seen und über Berggipfel bis sie über Piz Buin nach Österreich eintritt, von dort zum Arlberg geht und in den westlichen Allgäuer Alpen die Grenze nach Deutschland überquert. Sie läuft weiter nördlich vom ↑Bodensee entlang in den Schwarzwald, über die Schwäbische Alb, durch die Scheitelhöhe des Main-Donau-Kanals und verlässt hinter dem Fichtelgebirge wieder Deutschland. Über den Böhmerwald verläuft sie durch Polen bis nach Russland, schließlich nördlich der Quellgebiete von Dnepr und Don und östlich davon quer über den Wolga-Don-Kanal zum Kaukasus. In Baden-Württemberg und Bayern trennt sie die Wasserzuläufe von Rhein und Elbe, also die Wasser zur Nordsee, auf der einen Seite und die Flusseinzugsgebiete zur Donau, also die Wasser zum Schwarzen Meer, auf der anderen.

Gerade in Baden-Württemberg gibt es eine Besonderheit der Europäischen Wasserscheide. Wegen der Donauversickerung fließt ein Teil des Donauwassers bei Immendingen in den Aachtopf und von dort in den Rhein. An dieser Stelle wird die Europäische Wasserscheide unterirdisch überwunden.

Die Europäische Wasserscheide ist in Baden-Württemberg identisch mit einem Abschnitt der Rhein-Donau-Wasserscheide. Es gibt Wanderwege, die entlang dieser Wasserscheide verlaufen und gut ausgeschildert sind. Sie sind bei Wanderern sehr beliebt, vor allem, weil sie entscheiden können, ob sie beim Austreten ihr Wasser in den Rhein oder die Donau fließen lassen möchten. Der eine ist mehr der nordische, der andere mehr der südeuropäische Wanderertyp.

■ ■

WECKEN
Der Wecken ist ein schwäbisches Frühstücksbrötchen, das einen aufwecken soll

Es gibt in Deutschland kaum eine Region, in der nicht ein Gebäck auf dem Ladentisch angeboten wird, das typisch für die Gegend ist. Bundesdeutsch länderübergreifend gilt: Brot und Brötchen werden überall gebacken, jedoch in sehr vielen Varianten und Bezeichnungen. Allein das Brötchen, dem Wort nach ein kleines Brot, bringt es auf eine Vielzahl an Geschwistern – mal schmaler, mal runder, mal dicker, mal schlanker, mal gedrungen, mal lang, mal verschlossen, mal aufgekratzt – wie Geschwister halt so sein können. Dazu zählen in der nördlichen Hälfte Deutschlands z. B. Kaiserbrötchen, Mürbchen, Röggelchen, Rundstück, Schrippe, Schusterjunge oder Zeilensemmel und im Süden der Bundesrepublik Briegel, Kipf, Kipfla, Laible, Laabla, Knauzen, Knorzen, ↑Seelen, Semmel, Wasser-Weck, Wecken, Weggla, Weggli oder Weckle. Wir Schwaben kennen folgenden Satz: »Spätzle, dädsch du mi morge früh um achte mit frische Wegga wegga?«

Meist steuern die Zutaten ihren Teil zur Namensgebung bei, wie z. B. Roggenbrötchen, Milchbrötchen oder Laugenbrötchen. Die bayerische Semmel ist nach »simila« benannt. Der Begriff kommt aus dem Lateinischen und bedeutet Weizenmehl.

Doch auch die Form kann eine Rolle spielen. In dem Wort Wecken steckt das althochdeutsche Wort weggi, welches Keil bedeutet. Noch heute heißt »Keil« im Englischen »wedge«. Der Wecken wurde keilförmig gebacken oder als dreieckiges Stück aus einem runden Laib heraus geschnitten oder gebrochen. Wir kennen das Verfahren von der Pizza.

Der keilförmige Wecken ist so gut wie ausgestorben und hat einer Backlüge Platz gemacht: Ein runder Wecken ist so widersprüchlich wie weißer Rappen, ein schwarzer Schimmel oder ein verschwenderischer Schwabe. Kein Irrtum ist, dass viele Schwaben beim Bäcker fragen: »Hennse au Weggla von geschtern?«, weil die immer noch gut, aber um fast zwei Drittel billiger sind. Die besten Geschäfte bei uns machen Bäcker, die ihre Ware immer einen Tag früher backen und dann in großen Massen raushauen. Zum »Einfriera!«

WEIN
Württemberger trinken selbst keinen Württemberger

Der Traum von der südlichen Lebensweise lässt auch Schwaben in Süddeutschland unruhig schlafen. Nur zu gerne würde man das Savoir-Vivre, das Dolce Vita und die Siesta der Südeuropäer in den arbeitsreichen Alltag integrieren, der selbst vor dem Wochen-ende nicht halt macht, wenn nach dem »Sach« gesehen werden muss. Den Gastarbeitern und der EU zum Dank ist der schwäbi-sche Kontinent mit Restaurants und Weinhändlern übersät, in denen der Weltbürger spielerisch seine Sprachkenntnisse aus Volkshochschulkursen beim Lesen der Speise- und Weinkarte an-bringen kann. Große Unterstützung erfahren die Weltkundigen oft von ausländischen Mitbürgern, die einst als Bauarbeiter in un-ser gesegnetes Land kamen und jetzt als Köche und Gastwirte wiederum ihre immer noch mangelhaften Deutschkenntnisse lauthals mittels Menü-Erklärungen in ihrer eigenen Sprache über-spielen, die aber umso mehr – Umsatz steigernd sowieso – dem süd-sehnsüchtigen Schwaben vorgaukeln, sein Traum von der südlichen Lebensweise sei auf dem besten Wege in Erfüllung zu gehen, wenn auch zuhause in einer Pizzeria. Doch das ist alles ein großer Irrtum. Unsere Weine sind allesamt so gut, dass wir sie am liebsten gar nicht verkaufen, sondern selber trinken. Nur 8 Pro-zent des Weinbestandes in Baden-Württemberg sind aus dem Ausland zugekauft! 84 Prozent davon kommt aus den EU-Län-dern, der Rest aus der großen weiten Welt wie Kalifornien oder Südafrika. Insgesamt lagerten 2005 rund 2,88 Millionen Hekto-liter Wein im Land, davon waren beim Erzeuger 92,3 Prozent der Weißweine und 93,9 Prozent der Rotweine eingelagert, der Schaumwein lagerte dagegen zu 55,7 Prozent beim Großhandel. »Im Land« gelagert bedeutet hier bei Erzeugern und Händlern, was in privaten Kellern und klimatisierten Weinvitrinen vor sich hinaltert, kann aus Datenschutzgründen nicht erfasst werden.

Der gläserne Vierteleschlotzer muss noch nicht befürchtet werden!

Traditionsgemäß überwiegt in Baden der Anbau von Weißweinen mit 53,3 Prozent und in Württemberg der von Rotweinen mit 77,84 Prozent. Es ist seit Jahren der Trend zu beobachten, dass in Württemberg der Rotweinanbau steigt und die Nachfrage nach Weißweinen nachlässt. Das war nicht immer so, im Jahr 1990 wurde nahezu doppelt so viel Weißwein wie Rotwein angebaut, im Jahr 2005, grob gerundet, nur noch ein Viertel. Eine geringere Rolle spielen die Schaumweine, die am gesamten Weinbestand von Baden-Württemberg lediglich ca. 5,2 Prozent ausmachen. Bei den perlenden Alkoholika werden Champagner, Prosecco und Cava bevorzugt.

Baden-Württemberg erzeugt fast ausschließlich Qualitätsweine und Prädikatsweine – Qualität, das mögen wir gerne! Bei immer mehr Blindverkostungen wachen Auges gehen Weine aus Baden-Württemberg prämiert hervor.

Die südliche Lebensart schlägt sich also nicht so sehr im Verbrauch von südlichen Weinen nieder, auch nicht in der Leistung von Überstunden, sondern schon eher im Abfeiern derselben. Beim sonntäglichen Mittagsschlaf sind schon seit Generationen Ansätze für den Brauch der Siesta vorhanden, doch hat der allgemeine Durchbruch an Werktagen nie stattgefunden. In gewissem Sinn ist die Einführung der Siesta im Schwabenland schon vor langem eingeschlafen. Noch ein Wort zum Trollinger: Weil er früher die Haupttraube unserer Anbaugebiete war, war es auch »Trollinger«, den der Hobbywinzer gerne selbst an- und ausbaute und dann, weil er übers Jahr 358 Flaschen nicht selbst trinken konnte, seinen Sauerwein großzügig ans außerschwäbische Ausland verteilte. So kamen eben auch zahlreiche schlechte Weine aus dem privaten Nordhang in die Welt und haben unseren Ruf nachhaltig versaut. Der Trollinger entwickelt sich, wie ich höre, aber vor allem bei jüngeren Weintrinkern zum »Einstiegswein« – das, was früher der

Lambrusco war. Der Trollinger kann ein herrliches Fliegengewicht sein, das unglücklicherweise immer bei den Schwergewichtskämpfen aufgestellt wurde und zwangsläufig in der ersten Runde k. o. ging. Leute, ein für allemal: Zum Rehbraten trinken auch wir keinen Trollinger und gegen einen schweren Merlot kann er nicht bestehen! Aber stellt ihn sommers mal in den Kühlschrank, trinkt ihn wie einen Rosé und erlebt das Wunder Eurer späten Tage!

Statistische Ämter des Bundes und der Länder: www.statistik-portal.de

▩▩▩▩▩▩▩▩▩▩▩▩▩▩▩▩▩▩▩▩▩▩▩▩▩▩▩▩

WEISSHERBST → SCHILLER → WEIN

▩▩▩▩▩▩▩▩▩▩▩▩▩▩▩▩▩▩▩▩▩▩▩▩▩▩▩▩

WER, WO
Fragewörter sind im Schwäbischen Fragewörter

Deutsche Fragewörter wie z. B. »wer, was, wen, wem, welches etc.« werden auch im schwäbischen ↑Dialekt häufig benutzt. In der Regel beginnen Fragesätze mit einem Fragewort – auch »Interrogativpronomen« genannt. »Was koscht dös?«, ist eine Frage, die täglich zu hören ist. Je nachdem, was man wissen möchte, wird ein anderes Fragewort verwendet. Nach einer Person: »Wer hot do net kehrt?«, nach einer Sache oder Umstand: »Was tuat den do so scheppara?«, nach einer besonderen Person: »Wem von euch soll i als erschtes an d'Gosch naschlaga?« oder nach einem Ort: »Wo isch bloß der a'brochene Holzlack vom letzta Johr?« Mein Vater hat über die Jahre eine Meisterschaft darin entwickelt, eine scheinbar harmlose Frage nach einer Person zu stellen, und damit seiner geliebten Frau und meiner Mama, die den besten Kartoffelsalat macht, einen subtilen Rüffel zu erteilen. Überliefert von ihm sind:

»Wer hot mich heut morgen wieder net gekämmt?« und »Wer hot mir denn den alte Anzug nagrichtet?« Sehr eingeprägt hat sich mir auch ein Streitgespräch mit ihm; einer von uns beiden befand sich in der Pubertät und hatte es gewagt, mitten in der aus Erziehungsgründen angesetzten Predigt zu widersprechen, was folgende Frage nach einer Person auslöste: »Wer hot gsagt, dass Du was sage darfsch? Du sollscht still sein, wenn ich mit Dir diskuttier!«

Solche Beispiele schwäbischer Hochkultur ließen sich ohne weiteres mit anderen Fragewörtern fortführen.

Eine Besonderheit der deutschen Sprache ist das Relativpronomen oder das bezügliche Fürwort. Es gibt Sprachen wie Japanisch und Chinesisch, in denen kein Relativpronomen Verwendung findet. Trotzdem verstehen sich die Menschen. Die deutschen Relativpronomen sind »der, die, das« und etwas veraltet »welcher«. Die Relativpronomen des Deutschen sind identisch mit dem Artikel, außer den zwei Genitiv-Formen »dessen, deren«, die aber auch vom Artikel abstammen. Zum Beispiel: »Der Mann, der sein Bonbonpapier auf den Gehsteig geworfen hat, kann kein Schwabe gewesen sein.«

Genau an dieser Stelle fällt das Besondere in der schwäbischen, alemannischen, schweizerdeutschen und fränkischen Grammatik auf. Ein Schwabe würde sagen: »Der Mann, wo sei Bombobabierle wegg'schmissa hot, do wo s'Trottoir isch, der war aber koi Schwob!« Als Relativpronomen wird ein »wo« eingesetzt. Varianten sind »der wo, die wo, dem wo« usw.

In der englischen Sprache kann als Relativpronomen zum Beispiel u. a. das Wort »who« verwendet werden. Zum Beispiel: »The man who wrote about swabians was young.« Auf Schwäbisch: »Der Mann, wo über ...« Das sieht doch dem Englischen schon sehr ähnlich.

»Wo« wird in manchen Dialektfärbungen als »Mo« gesprochen. Als Relativpronomen wird es im Schwäbischen für alle drei Geschlechter benutzt, auch gibt es grammatikalische Formen im Akkusativ und ↑Dativ, bei denen »wo« benutzt wird. Als Herleitung wird eine Verbindung von »wo« mit präpositionellem Adverb vermutet. Und zwar solche Formen, in denen das Adverb von »wo« durch andere Wörter getrennt war. Wie zum Beispiel: »Das Messer, wo ich das Brot mit geschnitten habe« oder »Das Mensch, wo mir nicht einmal schlecht gefallen hätte«. Übrigens: Der letzte Satz, der wo hier steht, der steht genau da, wo der Text, wo gerade zu lesen war, zu Ende ist.

Hermann Wax: Etymologie des Schwäbischen. Herausgegeben von Wolfgang Schürle i. A. der Oberschwäbischen Elektrizitätswerke. 2. erweiterte Auflage 2005

●●●●●●●●●●●●●●●●●●●●●●●●●●●●●●●●

WIBELE
Es gibt keine typisch schwäbische Süßigkeit

Auf dem offiziellen Fußball der Fußballweltmeisterschaft 2006 in Deutschland sind organische Formen abgebildet, die als Propeller bezeichnet werden. Im Vorfeld zur Weltmeisterschaft wurde in der »taz« unter der Rubrik »Letzte Fragen« am 6. Mai 2006 die Frage gestellt: Warum sind die offiziellen Fifa-WM-06-Bälle mit Slipeinlagen dekoriert? Ich meine, der Fragesteller hat die Form nicht richtig gedeutet, denn sie ähnelt doch sehr einem – bedingt durch die Wölbung des Balles – etwas lang gestreckten Wibele, dieser kleinen schwäbischen Köstlichkeit aus der Confiserie.

Liegt hier eine Einflussnahme der schwäbischen Dritte-Platz-Macher Jürgen Klinsmann und Joachim Löw vor? Und welche Rolle spielte dabei Gerhard Mayer-Vorfelder?

Wenn es eine süße, schwäbische Köstlichkeit gibt, die ihre Wurzeln im Ländle hat, so sind es Wibele. Ein Franke schreit jetzt auf, denn als Entstehungsort gilt das fränkische Langenburg, das 1806 im Zuge der neuen Grenzziehung durch Napoleon zum Königreich Württemberg gelangte. Vielleicht wäre es heutzutage politisch korrekt von schwäbischen Wibele fränkischer Herkunft zu sprechen, denn von Langenburg begannen die Wibele ihren Siegeszug durch Württemberg, sie werden im Schwäbischen von vielen Konditoreien hergestellt. Doch im Jahre 1911 ließen die Inhaber des Café Bauer in Langenburg die »Echten Wibele« durch das Patentamt Berlin rechtlich schützen. Alle anderen Wibele sind nachgebacken, allerdings immer mit hoher Qualität. Durch den Patentschutz entstand die Unterscheidung in »Echte Wibele« und nur »Wibele«.

Wibele sind ein feines Dessertgebäck in kleiner, doppeltropfenförmiger Gestalt, das eher an eine Schuhsohle (sic! Fußball – Fußballschuhe!) erinnert. Das hellbraune Gebäck ist nur ungefähr 22 Millimeter lang und 12 Millimeter breit, von einer großen Portion kann keine Rede sein! Das Wibele duftet zart nach Vanille. Die Original Langenburger Wibele, also die »Echten«, werden wie alle anderen aus einer einfachen Biskuitmasse hergestellt. Und doch gibt es feine Unterschiede. Zum Beispiel schwören die Ulmer, dass ihre Wibele anders schmecken als die aus Sigmaringen, und die Langenburger sagen, dass ihre Wibele sowieso anders schmecken als alle anderen.

Als Erfinder und Namensgeber der Wibele gilt ein Hofkonditor namens Jakob Christian Carl Wibel (geb. 1770). Wibel selbst nannte das Gebäck noch »Geduldzeltlich«, weil zur Herstellung der winzigen Tropfen viel Geduld erforderlich ist. Bäckermeister Wibel verkaufte seinen Betrieb an die Familie Bauer. Seit 1763, oder anders gesagt seit sieben Generationen, werden Wibele ununterbrochen in dem Familienbetrieb Café Bauer hergestellt. Natürlich bietet das Café und die Konditorei Bauer nicht nur Wibele zum Kaffee an, schließlich handelt es sich um einen Meisterbetrieb. (Übrigens, auch dahin durfte ich nicht extra fahren, denn der Verleger sagte: »Also, Sonntag, wie Wibele schmecken, das wissen Sie doch auch ohne aufwändige Studienfahrt!«)

Es wird erzählt, dass die »Geduldzeltlich« von Konditor Wibel dem Fürst zu Hohenlohe-Langenburg wesentlich besser schmeckten, als die verschiedenen Nachahmungen, die schon seinerzeit zu haben waren. Darum ordnete der damalige Fürst an: »Ich will ein für alle Mal nur noch Wibele haben.« Seitdem würde das Biskuitgebäck diesen Namen tragen. Vermutlich haben noch viele andere Hersteller das Gebäck als Wibele in den Handel gebracht und überregional bekannt gemacht.

Im Laufe der Jahre entwickelte sich das Gebäck zu einem echten Gaumenschmaus für Feinschmecker im In- und Ausland, auch sollen nach wie vor rund 1000 Adelsfamilien mit Original Langenburger Wibele beliefert werden. Die regionale und weltweite Nachfrage nach Wibele kann der Familienbetrieb Bauer nicht alleine bewältigen. So gibt es in mehreren Städten in Baden-Württemberg Konditoreien und Betriebe, die Wibele herstellen. Zu kaufen sind sie in Tüten oder schönen Geschenkdosen. Das Angebot ist groß. Wibele sind einmalig und unverwechselbar, sie sind wirklich ein echt schwäbisches Gebäck – fränkischer Herkunft aus Langenburg! Multi-Kulti lässt grüßen.

www.echte-wibele.de; Café Bauer, Hauptstr. 28, 74595 Langenburg

■■■■■■■■■■■■■■■■■■■■■■■■■■■■

WÜSTENROT
Wüstenrot ist die Farbe des Sonnenuntergangs in der Sahara

Man müsste einen Tuareg fragen, der durch die Wüste reitet. Er würde als Antwort seinem Kamel die Peitsche geben, dass es einen Satz nach vorne macht und in wildem Galopp davon prescht. Seine Frau würde mit dem alten Werbeslogan antworten: »Wüstenrot? Schnell, schnell, mein Kamel! Am 31. März ist Wüstenrot-Tag!« Aha, wir haben verstanden. In der nächsten Oase wird ein

Baugebiet erschlossen für Eigenheim-Zelte mit Kamel-Port vor der Plane, spezielles Produkt und Finanzierungsplan für Nomaden. Im Zentrum der grünen Wüsteninsel, dort wo es plötzlich ganz sauber wird, hängt ein Schild an einer weißgetünchten Hauswand, auf dem mit großen Buchstaben das Wort ↑Bausparen steht, zärtlich umspielt vom warmen Wüstenrot der untergehenden Sonne, die hinter den geschwungenen Dünen im Sand versinkt. Als ob sie sich nach einem schaffigen Tag hinter den Hügeln des Mainhardter Walds zur wohlverdienten Ruhe niederlegen würde. Nein, Wüstenrot ist natürlich eine Bausparkasse und Verleger mit sozialem Gewissen schließen dort für ihre Autoren einen Vertrag ab und zahlen regelmäßig die fälligen Beiträgle nei.

■■■■■■■■■■■■■■■■■■■■■■■■■■■■■■■■

Yo-Yo
Schwaben drehen nur am großen Rad

In der kleinen Ortschaft Markdorf im Bodenseekreis, Nähe Friedrichshafen, dort, wo einst Zeppeline die Lüfte eroberten, gründeten junge Yo-Yo-Freaks den ganz besonderen Verein »GYYA – Yo-Yo Vereinigung Deutschland e. V.« Jetzt fliegen in der Gegend Yo-Yo's durch die Luft, während sie sich rasend schnell um die eigene Achse drehen. Die GYYA ist zudem ein Verein, der über seine gut gepflegte Webseite ein vielfältiges Angebot für alle Yo-Yo Fans bereithält, wie Newsletter, Chat, Foren und internationale Verlinkungen. Er veranstaltet internationale Summer Jams und Judge (Schiedsrichter) Schulungen. Für Wettbewerbe entwickelt er Regeln und institutionalisiert sie. Und dann ist die GYYA zuständig für die jährliche »Deutsche Yo-Yo Meisterschaft«, bei der sie die Schiedsrichter stellt. Selbstverständlich sind Cracks und Champs unter den Mitgliedern. Am Bodensee laufen die Yo-Yo-Fäden Deutschlands zusammen. Wenn Schwaben am kleinen

Rad drehen, dann eben umso schneller, dann läuft es wie am Schnürchen! Im Übrigen habe ich dieses Kapitel ausgesucht, weil mit Ypsilon sonst wirklich überhaupt nichts zu finden war. Außerdem gibt es mir eine gute Gelegenheit, am Verleger vorbei ein weiteres bisschen Eigenwerbung zu platzieren: In Markdorf ist nämlich auch das »Wirtshaus am Gehrenberg«. Dort gibt es herrliches Essen, einen faszinierenden Blick auf den ↑Bodensee, der im Gegensatz zu anderen Pfützen eine unglaubliche Tiefe aufzuweisen hat. Und dort spiele ich regelmäßig auf der Livebühne und schreib Ihnen nach der Aufführung eine Widmung in dieses Buch. Worauf warten Sie noch?

www.gyya.de

■ ■

ZEITANGABE
Es ist »dreiviertel Vier« verstehen nur Schwaben

Aber selbstverständlich kann man sich auch mit einem Badener auf »dreiviertel Vier« verabreden. Er wird pünktlich sein. Viele aus den neuen Bundesländern und aus Berlin übrigens auch. Sofern es sich bei ihnen um pünktliche Menschen handelt. Bei einem Einwohner aus Hannover, wo ja das beste ↑Hochdeutsch gesprochen werden soll, kann man dagegen nicht sicher sein, ob er überhaupt verstanden hat, welche Uhrzeit gemeint war. Meistens fragt er nach. Die gängigen, süddeutschen Uhrzeitangaben wie z. B. »viertel Vier«, »halb Vier« oder »dreiviertel Vier« stoßen in weiten Teilen Nord- und Westdeutschlands auf Unverständnis. Dort sagen sie z. B. »viertel nach Vier«, »halb Vier« oder »viertel vor Vier«. Und hier liegt auch die Wurzel des Missverständnisses. Denn, was ähnlich klingt, ist grundverschieden. Auf Schwäbisch gesagt »viertel Vier« bedeutet hochdeutsch »viertel nach Drei«, »dreiviertel Vier«

dann »viertel vor Vier«. Während der hochdeutsch Sprechende sich nüchtern-mathematisch an der vollen Stundenangabe orientiert, wie z. B. »vier Uhr«, geht der schwäbische Dialektsprecher und mit ihm viele andere deutsche »Dialektiker« sinnlich-logisch vor. Er sagt, wir treffen uns um »viertel Vier« und meint »wir treffen uns, wenn ein Viertel der vierten Stunde vergangen ist (↑Dialekt)«.

Um die Geschichte für außerschwäbische Mitleser zu vertiefen: Es heißt übrigens auch »zehn vor halb« statt »zwanzig nach« oder »zehn nach halb« statt »zwanzig vor«. Wir bringen es auch fertig zu sagen: »Fünf nach viertel viere!«, selbst »Acht nach dreiviertel fünf« erscheint uns noch machbar und logisch. Wie Ihr Euch das merken könnt? Gar nicht! Ihr müsst es lernen! Oder halt in Gottes Namen noch einmal nachfragen. Als Eselsbrücke sei Euch das gegeben: Wir im Wilden Süden denken immer vom Jetzt in die Zukunft, das ist die Devise der schwäbischen Uhrzeitangabe, das pfeifen selbst die Kuckucke aus ihren Uhrenkästchen im Schwarzwald!

www.norddeutschelernendieuhrzulesen.de

■■■■■■■■■■■■■■■■■■■■■■■■■■■■■■■■

Zollerngraben → Erdbeben

LISTE SCHWÄBISCHER IRRTÜMER

CHRISTOPH SONNTAG

Jahrgang 1962, ist bekannter Kabarettist und Radiostar im »Wilden Süden« unserer Republik. Regelmäßig ist er im Radio, im Fernsehen und auf den großen Kleinkunstbühnen des Ländles und des Landes zu hören und zu sehen. Durch seine Live-Auftritte mit schwäbisch-satirischem Programm ist er mittlerweile in ganz Deutschland bekannt. Als Buchautor von bereits sieben Büchern hat das Multitalent den südwestdeutschen Humor in großen Stückzahlen an die Leser gebracht.

»Wenn ein Schwabe im Ruhrgebiet gefeiert wird, dann ist er entweder Fußball-Bundestrainer oder ein begnadeter Kabarettist … Er betrachtet die Dinge schonungslos und ungeschminkt«, schrieb die Westfälische Rundschau über Christoph Sonntag.

Weitere Informationen unter www.Sonntag.tv

GERHARD DREXEL

Jahrgang 1948, aufgewachsen bei Stuttgart, lebt seit 1995 in der schwäbischen Diaspora in Berlin. Er wirkt unter anderem als erster, inoffiziell anerkannter Botschafter des Schwabentums in der Bundeshauptstadt und Autor. Bisher von ihm erschienen: »Das Ländle in Berlin. Badisches und Schwäbisches in der Hauptstadt« sowie zahlreiche Reiseführer.